高等学校土木工程学科专业指导委员会规划教材
高等学校土木工程本科指导性专业规范配套系列教材
总主编 何若全

隧道通风安全与照明

SUIDAO TONGFENG
ANQUAN YU
ZHAOMING

主　编　刘　健
副主编　彭　伟
参　编　张树川　李尧斌
　　　　李重情　王广军
主　审　徐志胜

重庆大学出版社

内 容 提 要

本书是高等学校土木工程本科指导性专业规范配套系列教材之一。全书共 6 章,分别介绍了隧道空气、隧道空气流动基本理论、隧道通风技术与设备、隧道消防设计、隧道火灾预防与扑救和隧道照明等内容。

本书可供高等工科院校土木工程及相关专业作教学用书,也可供从事土木工程(水利工程)设计、施工、管理、监测等技术人员参考。

图书在版编目(CIP)数据

隧道通风安全与照明/刘健主编.—重庆:重庆
大学出版社,2015.3(2025.8 重印)
高等学校土木工程本科指导性专业规范配套系列教材
ISBN 978-7-5624-8659-6

Ⅰ.①隧… Ⅱ.①刘… Ⅲ.①隧道通风—安全管理—
—高等学校—教材②隧道—照明—高等学校—教材 Ⅳ.①U453

中国版本图书馆 CIP 数据核字(2014)第 258637 号

高等学校土木工程本科指导性专业规范配套系列教材
隧道通风安全与照明
主 编 刘 健
副主编 彭 伟
主 审 徐志胜
责任编辑:王 婷 钟祖才 版式设计:莫 西
责任校对:邬小梅 责任印制:赵 晟

*

重庆大学出版社出版发行
社址:重庆市沙坪坝区大学城西路 21 号
邮编:401331
电话:(023) 88617190 88617185(中小学)
传真:(023) 88617186 88617166
网址:http://www.cqup.com.cn
邮箱:fxk@ cqup.com.cn(营销中心)
全国新华书店经销
重庆新生代彩印技术有限公司印刷

*

开本:787mm×1092mm 1/16 印张:11.25 字数:281 千
2015 年 3 月第 1 版 2025 年 8 月第 3 次印刷
ISBN 978-7-5624-8659-6 定价:29.00 元

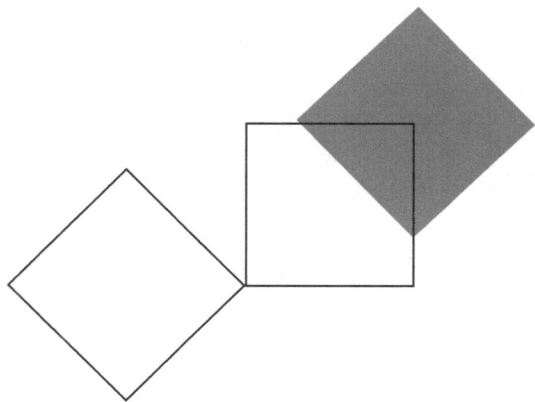

编委会名单

总　序

进入 21 世纪的第二个十年，土木工程专业教育的背景发生了很大的变化。"国家中长期教育改革和发展规划纲要"正式启动，中国工程院和国家教育部倡导的"卓越工程师教育培养计划"开始实施，这些都为高等工程教育的改革指明了方向。截至 2010 年底，我国已有 300 多所大学开设土木工程专业，在校生达 30 多万人，这无疑是世界上该专业在校大学生最多的国家。如何培养面向产业、面向世界、面向未来的合格工程师，是土木工程界一直在思考的问题。

由住房和城乡建设部土建学科教学指导委员会下达的重点课题"高等学校土木工程本科指导性专业规范"的研制，是落实国家工程教育改革战略的一次尝试。"专业规范"为土木工程本科教育提供了一个重要的指导性文件。

由"高等学校土木工程本科指导性专业规范"研制项目负责人何若全教授担任总主编，重庆大学出版社出版的《高等学校土木工程本科指导性专业规范配套系列教材》力求体现"专业规范"的原则和主要精神，按照土木工程专业本科期间有关知识、能力、素质的要求设计了各教材的内容，同时对大学生增强工程意识、提高实践能力和培养创新精神做了许多有意义的尝试。这套教材的主要特色体现在以下方面：

（1）系列教材的内容覆盖了"专业规范"要求的所有核心知识点，并且教材之间尽量避免了知识的重复；

（2）系列教材更加贴近工程实际，满足培养应用型人才对知识和动手能力的要求，符合工程教育改革的方向；

（3）教材主编们大多具有较为丰富的工程实践能力，他们力图通过教材这个重要手段实现"基于问题、基于项目、基于案例"的研究型学习方式。

据悉，本系列教材编委会的部分成员参加了"专业规范"的研究工作，而大部分成员曾为"专业规范"的研制提供了丰富的背景资料。我相信，这套教材的出版将为"专业规范"的推广实施，为土木工程教育事业的健康发展起到积极的作用！

中国工程院院士　哈尔滨工业大学教授

沈世钊

前　言

　　本书是高等学校土木工程本科指导性专业规范配套系列教材之一,内容主要包括隧道空气流动基本理论、通风技术与设备、消防设计、火灾预防与扑救以及隧道照明等。

　　本书结合新的"高等学校土木工程本科指导性专业规范"知识体系的要求,以及新一轮土木相关规范、标准进行编写,反映最新研究成果和工程实际需求,可供高等院校土木工程专业及相关专业或土建类成人教育作教材使用,也可供从事土木工程科研、设计、管理的人员及工程技术人员参考使用。

　　本书编写的指导思想是:教材内容充分反映近年来国内外土木工程隧道通风安全与照明的最新技术发展和较为成熟的科研成果;既适应本科土木工程及相关专业教学需要,又适应现场管理需要,为提高土木工程技术和管理人员的通风安全与照明技术及知识水平作出应有的贡献。

　　本书教材内容力求少而精,深入浅出,以传授基础理论和基本知识为主,并适当阐述典型的应用技术,以达到理论与实践相结合。

　　本书由重庆大学出版社组织出版,由安徽理工大学组织编写,刘健担任主编,彭伟担任副主编。参加本书编写工作的有刘健、张树川、李尧斌、李重情、王广军(第1、2、3、6章)、彭伟(第4、5章),全书由刘健统稿。

　　中南大学徐志胜教授对本书进行审稿,提出了许多宝贵的意见和建议,并对其内容和文字进行了细致的修改,这对提高书稿质量起到了重要作用,在此谨表衷心谢意。

　　本次编写过程中吸收了以前诸教材的优点,参阅了国内外近年来发表的科技文献。在此特向文献作者们表示感谢。同时感谢安徽省重大教研项目(2014zdjy048)大力支持。

　　另外,本书免费提供了配套的电子课件,包含各章的授课 PPT 课件、课后习题参考答案、期中及期末考试试题(含答案),放在重庆大学出版社教育资源网上供教师下载(网址:http://www.cqup.net/edustrc)。

　　由于编者水平有限,加之时间紧迫,错误和不妥之处,恳请读者不吝指正。

编　者

2014 年 11 月

目　录

1 隧道空气

在隧道运营期间,为了有效地排放隧道内的有害气体及烟尘,保证司乘人员及隧道内工作人员的身体健康,提高行车的安全性和舒适性,通常需按一定的方式不断地向隧道内送入新鲜空气,此即隧道通风。因此,隧道通风的首要任务就是要保证隧道空气的质量符合要求。

本章将着重阐述隧道空气的主要成分,隧道内各种常见的有害气体,隧道内气候条件等主要问题,为进一步学习隧道通风的基本理论奠定基础。

1.1 隧道中空气的成分

1.1.1 隧道内空气的组成

隧道内空气即地面空气,它是由干空气和水蒸气组成的混合气体,通常也称为湿空气。湿空气中仅含有少量的水蒸气,但其含量的变化会引起湿空气的物理性质和状态发生变化。干空气是指完全不含有水蒸气的空气,它是由氧、氮、二氧化碳、氩、氖和其他一些微量气体所组成的混合气体。干空气的组成成分比较稳定,其主要成分如表 1.1 所示。在以后的讨论中,若不特别说明,所提到的空气即是指湿空气。

表 1.1　地表大气组成成分

气体成分	按体积计(%)	按质量计(%)	备　注
氧气(O_2)	20.96	23.23	惰性稀有气体氦、氖、氩、氪、氙等,计入氮气中
氮气(N_2)	79.00	76.71	
二氧化碳(CO_2)	0.04	0.06	

隧道内地面大气中还含有各类细微颗粒,如尘埃、微生物等。这些物质不计入空气的组分,也不影响主要成分之间的比例关系。

1.1.2　隧道空气主要成分及基本性质

1) 氧（O_2）

氧是无色、无味、无臭的气体,相对密度（与空气密度之比）为1.1。氧化过程是人类生命活动的基本过程之一,人体必须不断地吸入氧气,呼出二氧化碳,以保证生命活动持续进行。人体需要的氧量,取决于人的体质、精神状态和劳动强度,如表1.2所示。

表1.2　不同劳动强度下人体的耗氧量

工作状态	呼吸空气量（L/min）	氧消耗量（L/min）
休　息	6～15	0.2～0.4
轻工作	20～25	0.6～1.0
中度劳动	30～40	1.2～1.6
重体力劳动	40～60	1.8～2.4
极重体力劳动	60～80	2.5～3.0

人体吸入的氧量与空气中的含氧浓度（或氧分压）密切相关。若空气中氧浓度降低（或氧分压降低）,人体就会处于缺氧状态,出现各种不适症状,严重缺氧还将致人死亡。人体缺氧症状与空气中氧浓度的关系如表1.3所示。

表1.3　急性缺氧症状与氧浓度的关系

氧浓度体积（%）	主要症状
17	静止状态时无影响,工作时喘息,呼吸困难,心跳快
15	人体缺氧,呼吸及心跳急促,耳鸣目眩,感觉及判断能力下降,肌肉功能破坏失去劳动能力
10～12	失去理智,时间稍长即有生命危险
6～9	失去知觉,呼吸停止,心脏在几分钟内尚能跳动,如不及时抢救,会导致死亡

由于缺氧而虚脱的人,一般还可以复苏,但若缺氧情况严重或虚脱时间过长,则可能在复苏后出现永久性伤害,其中以脑伤害为主。

2) 二氧化碳（CO_2）

二氧化碳无色、无臭,略带酸味,相对密度（与空气密度之比）为1.52,易溶于水生成碳酸,对眼、鼻、喉黏膜有刺激作用。

二氧化碳不助燃也不能供人呼吸,但空气中含有的微量二氧化碳有刺激呼吸中枢神经的作用,如果完全没有它,人体的正常呼吸功能就不能保持。所以在人工输氧时,往往会加入5%的二氧化碳,以刺激呼吸功能。

二氧化碳对人体的毒害取决于空气中二氧化碳的浓度。一般来说,在工作环境中（每天8小时工作）二氧化碳的最大允许浓度为0.5%。人体二氧化碳中毒症状与浓度的关系如表1.4所示。

表 1.4　二氧化碳中毒症状与浓度的关系

CO_2 体积浓度(%)	主要症状
1	呼吸加深,对工作效率无明显影响
3	呼吸急促,心跳加快,头痛,人体很快疲劳
5	呼吸困难,头痛、恶心、呕吐、耳鸣
6	严重喘息,极度虚弱无力
7~9	动作不协调,大约 10 min 内发生昏迷
9~11	5 min 内发生窒息,有的人甚至会在 3 min 后死亡

3)氮(N_2)

氮无色、无臭、无味,相对密度(与空气密度之比)为 0.97。氮对人体无害,但空气中氮浓度的增加,必然导致氧浓度的下降,从而对人体产生间接危害。

根据我国矿山安全规程规定:凡有人工作的地方,氧的体积浓度不得低于 20%,二氧化碳体积浓度不得超过 0.5%。

1.2　隧道空气中的有害气体

1.2.1　隧道空气中有害气体的基本性质

机动车辆通过隧道时,所排放出的废气中含有的主要有害气体有一氧化碳(CO)、一氧化氮(NO)、二氧化氮(NO_2)及其他氮氧化合物(NO_x)、二氧化硫(SO_2)、甲醛($HCHO$)、乙醛(CH_3CHO)以及未完全燃烧的燃料微粒所形成的烟尘等。

空气中污染物的浓度一般用每 m^3 被污染的大气中含有多少毫克污染物(mg/m^3)表示,有时也用百万分体积浓度(ppm)计量。1 ppm 是指在常温常压下,1 m^3 被污染的空气中含有 10^{-6} m^3 有害气体,即按体积计的浓度为百万分之一。1 克分子(摩尔)气体在常温常压(25 ℃,1 atm)下占有 24.45 L 的体积,因此,ppm 和 mg/m^3 之间的单位换算关系为:

$$1 \text{ ppm} = \left(\frac{M}{24.45}\right) \text{ mg/m}^3 \tag{1.1}$$

式中　M——该气体的分子量。

现将上述各种有害气体的毒性叙述如下:

1)一氧化碳(CO)

一氧化碳是无色、无臭、无味的气体,相对空气的比重为 0.97,故能均匀地散布于空气中,不用特殊仪器不易察觉。一氧化碳微溶于水,一般化学性不活泼,当浓度为 13%~75%时能引起爆炸。

一氧化碳毒性极强,当空气中一氧化碳浓度为0.4%时,在很短的时间内人就会失去知觉,若抢救不及时就会中毒死亡。

日常生活中的"煤气中毒"就是一氧化碳中毒。人体血液中的血红素专门在肺部吸收空气中的氧气以维持人体的需要,而血红素的另一种特性是:它与一氧化碳的亲和力是它与氧的亲和力的250~300倍。因此,当人体吸入含一氧化碳的空气后,一氧化碳很快与血红素结合,这就大大降低了血红素吸收氧的能力,使人体各部分组织和细胞产生缺氧现象,引起窒息和血液中毒,严重时会造成人死亡。

一氧化碳的中毒程度和中毒快慢与下列因素有关:

①空气中一氧化碳的浓度。人处于静止状态时,一氧化碳浓度与人中毒程度的关系如表1.5所示。

表1.5　一氧化碳的浓度与人体中毒程度的关系

中毒程度	中毒时间	CO 浓度		中毒特征
		mg(L)	体积比(%)	
无征兆或有轻微征兆	数小时	0.2	0.016	
轻微中毒	1 h 以内	0.6	0.048	耳鸣、心跳、头昏、头痛耳鸣、头痛、心跳、四肢无力、哭闹、呕吐
严重中毒	0.5~1 h	1.6	0.128	
致命中毒	短时间内	5.0	0.40	丧失知觉,呼吸停顿

②与含一氧化碳空气接触的时间。接触时间越长,血液内一氧化碳量越高,中毒就越严重。

③呼吸频率和呼吸深度。人在繁重工作或精神紧张时,呼吸急促,频率高,呼吸深度加大,中毒就快。

④人的体质和体格。人们经常处于一氧化碳略微超过允许浓度的条件下工作时,虽短时间内不会发生急性症状,但由于血液及组织长期轻度缺氧,加上一氧化碳对神经中枢的伤害,会引起头痛、胃口不佳、记忆力衰退及失眠等慢性中毒疾病症。

2)氮氧化物(NO$_x$)

机动车辆运行时,所排放的尾气中含有大量的一氧化氮和二氧化氮。一氧化氮极不稳定,遇空气中的氧即转化为二氧化氮。

二氧化氮是一种褐红色的有强烈窒息性的气体,相对空气的比重为1.57,易溶于水而生成腐蚀性很强的硝酸。因此,它对人的眼、鼻、呼吸道及肺部组织有强烈腐蚀破坏作用,对人体破坏作用最大的是破坏肺部组织、引起肺水肿。

二氧化氮中毒后有较长的潜伏期,初期没有什么感觉(经过4~12 h甚至24 h以后才发生中毒征兆),即使在危险的浓度下,初期也只是感觉呼吸道受刺激,然后才开始咳嗽吐黄痰、呼吸困难,甚至很快死亡。

当空气中二氧化氮浓度为0.004%时,2~4 h内还不会引起中毒现象;当浓度为0.006%时,就会引起咳嗽、胸部发痛;当浓度为0.01%时,短时间内对呼吸器官就有很强烈的刺激作用,引起咳嗽、呕吐、神经麻木等现象;当浓度为 0.025% 时,将很快使人中毒死亡。

我国矿山安全规程和《铁路隧道施工技术规范》规定:氮氧化合物不得超过 0.000 25%,质量浓度不得超过 5 mg/m³。

3) 硫化气体(H_2S,SO_2)

硫化氢无色、微甜、有臭鸡蛋味,当空气中浓度达到 0.000 1% 时即可嗅到,但是当浓度较高时,会因嗅觉神经中毒麻痹,反而嗅不到。硫化氢相对密度为 1.19,易溶于水,在常温、常压下一个体积的水可溶解 2.5 个体积的硫化氢。硫化氢能燃烧,空气中硫化氢浓度为 4.3%~45.5% 时有爆炸危险。

硫化氢有剧毒,有强烈的刺激作用,能阻碍生物氧化过程,使人体缺氧。当空气中硫化氢浓度较低时,主要以腐蚀刺激作用为主,浓度较高时则会引起人体迅速昏迷或死亡。硫化氢浓度为 0.005%~0.01% 时,1~2 h 后会使人出现眼及呼吸道刺激症状;硫化氢浓度为 0.015%~0.02% 时,人会出现恶心、呕吐、头晕、四肢无力、反应迟钝、眼及呼吸道有强烈刺激等症状。

二氧化硫无色、有强烈的硫磺气味及酸味,当空气中二氧化硫浓度达到 0.000 5% 时即可嗅到,其相对密度为 2.22。二氧化硫易溶于水,在常温、常压下 1 个体积的水可溶解 4 个体积的二氧化硫。

二氧化硫遇水后生成硫酸,对眼睛及呼吸系统黏膜有强烈的刺激作用,可引起喉炎和肺水肿。当空气中二氧化硫浓度达到 0.002% 时,眼及呼吸器官即感到有强烈的刺激;当浓度达到 0.05% 时,短时间内即有生命危险。

根据我国矿山安全规程和《铁路隧道施工技术规范》规定:隧道空气中硫化氢含量不得超过 0.000 66%,二氧化硫含量不得超过 0.000 5%。

4) 醛类

醛类包括甲醛和乙醛,对眼睛和呼吸系统都有刺激作用,并且有不良气味。

5) 粉尘

一切细散状矿物和岩石的尘粒,称为岩尘或粉尘。能悬浮于空气中的岩尘称为浮尘,沉落于隧道壁的粉尘称为落尘。

粉尘是一种有害物质,它危害人体的健康,落于人的潮湿的皮肤上时有刺激作用,会引起皮肤发炎,特别是硫化粉尘,它进入五官亦会引起炎症。有毒粉尘(铅、砷、汞)进入人体还会引起中毒。粉尘中游离二氧化硅含量越高,对人体危害越大。

6) 烟尘

烟尘含有未燃烧完全的碳氢化合物。

1.2.2 劳动卫生标准

为了保证工人的健康,国内外对人们所接触的有害气体的最高允许浓度都有明确的规定,称为劳动卫生标准,如表 1.6 所示。

表 1.6　运营隧道空气卫生及温湿度环境标准

指　　标		最高容许值	备　　注
一氧化碳（mg/m³）		30	$H<2\,000$ m
		20	$2\,000$ m $\leq H\leq 3\,000$ m
		15	$H>3\,000$ m
氮氧化物（换算成 NO_2,mg/m³）		5	$H<3\,000$ m
臭氧（mg/m³）		0.3	$H<3\,000$ m
粉尘（mg/m³）	石英粉尘	8	$M_{SO_2}<10\%$
		2	$M_{SO_2}>10\%$
	动植物性粉尘	3	—
温度（℃）		28	—
湿度（%）		80	—

注:H—隧道平均海拔高度,m;M_{SO_2}—游离二氧化硅的粉尘浓度。

1.3　隧道气候条件

1.3.1　概述

　　隧道气候是指隧道空气的温度、湿度和流速这三个参数的综合作用状态。三个参数的不同组合,便构成了不同的隧道气候条件。隧道气候条件对作业人员的身体健康和劳动安全有着重要的影响。

1.3.2　隧道空气温度

　　隧道内空气温度是影响气候条件的重要因素,气温过高或过低都会导致气候条件恶化。隧道内最适宜人们劳动的温度是 15~20 ℃。在隧道掘进中,影响隧道内空气温度的主要因素是隧道外的地面空气温度和隧道内的岩层温度,同时各种动力设备的工作对局部温度有明显影响。

1.3.3　隧道空气湿度

　　一般来说,空气相对湿度低于30%时,水分蒸发过快,会引起人体黏膜干裂;相对湿度大于80%时,水分蒸发困难,使人闷烦。因此,令人感到比较舒适的湿度为50%~60%。

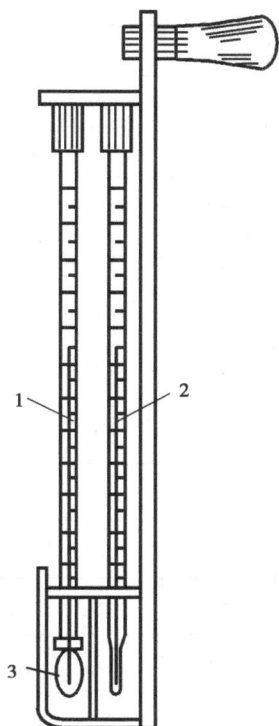

图 1.1 手摇湿度计
1—湿温度计;2—干温度计;3—湿纱布

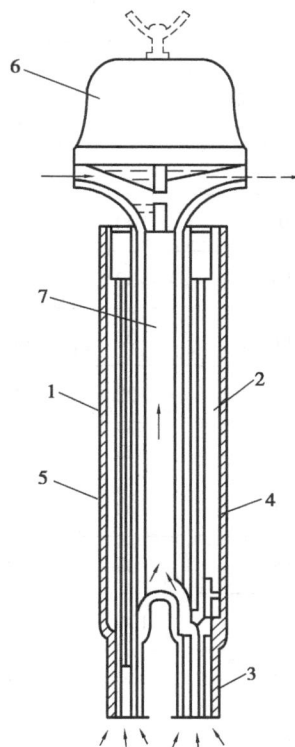

图 1.2 风扇湿度计
1—干球温度;2—湿球温度;3—棉纱布;
4,5—双层金属保护管;6—通风器;7—风管

空气的相对湿度可以用手摇湿度计(图 1.1)或风扇湿度计(图 1.2)来测量。两种湿度计都是由两支相同的温度计组成。使用时,在一支温度计的水银球外包用水湿润的纱布,称为湿温度计。为区别起见,另一支称为干温度计。湿温度计由于外包湿纱布的水分被周围空气蒸发,吸收热量而温度下降,待湿温度计示数稳定后,即可根据干、湿温度计的读数差值和干温度(或湿温度)的读数在表 1.7 中查得相对湿度。

表 1.7 由干、湿温度计读值查相对湿度

干温度计读数 (℃)	干、湿温度计差值读数(℃)							
	0	1	2	3	4	5	6	7
	相对湿度(%)							
0	100	81	63	46	28	12	—	—
5	100	86	71	58	43	31	17	4
6	100	86	72	59	46	33	21	8
7	100	87	74	60	48	36	24	14
8	100	87	74	62	50	39	27	16

续表

干温度计读数 (℃)	干、湿温度计差值读数（℃）							
	0	1	2	3	4	5	6	7
	相对湿度（%）							
9	100	88	75	63	52	40	30	19
10	100	88	77	64	53	43	32	22
11	100	88	79	65	55	45	35	25
12	100	89	79	67	57	47	37	27
13	100	89	79	68	58	49	39	30
14	100	89	79	69	59	50	41	32
15	100	90	80	70	61	51	43	34
16	100	90	80	70	61	53	45	37
17	100	90	80	71	62	55	47	40
18	100	90	80	72	63	55	48	41
19	100	91	81	72	64	57	50	41
20	100	91	81	73	65	58	50	42
21	100	91	82	74	66	58	50	44
22	100	91	82	74	66	58	51	45
23	100	91	83	75	67	59	52	46
24	100	91	83	75	67	59	54	48
25	100	92	84	76	68	60	54	48
26	100	92	84	76	69	62	55	50
27	100	92	84	77	69	62	56	51
28	100	92	84	77	60	64	57	52
29	100	92	85	78	71	65	58	53
30	100	92	85	79	72	66	59	53

例如，干温度计读数 $t_干 = 22$ ℃，湿温度计读数 $t_湿 = 20$ ℃，在表 1.7 中可查得该处相对湿度为 $\varphi = 82\%$。

1.3.4 隧道风流速度

隧道中风流速度过高或过低,都会影响人员的身体健康。风速过高,易致感冒,尘土飞扬,对人员的健康和安全不利;风速过低,汗水不易蒸发,使人感到闷热不适。另外,风速过低时,不易冲淡有害气体,还可能造成有害气体积聚,对安全生产不利,过低的风速也不利于各种动力设备的散热降温。

隧道的气温、湿度和风速应调配得当,以造成良好的施工气候条件。在隧道施工中控制空气的湿度是很困难的,因此,一般是从调节气温和风速来着手。温度和风速之间相互对应的合适数值,以作业人员在工作状态下的舒适性为依据。我国矿山安全规程对风速和强度的合理匹配提出了以下要求,即:

- 当温度低于 15 ℃时,风速不超过 0.5 m/s;
- 当温度为 15~20 ℃时,风速不超过 1.0 m/s;
- 当温度为 20~22 ℃时,风速不低于 1.0 m/s;
- 当温度为 22~24 ℃时,风速不低于 1.5 m/s;
- 当温度为 24~25 ℃时,风速不低于 2.0 m/s。

综上所述,气候条件是温度、湿度和风速三者的综合作用,单独用某一因素来评价气候条件的好坏是不够的。一般评价劳动条件舒适度的综合指标,多采用卡它度。

卡它度就是指被加热到 36.5 ℃的卡它温度计(图 1.3)的贮液球在单位时间、单位表面上所散发的热量,其单位用 mcal/cm³·s 表示。

卡它度可通过测定卡它湿度计的液柱由 38 ℃降到 35 ℃所需时间(τ)求出

$$H = Y / \tau \tag{1.2}$$

式中　H——卡它度;

　　　Y——卡它计常数;

　　　τ——由 38 ℃降到 35 ℃所需时间,s。

图 1.3　**卡它温度计**

卡它度分湿卡它度和干卡它度两种,湿卡它度包括对流、辐射和蒸发三者综合的散热效果,干卡它度仅包括对流和辐射的散热效果。一般说来,卡它度的值越大,散热条件越好。根据现场观察,不同劳动条件对卡它度的要求如表 1.8 所示。

表 1.8　**不同劳动条件的卡它度要求**

劳动状况	轻微劳动	一般劳动	繁重劳动
干卡它度	76	78	710
湿卡它度	718	725	730

习　题

1.1 隧道空气中常见的有害气体有哪些?

1.2 隧道空气的主要成分有哪些?

1.3 什么是隧道气候?

参考文献

[1] 张国枢. 通风安全学[M]. 徐州:中国矿业大学出版社,2011.

[2] 赖涤泉. 隧道施工通风与防尘[M]. 北京:中国铁道出版社,1994.

2 隧道空气流动的基本理论

隧道空气流动的基本理论主要研究隧道空气沿隧道流动过程中宏观力学参数的变化规律、能量的转换关系、隧道的通风阻力、交通通风力及自然通风等内容。本章将介绍隧道空气的主要物理参数、性质;研究空气在流动过程中所具有的能量(压力)及其能量的变化,简单推导出隧道通风的能量方程式;讨论通风阻力产生的原因、计算方法及通风系统的压力坡度图;介绍隧道内交通通风力和隧道内自然风等效压差的计算方法。

2.1 隧道空气流动规律

隧道空气流动规律是隧道空气流动基本理论的重要组成部分之一,本节将介绍空气的主要物理参数、性质,讨论空气在流动过程中所具有的能量(压力)及其能量的变化,介绍隧道空气流动过程中的能量方程。

2.1.1 空气的物理状态参数

通风是指通过一定的方式使空气有规律地流动,在通风理论分析与设计计算中,经常用到空气的物理状态参数。本节将简要介绍压力、温度、湿度、比容、密度、黏度、比热、焓等状态参数的基本概念。

1)压力(压强)

空气的压力也叫空气的静压(压强),用符号 P 表示。压强在隧道通风中习惯称为压力,它是空气分子热运动对器壁碰撞的宏观表现,其大小取决于在重力场中的位量(相对高度)、空气温度、湿度(相对湿度)和气体成分等参数。根据物理学的分子运动理论,空气的压力可用下式表示:

$$P = \frac{2}{3}n\left(\frac{1}{2}\overline{m}\,\overline{v}^{\,2}\right) \tag{2.1}$$

式中 n——单位体积内的空气分子数;

$$\frac{1}{2}\overline{m}\,\overline{v}^2\text{——分子平移运动的平均动能。}$$

式(2.1)阐述了气体压力的本质,是气体分子运动的基本公式之一。由式(2.1)可知,单位体积内空气分子不规则热运动产生的总动能的 2/3 转化为能对外做功的机械能。因此,空气压力的大小可以用仪表测定。

在地球引力场中的大气由于受分子热运动和地球重力场引力的综合作用,空气的压力在不同标高处其大小是不同的;在同一水平面、较小的范围内,可以认为空气压力是相同的;空气压力与气象条件等因素也有关(主要是温度)。

空气的压力、气体的压力是指气体垂直作用于容器壁单位面积上的力,即:

$$P = \frac{F}{A} \tag{2.2}$$

式中　F——气体垂直作用于容器壁上的力,N;

　　　A——F 作用的面积,m^2;

　　　P——气体的压力,Pa。

我国法定计量单位中的压力单位用 Pa 表示,其他表示式为 N/m^2,即 1 Pa = 1 N/m^2。

在一些技术资料中,曾用到的压力学单位有 atm(标准大气压)、mmHg(毫米汞柱)、mmH_2O(毫米水柱)和 at(工程大气压)等,均为非法定计量单位(属常见的废除单位),它们与单位 Pa 之间的换算关系如表 2.1 所示。

表 2.1　压力单位换算表

压力单位	Pa	atm	mmHg	mmH_2O	at
Pa	1	0.99×10^{-5}	0.007 5	0.102	1.02×10^{-5}
atm	101 325	1	760	10 332	1.033
mmHg	133.32	0.001 32	1	13.6	0.001 36
mmH_2O	9.807	$0.967\ 8\times10^{-4}$	0.073 6	1	0.000 1
at	98 067	0.967 8	735.6	10^4	1

2)温度

温度是物体冷热程度的标志。根据分子运动理论,气体的温度是气体分子运动动能的度量。温度与气体分子运动动能之间的关系为:

$$\frac{1}{2}\overline{m}\,\overline{v}^2 = KT \tag{2.3}$$

式中　$\overline{v}$——分子平均运动的均方根速度;

　　　K——比例常数;

　　　T——热力学温标表示的温度;

　　　$\overline{m}$——分子的平均质量。

测量物体温度高低的标尺称温标,工程上常采用摄氏温标和绝对温标。摄氏温标用℃表示,它规定在标准大气压(101 325 Pa)下,冰的熔点为 0 ℃,水的沸点为 100 ℃;绝对温标又称热力学温标,用 K 表示,它把分子运动速度为 0 时的温度定为 0 K,把纯水的三相点温度

（0.01 ℃）定为273.15 K,它与摄氏温标的分度相同,用两种温标表示的温度之间的关系为:

$$t = T - 273.15 \tag{2.4}$$

式中　t——摄氏温标表示的温度,℃;

　　　T——绝对温标表示的温度,K。

　　气体热力计算一律采用绝对温标,国际单位制也规定用绝对温标。在式(2.4)中,为计算方便,工程上常取 273 K。

3）湿度

　　空气的湿度是指空气的潮湿程度,有两种度量方法:绝对湿度和相对湿度。

　　绝对湿度是指单位体积空气中所含水蒸气的质量,用 ρ 表示,其单位与密度单位相同（kg/m³）,数值等于水蒸气在其分压与温度下的密度。

　　在给定温度下,单位体积空气所能容纳的水蒸气分子是有限的,超过这一极限值,多余的水蒸气就会凝结出来。将含有最大限度水蒸气量的空气称为饱和空气,单位体积饱和空气中所含的水蒸气量称为饱和湿度,用 ρ_{sat} 表示。此时水蒸气的分压力为饱和水蒸气压力,用 P_{sat} 表示。空气的饱和湿度随温度的增加而增加。不同温度下空气的饱和湿度如表2.2所示。因此,对于绝对湿度相同的空气,在低温下表现潮湿,在高温下表现干燥。由于绝对湿度不能反映这一事实,因此不能很好地表示空气的潮湿程度。

表2.2　饱和水蒸气表

t（℃）	ρ_{sat}（kg/m³）	P_{sat}（mmHg）	t（℃）	ρ_{sat}（kg/m³）	P_{sat}（mmHg）
−20	0.001 1	0.96	14	0.012 0	11.99
−15	0.001 6	1.45	15	0.012 8	12.79
−10	0.002 3	2.16	16	0.013 6	13.64
−5	0.003 4	3.17	17	0.014 4	14.50
0	0.004 9	4.58	18	0.015 3	15.50
1	0.005 2	4.92	19	0.016 2	16.50
2	0.005 6	5.29	20	0.017 2	17.50
3	0.006 0	5.68	21	0.018 2	18.70
4	0.006 4	6.09	22	0.019 3	19.80
5	0.006 8	6.53	23	0.020 4	21.10
6	0.007 3	7.00	24	0.021 6	22.40
7	0.007 7	7.49	25	0.022 9	23.80
8	0.008 3	8.02	26	0.024 2	25.20
9	0.008 8	8.58	27	0.025 6	26.70
10	0.009 4	9.21	28	0.027 0	28.40
11	0.009 9	9.84	29	0.028 5	30.10
12	0.010 0	10.52	30	0.030 1	31.80
13	0.011 3	11.23	31	0.031 8	33.70

空气湿度有两种表示方法：

● 绝对湿度——指单位体积空气中所含水蒸气的质量,kg/m³。

● 相对湿度——空气中所含水蒸气的质量与同温度下达到饱和湿度时所含水蒸气的质量之比。

相对湿度是绝对湿度与同温度下饱和湿度之比,用符号 φ 表示：

$$\varphi = \frac{\rho_v}{\rho_s} \tag{2.5}$$

式中　φ——空气的相对湿度；

　　　ρ_v——空气的绝对湿度,kg/m³；

　　　ρ_s——同温度下空气的饱和绝对湿度,kg/m³。

相对湿度也叫饱和度,它反映了空气中所含水蒸气量接近饱和的程度。

φ 越小,空气越干燥,吸水能力越强,$\varphi = 0$ 时为干空气；

φ 越大,空气越潮湿,吸水能力越弱,$\varphi = 1$ 时为饱和空气。

温度下降,其相对湿度增大,冷却到 $\varphi = 1$ 时的温度称为露点。

4)比容和密度

空气和其他物质一样具有质量,单位体积空气所具有的质量称为空气的密度,用 ρ 表示,即：

$$\rho = \frac{m}{V} \tag{2.6}$$

式中　ρ——空气的密度,kg/m³；

　　　m——空气的质量,kg；

　　　V——空气的体积,m³。

单位质量物质所占的容积称为比容,用 v(单位 m³/kg)表示。如质量为 m(单位 kg)的气体占有的容积为 V(单位 m³),则比容为：

$$v = \frac{V}{m} \tag{2.7}$$

比容 v 与密度 ρ 互为倒数,即：

$$v = \frac{1}{\rho} \quad 或 \quad \rho = \frac{1}{v} \tag{2.8}$$

因为 $G = mg$,故有：

$$\rho = \frac{G/g}{V} = \frac{G/V}{g} = \frac{\gamma}{g} \quad 或 \quad \gamma = \rho g \tag{2.9}$$

式中　G——物体的重力,N；

　　　γ——容重,N/m³。

气体的密度与气体的压力、温度和相对湿度等因素有关。在标准大气状态(温度为 273 K,绝对压力为 101 325 Pa,重力加速度为 9.807 m/s² 且干燥空气的状态)下,干空气的密度为 1.293 1 kg/m³。随着大气状态(温度、压力、相对湿度等)的变化,密度也发生变化,对于隧道空气,由于其中包含水蒸气,其密度一般取 1.20 kg/m³。

湿空气的密度是 1 m³ 空气中所含干空气的质量和水蒸气的质量之和,即:

$$\rho = \rho_{d} + \rho_{v} \tag{2.10}$$

式中　ρ_{d}——1 m³ 空气中干空气的质量,kg;

　　　ρ_{v}——1 m³ 空气中水蒸气的质量,kg。

根据气体状态方程和道尔顿分压定律,可推出湿空气的密度计算公式为:

$$\rho = 0.003\ 484\ \frac{P}{273 + t}\left(1 - \frac{0.378\varphi P_{sat}}{P}\right) \tag{2.11}$$

式中　P——空气的压力,Pa;

　　　P_{sat}——温度 t 时饱和水蒸气的分压,Pa;

　　　φ——相对湿度;

　　　t——空气的温度,℃。

由式(2.11)可知,当空气中不含水蒸气时,相对湿度 $\varphi = 0$,这时:

$$\rho = 0.003\ 484\ \frac{P}{273 + t} \tag{2.12}$$

当空气中含水蒸气(即相对湿度 $\varphi \neq 0$)时,湿空气的密度近似计算公式为:

$$\rho = (0.003\ 458 \sim 0.003\ 473)\ \frac{P}{273 + t} \tag{2.13}$$

5)黏度

流体的黏性指流体抗剪切的性质,用黏度(或称黏滞系数)表示。它的物理意义分析如下:图 2.1 为某隧道空气层流流速分布图,由图可见,在管道不同位置,空气流速不同,说明空气具有抗剪切的能力(存在内摩擦力)。实验表明,流动空气所受内摩擦力 F(单位为 N)正比于空气间接接触面积 A(单位为 m²)和速度梯度 $\frac{dv}{dy}$(单位为 s⁻¹),即:

$$F = \mu A \frac{dv}{dy} \tag{2.14}$$

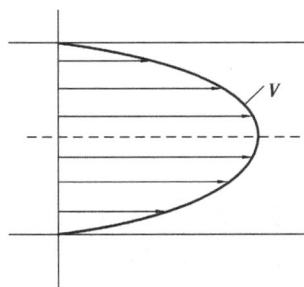

图 2.1　层流流速分布图

式中　μ——比例系数,称为动力黏度(或绝对黏度),也叫黏滞系数(或内摩擦系数),单位为 Pa·s。

动力黏度 μ 与密度 ρ 的比值称为运动黏度(或称为运动黏性系数),用符号 γ 表示,其单位为 m²/s,其计算公式为:

$$\gamma = \mu/\rho \tag{2.15}$$

流体的黏度随温度的变化而变化。气体的黏度随温度升高而增加,因为气体的分子间距大,其黏性主要起因于分子间的动量交换,温度高时动量交换增加,因而黏性增大。液体的黏性则随温度升高而减小,因为液体的分子间距小,其黏性主要起因于分子之间的引力。温度升高时分子间引力减小,因而黏性也减小。表2.3为几种常见流体的黏度。图 2.2 是压力为101 325 Pa 时不同温度下空气和水的运动黏度。

表2.3 几种常见流体的黏度($t=20$ ℃,$P=0.1$ MPa)

流体名称	动力黏度 μ(Pa·s)	运动黏度 γ(m²/s)
空气	$1.808×10^{-5}$	$1.501×10^{-5}$
氮气(N₂)	$1.76×10^{-5}$	$1.41×10^{-5}$
氧气(O₂)	$2.04×10^{-5}$	$1.43×10^{-5}$
甲烷(CH₄)	$1.08×10^{-5}$	$1.52×10^{-5}$
水	$1.005×10^{-3}$	$1.007×10^{-6}$

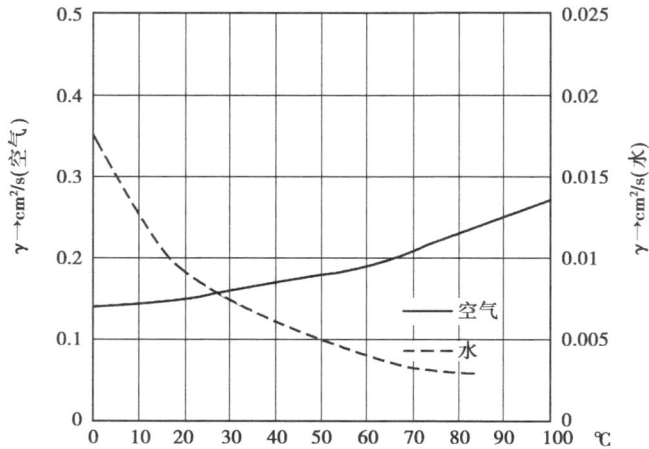

图2.2 空气与水的运动黏度

6)比热

单位质量物体温度升高一度所需的热量称为比热,用字母 C 表示。按国际单位规定,比热的单位是焦耳/千克·开,即 J/kg·K。

气体的比热与气体状态变化的过程有关,在气体的压力或比容保持不变的过程中,气体的比热分别称为定压比热 C_p 和定容比热 C_v。C_p 和 C_v 的比值叫热容比。对于不考虑分子之间作用力及分子本身大小的理想气体,热容比等于绝热指数 K,即 $K=\dfrac{C_p}{C_v}$

空气的绝热指数 $K=1.4$。

7)焓

焓是一个复合的状态参数,它是内能 u 和压力功 PV 之和,焓也称热焓。湿空气的焓是以 1 kg 干空气作为基础来表示的,它是 1 kg 干空气的焓(i_d)和 d kg 水蒸气的焓(i_v)的总和,用符号 i 表示,单位为 kJ/kg(d·a),即:

$$i = i_d + d \cdot i_v \tag{2.16}$$

式中 i_d——1 kg 干空气的焓,也称空气的显热或感热,$i_d=1.004\ 5t$(kJ/kg),其中1.004 5是干空气的平均定压质量比热 kJ/(kg·K),t 是空气的温度(℃);

i_v——1 kg 水蒸气的焓；$i_v = 2\,501 + 1.85t(\text{kJ/kg})$，其中 2 501 是水蒸气的汽化潜热（单位为 kJ/kg），1.85 是常温下水蒸气的平均定压质量比热，单位为 kJ/(kg·K)。

将干空气和水蒸气的焓值代入上式，可得湿空气的焓为：

$$i = i_d + d \cdot i_v = 1.004\,5t + d \times (2\,051 + 1.85t) \tag{2.17}$$

实际应用焓中，为简化计算，可使用焓湿图（$i\text{-}d$ 图）。

2.1.2　隧道风流的能量与压力

能量与压力是通风工程中两个重要的基本概念，它们既密切相关又有区别。风流之所以能在系统中流动，其根本的原因是系统中存在着促使空气流动的能量差。当空气的能量对外做功有力的表现时，我们就把它称为压力，压力是可以感测的。因此，压力可以理解为：单位体积空气所具有的能够对外做功的机械能。

1）风流的静压能（静压）

由分子运动理论可知，无论空气是处于静止还是流动状态，空气的分子无时无刻不在做无秩序的热运动。由分子热运动产生的分子动能的一部分转化的能够对外做功的机械能叫静压能，用 E_p 表示（单位为 J/m³）。当空气分子撞击到器壁上时就有了力的效应，这种单位面积上力的效应称作静压力，简称静压，用 P 表示（单位为 N/m²，即 Pa）。

在隧道通风中，压力的概念与物理学中的压强相同，即单位面积上受到的垂直作用力。静压也可称为是静压能。

空气的静压是气体分子间的压力或气体分子对与之相接触的固体或液体边界所施加的压力。空气的静压在各个方向上均相等。空间某一点空气静压的大小与该点在大气中所处的位置和人工所造成的压力有关。

大气压力是地表静止空气的压力，它等于单位面积上空气柱的质量。地球为空气所包围，空气圈的厚度高达一千千米。越靠近地球表面空气密度越大，距地球表面越远，空气密度越小，不同海拔标高处上部单位体积的空气柱的质量是不一样的。因此，对不同地区来讲，由于它的海拔标高、地理位置、空气温度和湿度不同，其大气压力（空气静压）也不相同。各地大气压力主要随海拔标高的变化而变化，其变化规律如表2.4所示。

铁路、公路正在掘进中的隧道，以及隧道风流的静压力，除与上部空气柱的重量有关外，还受扇风机的作用，使其高于或低于当地的大气压力。

在真空状态下，静压为零。

表 2.4　不同海拔高度的大气压表

海拔高度(m)	0	100	200	300	500	1 000	1 500	2 000
大气压力(kPa)	101.32	100.12	98.92	97.72	95.46	89.86	84.66	79.7

根据压力的测算基准不同，压力可分为绝对压力和相对压力。

● 绝对压力：以真空为测算零点（比较基准）而测得的压力称为绝对压力，用 P 表示，单位为 Pa。

● 相对压力:以当地当时同标高的大气压力为测算零点(比较基准)测得的压力称为相对压力,即通常所说的表压力,用 h 表示,单位为 Pa。

风流的绝对压力 P、相对压力 h 和与其对应的大气压 P_0 三者之间的关系如下式所示:

$$h = P - P_0 h \tag{2.18}$$

绝对压力 P 与相对压力 h 之间的关系如下:

①绝对静压总是为正,而相对静压有正负之分。

②同一断面上各点风流的绝对静压随高度的变化而变化,而相对静压与高度无关。

③绝对压力 P 可能大于、等于或小于与该点同标高的大气压 P_0。

气体的压力可用各种仪表来测量,在隧道通风中,常用的仪表为 U 形压差计。U 形压差计是一个装有液体(水或者水银)的 U 形玻璃管。如图 2.3 所示,测量时将一端与欲测压力的容器相连,另一端与大气相通。在容器内气体压力的作用下,U 形管两液面就会出现高差 ΔZ(单位为 m)。若容器内液体密度为 ρ(单位为 kg/m³),大气压力为 P_0(单位为 Pa),则容器内气体的压力 P 为:

$$P = P_0 + \rho g \Delta Z \tag{2.19}$$

或者

$$P - P_0 = \rho g \Delta Z \tag{2.20}$$

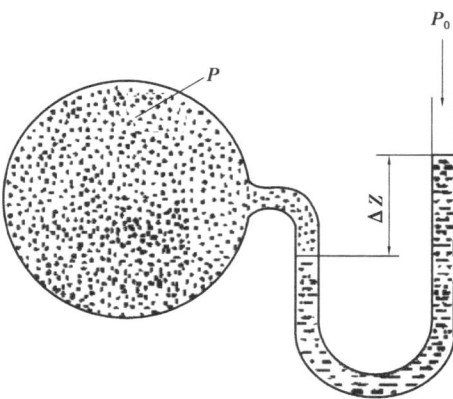

图 2.3　U 形压差计

这里 $\rho g \Delta Z$ 是绝对压力与大气压力之差,即气体相对于大气的压力,也称为相对压力,相对压力可以从表上直接得到,故又称为表压力。若规定当绝对压力高于大气压力时,相对压力(表压力)为正,那么,绝对压力低于大气压力时,相对压力(表压力)就为负。

当表压力为负时,绝对压力 P 为:

$$P = P_0 - \rho g \Delta Z \tag{2.21}$$

这时,我们称 $\rho g \Delta Z$ 为真空度。

【例 2.1】　某气体的相对压力为 1 000 mmH₂O,大气压力为 760 mmHg,其绝对压力为多少 Pa?

【解】　由表(2.1)查得:
$$1\,000\,mmH_2O = 9\,807\,Pa$$
$$760\,mmHg = 101\,325\,Pa$$

由式(2.20)得:$P = P_0 + h = 101\,325\,Pa + 9\,807\,Pa = 111\,132\,Pa$

2)重力位能

物体在地球重力场中因地球引力的作用,由于位置的不同而具有的一种能量称为重力位能,简称位能,用 E_{P0} 表示。如果把质量为 m(单位为 kg)的物体从某一基准面提高 ΔZ(单位为 m),就要对物体克服重力做功 $m \cdot g \cdot \Delta Z$(单位为 J),物体因而获得同样数量 $m \cdot g \cdot \Delta Z$ 的重力位能,即:

$$E_{P0} = mg\Delta Z \tag{2.22}$$

重力位能是一种潜在的能量,它只有通过计算得其大小,而且是一个相对值。实际工作中一般计算位能差。

重力位能的计算应有一个参照基准面。如图 2.4 中 1—2 两断面之间的位能差为：

$$E_{P012} = \int_1^2 \rho_i g \mathrm{d}Z_i \qquad (2.23)$$

位能的特点如下：

①位能是相对某一基准面而具有的能量，它随所选基准面的变化而变化，但位能差为定值。

②位能是一种潜在的能量，它在本处对外无力的效应，即不呈现压力，故不能像静压那样用仪表进行直接测量。

③位能和静压可以相互转化，在进行能量转化时遵循能量守恒定律。

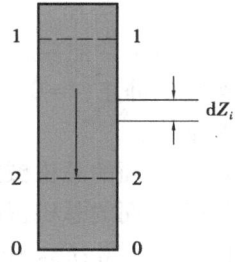

图 2.4

3）风流的动能（动压）

当空气流动时，除了位能和静压能外，还有空气做定向运动所具有的动能，用 E_v 表示，单位为 J/m^3；其动能所转化显现的压力称为动压或速压，用符号 h_v 表示，单位为 Pa。这里需要注意的是，空气分子热运动所产生的动能与空气宏观定向运动所产生的动能的区别，前者为风流的静压，后者为风流的动压。

设某点 i 的空气密度为 ρ_i（单位为 kg/m^3），其定向运动的流速亦即风速为 v_i（单位为 m/s），则单位体积空气所具有的动能为 E_{vi}（单位为 J/m^3），其计算公式如下：

$$E_{vi} = \frac{\rho_i v_i^2}{2} \qquad (2.24)$$

E_{vi} 对外所呈现的动压 h_{vi}（单位为 Pa）为：

$$h_{vi} = \frac{\rho_i v_i^2}{2} \qquad (2.25)$$

由此可见，动压是单位体积空气在做宏观定向运动时所具有的能够对外做功的动能的多少。

风流的动压具有以下特点：

①只有作定向流动的空气才具有动压，因此动压具有方向性。

②动压总是大于零，垂直流动方向的作用面所承受的动压最大（即流动方向上的动压真值），当作用面与流动方向有夹角时，其感受到的动压值将小于动压真值。

③在同一流动断面上，由于风速分布的不均匀性，各点的风速不相等，所以其动压值不等。

④某断面动压即为该断面平均风速计算值。

4）风流的机械能

风流中某点单位体积空气所具有的总机械能为静压能、位能、动能三者之和，用 E 表示。就其呈现的压力来说，静压是反映某点空气分子热运动的部分动能，动压是反映空气定向流动的动能，而某点的位能在该点并不呈现压力。因此，任一点的静压在任何方向都表现相同的数值，即各向同值；而动压却只在垂直于其流动方向的面积上呈现其正确值，即动压是有方向性的矢量。

（1）势能（势压）

在通风中常把某点的静压和位能之和称之为势能或者势压。

当空气静止（$v=0$）时，根据图2.4，由空气静力学可知：各断面的机械能相等。设以2—2断面为基准面：

1—1断面的总机械能 $E_1 = E_{P01} + P_1$

2—2断面的总机械能 $E_2 = E_{P02} + P_2$

由 $E_1 = E_2$ 得：$E_{P01} + P_1 = E_{P02} + P_2$

由于 $E_{P02} = 0$（以2—2断面为基准面），$E_{P01} = \rho_{12} \cdot g \cdot \Delta Z_{12}$，

所以：$P_2 = E_{P01} + P_1 = \rho_{12} \cdot g \cdot \Delta Z_{12} + P_1$

因此，位能与静压能之间可以互相转化。并且2点的压能大于1点，其差值即为空气柱1~2在单位面积上的重力。

（2）风流的全压

流动气体中某一点的静压与动压的代数和，称为该点气体的全压。在隧道和通风管道中流动的风流的点压力指测点的单位体积（1 m^3）空气所具有的压力，就其形成的特征来说，可分为静压、动压和全压。根据压力的两种计算基准，静压又分为绝对静压 P 和相对静压 h；同理，全压也可分为绝对全压 P_t 和相对全压 h_t。

在图2.5的通风管道中，（a）图为压入式通风，在压入式通风时，隧道中任一点 i 的相对全压 h_{ti} 恒为正值，所以称为正压通风；（b）图为抽出式通风，在抽出式通风时，除隧道的风流入口断面的相对全压为零外，隧道内任一点 i 的相对全压 h_{ti} 恒为负值，故又称为负压通风。

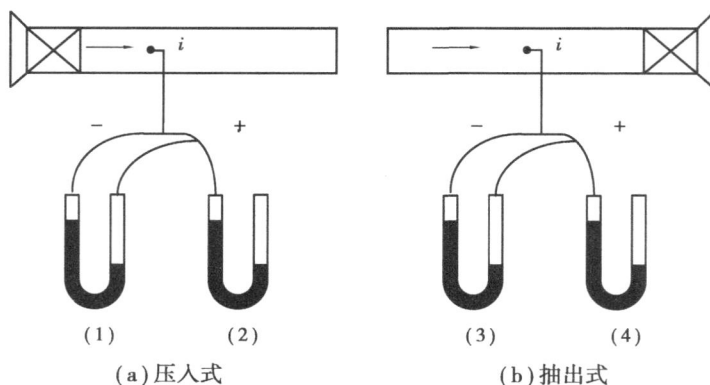

（1）　　　（2）　　　　　　（3）　　　（4）

（a）压入式　　　　　　　　　　（b）抽出式

图2.5　通风管道

无论是压入式还是抽出式，其绝对全压均可用下式表示：

$$P_{ti} = P_i + h_{vi} \tag{2.26}$$

式中　P_{ti}——风流中 i 点的绝对全压，Pa；

　　　P_i——风流中 i 点的绝对静压，Pa；

　　　h_{vi}——风流中 i 点的动压，Pa。

由于 $h_v \geq 0$，风流中任一点（无论是压入式还是抽出式）的绝对全压恒大于等于其绝对静压，即 $P_{ti} \geq P_i$。

风流中任一点的相对全压为：

$$h_{ti} = P_{ti} - P_{0i} \tag{2.27}$$

在压入式风道中

$$(P_{ti} > P_{0i})h_{ti} = P_{ti} - P_{0i} > 0 \tag{2.28}$$

在抽出式风道中

$$(P_{ti} < P_{0i})h_{ti} = P_{ti} - P_{0i} < 0 \tag{2.29}$$

由此可见,风流中任一点的相对全压有正负之分,它与通风方式有关。而对于风流中任一点的相对静压,其正负不仅与通风方式有关,还与风流流经的管道断面变化有关。在抽出式通风中其相对静压总是小于零(负值);在压入式通风中,一般情况下,其相对静压总大于零(正值),但在一些特殊的地点,其相对静压可能出现小于零(负值)的情况,如在通风机出口的扩散器中的相对静压一般应为负值。

风流中任一点 i 的动压、绝对静压和绝对全压的关系为:

$$h_{vi} = P_{ti} - P_i \tag{2.30}$$

h_{vi}、h_i 和 h_{ti} 三者之间的关系为:

$$h_{ti} = h_i + h_{vi} \tag{2.31}$$

由上式可知,无论是压入式还是抽出式通风,任一点风流的相对全压总是等于相对静压与动压的代数和。

对于抽出式通风,可以写成:

$$h_{ti}(负) = h_i(负) + h_{vi}$$

在实际应用中,习惯取 h_{ti}、h_i 的绝对值,则:

$$|h_{ti}| = |h_i| - h_{vi}；|h_{ti}| < |h_i| \tag{2.32}$$

测定风流点压力的常用仪器是压差计和皮托管。皮托管是接收和传递风流压力的工具,与压差计相配合使用。它由两个同心管(一般为圆形)组成,其结构如图 2.6 所示。尖端孔口 a 与标着(+)号的接头相通,侧壁小孔 b 与标着(−)号的接头相通。测压时,将皮托管尖端孔口 a 在 i 点正对风流,侧壁孔口 b 平行于风流方向,只感受 i 点的绝对静压 P,故称为静压孔;端孔 a 除了感受 P_i 的作用外,还受该点的动压 h_{vi} 的作用,即感受 i 点的全压 P_{ti},因此称之为全压孔。用胶皮管分别将皮托管的(+)、(−)接头连在压差计上,即可测定 i 点的点压力。

图 2.7 清楚地表示了不同通风方式下,风流中某点各种压力之间的相互关系。

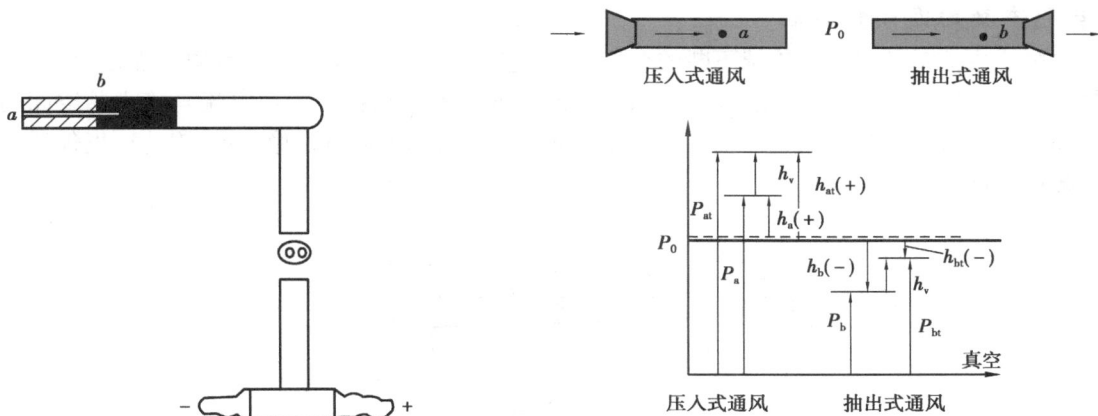

图 2.6　皮托管

图 2.7　风流中某点各种压力之间的相互关系

2.1.3　隧道通风能量方程

当空气在隧道中流动时,将会受到通风阻力的作用,消耗其能量。为保证空气连续不断地流动,就必须有通风动力对空气做功,使得通风阻力和通风动力相平衡。

空气在隧道中的流动,受到天气、海拔、风速、车流量等众多因素的影响,流动情况比较复杂。因此,本书在研究隧道中空气流动的基本规律时,只是遵循普遍的研究方法,即先从某些假设条件出发,得出基本结论和基本方程式,再根据实际对这些结论或方程式进行补充、修正。

为了研究隧道空气流动的基本规律,我们可以在条件允许范围内,忽略一些细枝末节的影响,在此,我们作出如下假设条件:

①假设空气是无黏性的。实际上空气具有黏性,处于流动状态的空气内部存在着内摩擦力,无黏性假设是为了使研究分析简化。

②假定空气是不可压缩的。实际上空气很容易压缩,压缩后的空气密度将增大。我们从式(2.11)可知,隧道空气的密度跟温度、相对湿度、饱和蒸气压、绝对压力等因素有关。例如,在重力加速度为9.807 m/s²、温度为273 K的干燥空气(即 $\Phi = 0$)状态下,绝对压力为101 325 Pa时,空气的密度为1.293 1 kg/m³;绝对压力为102 325 Pa时,空气的密度为1.305 9 kg/m³,两者只相差0.012 8。因为在一般情况下,隧道两端的水平落差不会太大,即在同一时间段内,隧道中空气压力变化不大,另外,隧道两端的温度变化也不会太大,因此,密度的变化也不大,作出这一假设是合理的。

③由于隧道通风受到众多因素的影响,各处的风速是不断变化的,但就其一段时间内的平均值来说,则可以认为风速是不变的。因此,假定空气在隧道中的流动是稳定流动。稳定流动的流场中任何一点的流速均不随时间变化,但在不同点处的流速可以不同。

通过上述简化,就可以把隧道中空气的流动看成流体力学中所研究的理想不可压缩流体的稳定流动。因此,流体力学中分别从质量、能量、动量三方面说明流体运动规律的三个基本方程式在隧道通风中同样适用。这三个基本方程式是:反映物质不灭定律的连续性方程;反映能量守恒定律的伯努利方程和动量方程,现分别简述如下。

1)空气流动的连续性方程

在隧道中流动的风流是连续不断的介质,充满它所流经的空间。在无点源或点汇存在时,根据质量守恒定律:对于稳定流(流动参数不随时间变化的流动称之为稳定流),流入某空间的流体质量必然等于其流出的流体质量。风流在隧道中的流动可以看作稳定流,因此这里仅讨论稳定流的情况。

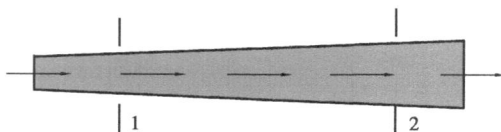

图 2.8　一元稳定流

如图2.8所示,当隧道中风流从1断面流向2断面,且作定常流动(即在流动过程中不漏风又无补给)时,根据物质不灭定律,则有两个过流断面的空气质量相等,即:

$$\rho_1 v_1 A_1 = \rho_2 v_2 A_2 \qquad (2.33)$$

式中 ρ_1, ρ_2——1,2 断面上空气的平均密度,kg/m³;

v_1, v_2——1,2 断面上空气的平均流速,m/s;

A_1, A_2——1,2 断面面积,m²。

任一过流断面的质量流量为 M_i(kg/s),则:

$$M_i = \text{const} \qquad (2.34)$$

这就是空气流动的连续性方程,它适用于可压缩和不可压缩气体。

两种特殊情况:

①若对于可压缩流体,当 $A_1 = A_2$ 时,有 $\rho_1 v_1 = \rho_2 v_2$。也就是说流体的密度与其流速成反比,即流速大的断面上的密度比流速小的断面上的密度要小。

②对于不可压缩流体,有 $\rho_1 = \rho_2$,则 $v_1 A_1 = v_2 A_2$。也就是说通过任一断面的体积流量 Q(单位为 m³/s)相等,即:

$$Q = v_i A_i = \text{const} \qquad (2.35)$$

根据本节开始的第二条假设,隧道空气为不可压缩气体,即属于第二种特殊情况,有隧道断面上风流的平均流速与过流断面的面积成反比。即在流量一定的条件下,空气在断面大的地方流速小,在断面小的地方流速大。

以上讨论的是一元稳定流的连续性方程。空气在隧道中的流动可近似地认为是一元稳定流,这在工程应用中是满足要求的。

【例 2.2】 风流在如图 2.8 所示的隧道中由断面 1 流至断面 2 时,已知 $A_1 = 55$ m²,$A_2 = 50$ m²,$v_1 = 2$ m/s,1,2 断面的空气密度为:$\rho_1 = 1.21$ kg/m³,$\rho_2 = 1.22$ kg/m³,求:

①1,2 断面上通过的质量流量 M_1, M_2;

②1,2 断面上通过的体积流量 Q_1, Q_2;

③2 断面上的平均流速 v_2。

【解】 ① $M_1 = M_2 = v_1 A_1 \rho_1 = 2 \times 55 \times 1.21 = 133.1$(kg/s)

② $Q_1 = v_1 A_1 = 2 \times 55 = 110$(m³/s)

 $Q_2 = M_2/\rho_2 = 133.1/1.23 = 108.2$(m³/s)

③ $v_2 = Q_2/A_2 = 108.2/50 = 2.16$(m/s)

2) 能量方程

由流体力学可知,不可压缩的理想流体稳定流动的伯努利方程如图 2.9 所示。

$$\frac{P_1}{\rho} + \frac{v_1^2}{2} + g Z_1 = \frac{P_2}{\rho} + \frac{v_2^2}{2} + g Z_2 \qquad (2.36)$$

通风工程中把伯努利方程写成单位体积流体的能量方程,即:

$$P_1 + \frac{\rho v_1^2}{2} + \rho g Z_1 = P_2 + \frac{\rho v_2^2}{2} + \rho g Z_2 \qquad (2.37)$$

式(2.37)的等号两端分别表示在断面 1—1 和断面 2—2 处单位体积空气含有机械能(静压能、位

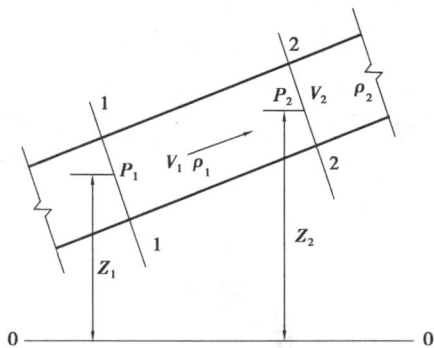

图 2.9

能、动能)的总和。由于式中各项均具有压力的因次(单位为 N/m^2),通常把这三种机械能的总和称为该断面处风流的压力。由式(2.37)可知,在符合假设的条件下,风流中任意断面处单位体积空气所含机械能的总和是不变的,但各种能量之间可相互转换。

现在讨论式(2.37)用来解决通风实际问题时应作何修正。

空气有黏性,空气流动时有内摩擦力产生。由于附着在隧道壁上的空气层的影响,内摩擦力是阻止空气流动的。为了克服内摩擦力以及其他原因产生的阻力要消耗能量,单位体积空气中含有的机械能在流动过程中要减少,因此,在式(2.37)的右端应加上风流由 1 断面流到 2 断面因克服阻力 h_{L1-2} 所消耗的能量。这部分能量变成热能转移到空气中。

在式(2.37)的 $\rho v^2/2$ 项中,v 是该断面的平均风速,用平均风速计算得到的动能与按断面真实风速计算得到的动能是不相等的,故应乘以系数 K,其值大小取决于隧道的粗糙度和断面内的流速分布。隧道通风中动能在总机械能中所占的比例甚小,本身的值也小,故可近似取 $K=1$。

在作了上述修正之后,就可以写出适合隧道通风的能量方程式:

$$P_1 + \frac{\rho_1 v_1^2}{2} + \rho_{01}gZ_1 = P_2 + \frac{\rho_2 v_2^2}{2} + \rho_{02}gZ_2 + \Delta P_{L1-2} \tag{2.38}$$

式(2.38)可改写成:

$$\Delta P_{L1-2} = (P_1 - P_2) + \frac{\rho_1 v_1^2 - \rho_2 v_2^2}{2} + g(\rho_{01}Z_1 - \rho_{02}Z_2) \tag{2.39}$$

式中 P_1,P_2——1,2 断面上的绝对静压,Pa;

ρ_{01},ρ_{02}——空气的平均密度,kg/m^3;

Z_1,Z_2——基准面至 1,2 断面的垂直高度,m;

g——重力加速度,m/s^2;

ρ_1,ρ_2——1,2 断面上空气的平均密度,kg/m^3;

v_1,v_2——1,2 断面上的平均风速,m/s;

ΔP_{L1-2}——1,2 断面间隧道的通风阻力,Pa。

式(2.39)右端是断面 1 与断面 2 的风流压力差,习惯上称为该段隧道的通风压力(或风压、风压损失、风压降)。

隧道通风阻力的存在是通过风流压力降低显现出来的。在实际工作中也常常用测定风流压力的变化来求得隧道通风阻力。

由式(2.39)可知,风流总是由压力高(总能量大)的断面流向压力低(总能量较小)的断面。如果在计算中所得通风阻力为"-",说明假设的风向与实际风向相反。

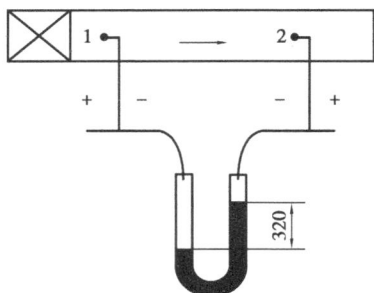

图 2.10

【例 2.3】　如图 2.10 所示,隧道各处的标高相同、断面积相等,水柱计读数为 320 mmH_2O(3 139.2 Pa);通过风量为 150 m^3/min;设隧道内的空气密度相同,求隧道1—2段的通风阻力。

【解】　由式(2.39)得:

$$\Delta P_{L1-2} = (P_1 - P_2) + \frac{\rho_1 v_1^2 - \rho_2 v_2^2}{2} + g(\rho_{01}Z_1 - \rho_{02}Z_2)$$

因为隧道断面积相等,即 $A_1 = A_2$,所以 $v_1 = v_2$;取基准面通过风筒中心,则 $Z_1 = Z_2 = 0$;根据题意 $\rho_1 = \rho_2$;代入上式得:

$$\Delta P_{L1\text{-}2} = P_1 - P_2 = 320 \text{ mmH}_2\text{O}(3\,139.2 \text{ Pa})$$

【例 2.4】 如图 2.11 所示,某倾斜隧道断面积 $A_1 = 70 \text{ m}^2$,$A_2 = 75 \text{ m}^2$;两断面垂直高差 $Z_1 - Z_2 = 1 \text{ m}$;通过风量为 $900 \text{ m}^3/\text{min}$,巷道内空气平均密度为 1.23 kg/m^3;1,2 两断面处的绝对静压分别为 763 mmHg 与 766 mmHg,求该段巷道的通风阻力。

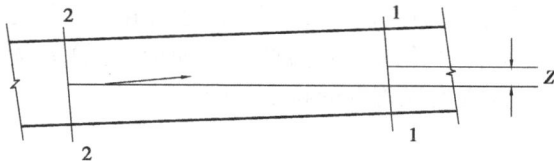

图 2.11

【解】 通过断面 2 中心取基准面,设风流由断面 2 流向断面 1。

断面 1 与断面 2 的风速分别为:

$$v_1 = 900/(60 \times 70) = 2.14 \text{ (m/s)}$$
$$v_2 = 900/(60 \times 75) = 2 \text{ (m/s)}$$

由式(2.39)得:

$$\Delta P_{L2\text{-}1} = (P_2 - P_1) + \frac{\rho_2 v_2^2 - \rho_1 v_1^2}{2} + g(\rho_{02}Z_2 - \rho_{01}Z_1)$$

$$= (766 - 763) \times 133.32 + \frac{1}{2} \times (1.23 \times 2^2 - 1.23 \times 2.14^2) + 1.23 \times 9.81 \times (-1)$$

$$= 399.96 - 0.36 - 12.07$$

$$= 387.53(\text{Pa})$$

因为该段巷道的通风阻力计算结果为正值,说明风流方向假设正确,即风流是由断面 2 流向断面 1。

在使用能量方程时,需要注意以下几点:

①能量方程的意义是表示 1 m^3 空气由 1 断面流向 2 断面的过程中所消耗的能量(通风阻力),等于流经 1、2 断面间空气总机械能(静压能、动压能和位能)的变化量。

②风流流动必须是稳定流,即断面上的参数不随时间的变化而变化。

③风流总是从总能量(机械能)大的地方流向总能量小的地方。在判断风流方向时,应用始末两断面上的总能量来进行,而不能只看其中的某一项。如不知风流方向,列能量方程时,应先假设风流方向,如果计算出的能量损失(通风阻力)为正,说明风流方向假设正确;如果为负,则风流方与假设相反。

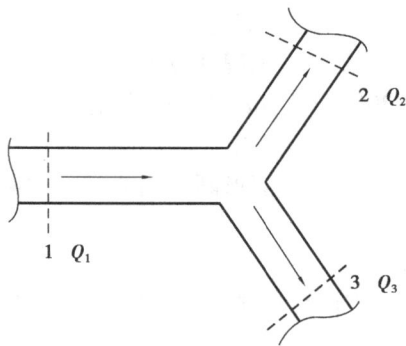

图 2.12

④应用能量方程时要注意各项单位的一致性。

⑤对于流动过程中流量发生变化,如图 2.12 所示,则按总能量守恒与转换定律列方程。

$$Q_1\left(\rho_{1m}Z_1g + P_1 + \frac{v_1^2}{2}\rho_1\right) = Q_2\left(\rho_{2m}Z_2g + P_2 + \frac{v_2^2}{2}\rho_2\right) + Q_3\left(\rho_{3m}Z_3g + P_3 + \frac{v_3^2}{2}\rho_3\right) +$$

$$Q_2 \cdot \Delta P_{R12} + Q_3 \cdot \Delta P_{R13} \tag{2.40}$$

2.2 隧道断面上的风速分布及通风阻力

当空气沿隧道运动时,由于风流的黏滞性和惯性以及隧道壁等对风流的阻滞、扰动作用而形成通风阻力,它是造成风流能量损失的原因。隧道通风阻力可分为两类:摩擦阻力(也称为沿程阻力)和局部阻力。本节将讨论通风阻力产生的原因、计算方法及通风系统的压力坡度图,这是进行隧道通风设计、加强通风管理的技术基础。

2.2.1 隧道断面上的风速分布

1)隧道风流流态

1883年,英国物理学家雷诺(O.Reynolds)通过实验发现,同一流体在同一管道中流动时,不同的流速,会形成不同的流动状态。当流速较低时,流体质点互不混杂,沿着与管轴平行的方向做层状运动,称为层流(或滞流)。当流速较大时,流体质点的运动速度在大小和方向上都随时发生变化,成为互相混杂的紊乱流动,称为紊流(或湍流)。

(1)雷诺数

雷诺曾用各种流体在不同直径的管路中进行了大量实验,发现流体的流动状态与平均流速 v、管道直径 d 和流体的运动黏性系数 γ 有关。可用一个无因次准数来判别流体的流动状态,这个无因次准数就叫雷诺数,用 Re 表示,即:

$$Re = \frac{vd}{\gamma} \tag{2.41}$$

式中　v——隧道断面上的平均风速,m/s;
　　　γ——空气的运动黏性系数,通常取 $15\times10^{-6}\text{m}^2/\text{s}$;
　　　d——管道直径,m。

在实际工程计算中,为简便起见,通常以 $Re=2\,300$ 作为管道流动流态的判定准数,即 $Re\leqslant2\,300$,层流;$Re>2\,300$,紊流。

(2)当量直径

对于非圆形断面的隧道,Re 数中的管道直径 d 应以隧道断面的当量直径 d_e 来表示:

$$d_e = 4\frac{A}{U} \tag{2.42}$$

因此,非圆形断面隧道的雷诺数可用下式表示:

$$Re = \frac{4vA}{\gamma U} \tag{2.43}$$

式中　A——隧道断面面积,m^2;
　　　U——隧道断面周长,m。

对于不同形状的隧道断面,其周长 U 与断面面积 A 的关系,可用下式表示:

$$U \approx K_C\sqrt{A} \tag{2.44}$$

式中　K_C——断面形状系数:梯形 $K_C=4.16$;三心拱 $K_C=3.85$;半圆拱 $K_C=3.90$。

【例2.5】 某半圆拱隧道采用砌碹支护,$A=81\text{ m}^2$,$Q=300\text{ m}^3/\text{min}=5\text{ m}^3/\text{s}$,试判断风流

流态。

【解】　紊流：$Re = \dfrac{vd}{\gamma} = \dfrac{4vA}{\gamma U} = \dfrac{4Q}{\gamma K_{\mathrm{C}} \sqrt{A}} = \dfrac{4 \times 5}{15 \times 10^{-6} \times 3.9 \times \sqrt{81}} = 37\,987 > 2\,300$

巷道条件同上，$Re = 2\,300$ 层流临界风速：

$$V = Re \times U \times \gamma / 4A$$

$$= 2\,300 \times 3.9 \times \sqrt{81} \times 15 \times 10^{-6} / (4 \times 81) = 0.003\,7 \; (\mathrm{m/s})$$

也就是说，要是保持此隧道条件不变，只有当风速小于 0.003 7 m/s 的时候，该隧道的风速才以层流的形式流动。

2）隧道断面上风速分布

在紊流中各点的速度、压力等物理量随时间作不规则的变化，这就叫紊流脉动。图 2.13 是用测速仪测得的流体中某点在流动方向上的瞬时速度 v_x 随时间变化的曲线。实际在垂直于流动方向上还存在横向脉动。由图 2.13 可见，紊流中某点流速虽然随时间无规则地变化着，但如取一时段 T 来观察，可看出流速 v_x 总是围绕着某平均值 $\overline{v_x}$ 上下波动，这一平均值称为流速时均值，或称时均流速。从瞬时流速看，不可能有定常流（稳定流），但从时均流速看，则可视为定常流。

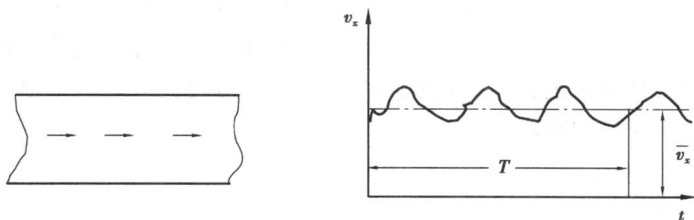

图 2.13　紊流流速脉动

空气在隧道或管道中流动时，由于与隧道壁面摩擦以及空气的黏性作用，同一横断面上各点风流的速度是不相同的。

紊流风流在靠近边壁处有一层很薄的层流边层，该层流边层的厚度 δ 很小，而且雷诺数越大，其厚度越小。在此层内，流体质点沿近乎平行于管壁的弯曲轨迹而运动。层流边层内空气流动的速度称为边界风速，以 v_0 表示，如图 2.14 所示。在层流边层以外（即隧道横断面的绝大部分）充满着紊流风流，其速度大于边界风速，并从壁面向轴心方向逐渐增大。如果将大于边界风速的那部分称为紊流风速并以 v 表示，则隧道横断面上任一点的风流 v_i 就等于边界风速与紊流风速之和，即：

$$v_i = v_0 + v \tag{2.45}$$

则断面平均风速为：

$$v = \frac{1}{A} \int_A v_i \, \mathrm{d}A \tag{2.46}$$

式中　v_i——断面上一点的风速，m/s；

　　　$\mathrm{d}A$——断面上的微元面积，m^2；

　　　A——隧道的横断面积，m^2；

　　　Q——通过隧道横断面的风量，m^3/s。

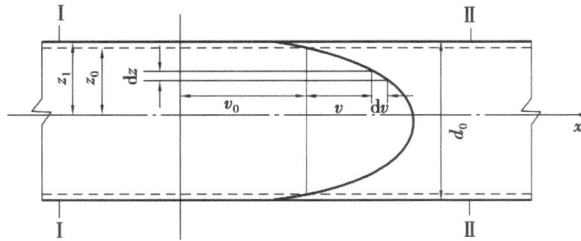

图 2.14　紊流中的速度分布

其中:A 为断面积,$\int_A v_i \mathrm{d}A$ 即为通过隧道断面 A 上的风量 Q,则:

$$Q = v \times A \tag{2.47}$$

断面上平均风速 v 与最大风速 $v_{\max}$ 的比值称为风速分布系数(速度场系数),用 K_v 表示:

$$K_v = \frac{v}{v_{\max}} \tag{2.48}$$

K_v 值与隧道断面粗糙程度有关,巷壁越光滑,K_v 值越大,即断面上风速分布越均匀。

在圆形截面的直线管道风流中,最高风速出现在截面轴心处。但在隧道或非圆截面的管道中,隧道的曲直程度、断面形状及大小均有变化,最大风速不一定在隧道轴线上,而且流速分布也不一定具有对称性。此外,同一断面上的速度分布亦随时间变化而变化。因此,在确定断面的平均风速时必须按照有关规定,先测各点的风速,然后计算其平均值。各种技术规程上对风速的有关规定也都是指断面的平均风速。

2.2.2　隧道通风阻力

通风阻力包括摩擦阻力和局部阻力。摩擦阻力在风流的全部流程内存在,局部阻力发生在隧道断面变化处,如拐弯、分岔及风流受到其他阻碍的地方。研究通风阻力对通风设备选型、风道设计及通风管理具有十分重要的意义,在给定隧道(风道)条件及通风量时,所计算的通风阻力就是通风机应具备的最小通风压力;相反在给定通风压力和通风量时,通风阻力又作为风道设计的依据。

1)摩擦阻力

风流在隧道中作沿程流动时,由于流体层间的摩擦和流体与隧道壁面之间的摩擦所形成的阻力称为摩擦阻力(也叫沿程阻力)。在隧道通风中,克服沿程阻力的能量损失,常用单位体积(单位为 1 m³)风流的能量损失 ΔP_f 来表示,单位是 Pa。由流体力学可知,无论层流还是紊流,以风流压能损失来反映的摩擦阻力可用下式计算:

$$\Delta P_f = \lambda_r \frac{L}{d} \cdot \rho \frac{v_r^2}{2} \tag{2.49}$$

式中: λ_r——无因次系数,即摩擦阻力系数,通过实验求得;

　　　L——风道长度,m;

　　　d——圆形风管直径,非圆形管用当量直径,m;

　　　v_r——断面平均风速,m/s;

ρ——空气密度,kg/m^3。

式(2.49)不是严格的理论式,人们把复杂的能量损失计算问题转化为确定阻力系数 λ。系数 λ 还包含了公式中没有给出的其他影响因素。

(1)层流的摩擦阻力

因为空气具有黏性,在相对运动的空气之间产生内摩擦力,力图阻止空气的相对运动。空气在隧道中流动,由于附着在隧道壁上的薄层空气的影响,内摩擦力会阻止空气流动,因此要维持空气流动,必须克服内摩擦力。层流的摩擦阻力就是空气黏性产生的内摩擦力。当流体在圆形管道中作层流流动时,从理论上可以导出摩擦阻力计算式:

$$\Delta P_{\mathrm f}=\frac{32\mu L}{d^2}V_{\mathrm r}\tag{2.50}$$

因为 $Re=\dfrac{Vd}{\gamma},\mu=\rho\cdot\gamma$,代入式(2.50)可得:$\Delta P_{\mathrm f}=\dfrac{64}{Re}\cdot\dfrac{L}{d}\cdot\rho\dfrac{v_{\mathrm r}^2}{2}$,与式(2.49)比较,可得圆管层流时的沿程阻力系数 $\lambda=\dfrac{64}{Re}$。理论分析得到的层流时 λ 与 Re 关系,与尼古拉兹在1932—1933年实验所得到的层流时 λ 与 Re 的关系完全相同,证明了关系式的正确性。由式(2.50)表明,层流摩擦阻力和平均流速的一次方成正比。

以当量直径 $d_{\mathrm e}=4A/U$ 代替式(2.50)中的 d,即可得到层流状态下隧道摩擦阻力计算式:

$$\Delta P_{\mathrm f}=2\gamma\cdot\rho\frac{LU^2}{A^2}\cdot V_{\mathrm r}=2\gamma\cdot\rho\frac{LU^2}{A^3}Q\tag{2.51}$$

式中　Q——通过隧道的风量,m^3/s。

(2)紊流的摩擦阻力

紊流的摩擦阻力除了空气黏性产少的内摩擦力面外,还有空气质点相互掺混产生的阻力。通风中摩擦阻力的计算公式是由流体力学的圆形管道摩擦阻力公式(达西公式)转换来的。达西公式如下:

$$\Delta P_{\mathrm f}=\lambda_{\mathrm r}\cdot\frac{L}{d}\cdot\frac{\rho}{2}v_{\mathrm r}^2\tag{2.52}$$

式中　$\Delta P_{\mathrm f}$——摩擦阻力,Pa;其他字母意义同上。

隧道通风中运用式(2.52)时,管道直径须用隧道的当量直径代替。由于圆形管道直径 $d=4R$(R 为圆形管道的水力半径),而隧道的水力半径为 A/U(A 为隧道断面积,U 为隧道周长),故隧道的当量直径为 $4A/U$,代入式(2.52),可得:

$$\Delta P_{\mathrm f}=\frac{\lambda_{\mathrm r}\rho}{8}\cdot\frac{LU}{A}v_{\mathrm r}^2=\frac{\lambda_{\mathrm r}\cdot\rho}{8}\cdot\frac{LU}{A^3}Q^2\tag{2.53}$$

(3)摩擦阻力系数与摩擦风阻

①摩擦阻力系数 α。在隧道通风中,由于雷诺数 Re 较大,一般都大于 10^5,故 $\lambda_{\mathrm r}$ 值受雷诺数 Re 影响不大,主要取决于隧道的相对粗糙度,即 $\lambda_{\mathrm r}$ 的值只与隧道支护材料和断面大小有关。对于几何尺寸和支护已定型的隧道,相对糙度一定,则 $\lambda_{\mathrm r}$ 可视为定值;在标准状态下空气密度 $\rho=1.2$ kg/m^3,对式(2.53),令:

$$\alpha=\frac{\lambda_{\mathrm r}\cdot\rho}{8}\tag{2.54}$$

式中　α——摩擦阻力系数，单位为 kg/m³ 或 Ns²/m⁴。

将式（2.54）代入式（2.53），则得到紊流状态下隧道的摩擦阻力计算式，写为：

$$\Delta P_f = \alpha \frac{LU}{A^3} Q^2 \qquad (2.55)$$

由式（2.54）可知，摩擦阻力系数 α 与达西系数 λ_r 成正比。而 λ_r 又与风流的雷诺数 Re 及隧道相对粗糙度 n 有关（$n=k/d$，k 是隧道壁突出的平均高度，d 是隧道宽度）。

由于紊流的复杂性，λ_r 值至今还不能单纯用数学推导的方法求得，必须借助于实验手段才能确定。在矿井通风中都是通过实际测定，得出各类巷道的摩擦阻力系数，并换算成在矿井标准状态下（$\rho = 1.2$ kg/m³）的数值（当井巷中空气密度 $\rho \neq 1.2$ kg/m³ 时，其 α 值应按下式修正：$\alpha = \alpha_0 \dfrac{\rho}{1.2}$），汇编成册以供选用。几种常见巷道的 α 值列在附录一中。这些资料可供隧道通风设计人员参考。

②摩擦风阻 R_f。对于已给定的隧道，长度 L，周长 U，面积 A 都为已知数，故可把式（2.55）中的摩擦阻力系数 α，长度 L，周长 U，面积 A 归结为一个参数 R_f：

$$R_f = \frac{\alpha LU}{A^3} \qquad (2.56)$$

式中　R_f——隧道的摩擦风阻，其单位为 kg/m⁷ 或 N·s²/m⁸，工程单位为 kgf·s²/m⁸，或写成 kμ。

1 N·s²/m⁸ = 9.8 kμ。

需要注意 R_f 和 ΔP_f 在概念上完全不同，前者是风流流动的阻抗参数，后者是每立方米空气在流动过程中损失的机械能。

摩擦风阻 R_f 是空气密度、隧道粗糙程度、断面、周长、沿程长度诸参数的函数。在正常条件下，一般当某一段隧道中的空气密度 ρ 变化不大时，可将 R_f 看作反映隧道几何特征的参数。

将式（2.56）代入式（2.55），则得到紊流状态下隧道的摩擦阻力计算式：

$$\Delta P_f = R_f Q^2 \qquad (2.57)$$

此式就是完全紊流（进入阻力平方区）下的摩擦阻力定律。由式（2.57）可知，在 Q 一定的情况下，ΔP_f 与 R_f 成正比，即 R_f 越大，ΔP_f 越大；反之亦然。因此，R_f 也是反映隧道通风难易程度的一个重要指标。

【例2.6】　某隧道长 3 500 m，三心拱光料石衬砌，隧道断面积为 64 m²，通过风量为 2 400 m³/min，求隧道的摩擦风阻、摩擦阻力和风流通过该隧道所消耗的功率。

【解】　使用式（2.56），有：

$$R_f = \frac{\alpha LU}{A^3}$$

上式中 U 可由式（2.44）$U \approx K_C \sqrt{A}$ 计算得到，三心拱断面 K_C 取3.85。

查附录一中料石衬砌隧道用光料石衬砌 $\alpha \times 10^4$ 为 39.2 ~ 58.9，取其平均值 $\alpha = 0.005$ 0kg/m，则：

$$R_f = 0.005 \times \frac{3\ 500 \times 3.85 \times \sqrt{64}}{64^3} = 0.002\ 1\ (\text{N·s}^2/\text{m}^8)$$

$$\Delta P_f = R_f Q^2 = 0.002\ 1 \times (2\ 400/60)^2 = 3.36(\text{Pa})$$

风流通过该段隧道消耗的功率为：

$$N = \Delta P_f \cdot Q = 3.36 \times (2\,400/60) = 134.4 \,(\text{W}) = 0.134\,4 \,(\text{kW})$$

（4）降低摩擦阻力的措施

由式(2.55)可知,减小隧道摩擦阻力系数,缩短通风距离,增大隧道断面积、选用周长较小的断面形状均可降低摩擦阻力。在管道通风系统中,降低摩擦阻力的最有效方法是增大通风管道的直径,即增大过流断面积,这不仅可以提高单机送风长度,而且可降低通风能耗。另外,在隧道断面相同的条件下,圆形断面的周长最小,拱形断面次之,矩形、梯形断面的周长较大。

2) 局部阻力

风流流经隧道的某些局部地点,如有断面突然扩大或缩小、转弯、分岔以及障碍物等,由于速度或方向发生突然变化,导致风流产生剧烈的冲击,形成涡流,从而损失能量,造成这种冲击与涡流的阻力称为局部阻力。

（1）几种常见的产生局部阻力的情况

当风流流经拐弯、断面扩大或缩小、隧道分岔或其他堆积物等区段的时候,发生空气质点的相互碰撞,并在风流中产生旋涡,这种来回打转,循环流动的涡流以及空气质点的碰撞都要消耗风流的能量,这就是造成局部阻力的共同原因。

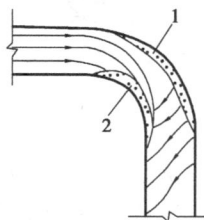

如图2.15所示,当风流流经90°弯头时,由于风流与管壁冲击,产生了涡流区1;又由于惯性,风流与内壁脱离,产生涡流区2。这两个涡流区的存在,又产生了旋转风流。涡流的产生、风流的旋转都是造成局部阻力的原因。

图2.15 风流拐弯
1,2—涡流区

图2.16是空气在渐扩管中的流动情况。渐扩管的局部阻力是由于风流因惯性来不及扩大,风流与管壁脱离形成涡流区而造成的。渐扩管的中心角 α 越大,局部阻力越大。

图2.17为管道断面突然扩大时形成涡流区的情况。

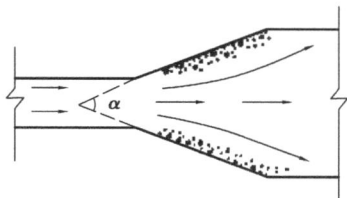

图2.16 风流逐渐扩大

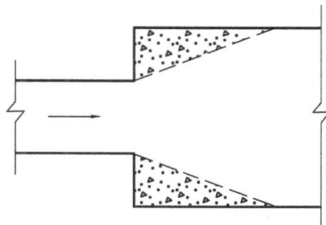

图2.17 风流突然扩大

图2.18是断面突然缩小的情况。风流在断面缩小之后与管壁脱离,折向中心方向流动。风流进入小断面以后,受惯性影响,继续向中心流动而出现"颈缩"现象,A—A 断面的实际过风面积最小,直到2—2断面才恢复正常。风流由1—1断面至 A—A 断面因收缩而损失的能量很小,可以忽略不计,故突然缩小的局部阻力主要是由 A—A 断面至2—2断面突然扩大的能量损失。

如图2.19所示,在合流三通管中流速不同的两股风流汇合时发生碰撞,以及风速改变时产生的涡流会造成局部阻力。两股气流汇合过程中的能量损失是不同的。如果两个管内的风速相差较大,会出现引射现象,低速管的风流将因引射而获得能量,因而该管的局部阻力为负。三通管内局部阻力的大小与两分管的夹角有关,夹角小阻力也小。

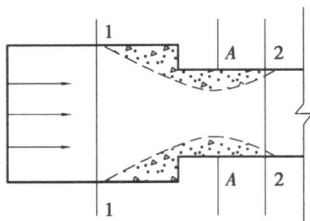

图 2.18　风流突然缩小

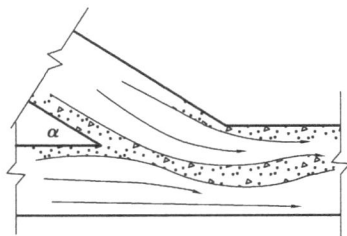

图 2.19　风流汇合

（2）局部阻力分析

风流断面突然扩大时的物理现象可以解释大多数局部阻力导致风流能量损失的原因，因此，该书针对风流断面突然扩大造成的局部阻力加以分析，其他情况类似。

当因风道的突然扩大而引起风流体积的扩大时，空气自小断面 S_1 流向大断面 S_2，小断面中的风速 v_1 必然降至大断面的风速 v_2，这种减速非常迅速并且是在较短的长度上进行的，其情况与以不同速度运动的两种物体相碰撞的现象相似，称为"冲击"现象。冲击时产生的能量损失按包尔达-卡尔诺公式计算：

$$\Delta P_{大} = \frac{\rho (v_1 - v_2)^2}{2} \tag{2.58}$$

式中　v_1, v_2——风流在风道突然扩大前、后的风速，m/s；

　　　$\Delta P_{大}$——风流的局部阻力，Pa。

因为风量 $Q_1 = Q_2$，也就是说 $A_1 v_1 = A_2 v_2$，式中 A_1, A_2 表示风道的小断面面积、大断面面积，m^2。

则有 $v_2 = \dfrac{A_1 v_1}{A_2}$，代入式（2.58），得：

$$\Delta P_{大} = \left(1 - \frac{A_1}{A_2}\right)^2 \cdot \frac{\rho v_1^2}{2} \tag{2.59}$$

令

$$\xi_{大} = \left(1 - \frac{A_1}{A_2}\right)^2 \tag{2.60}$$

则有：

$$\Delta P_{大} = \xi_{大} \cdot \frac{\rho v_1^2}{2} \tag{2.61}$$

式中　$\xi_{大}$——突然扩大的局部阻力系数（无因次），对于光滑管道的突然扩大，可以按管道的大小断面计算出。

（3）常见的几种局部阻力计算

类似于风流突然扩大时局部阻力分析，可得到其他几种不同局部阻力的计算公式。

①隧道入口：

$$\Delta P_{入} = 0.5 \cdot \frac{\rho v^2}{2} \tag{2.62}$$

式中　v——隧道中气流速度，m/s。

②隧道出口:

$$\Delta P_{出} = 1.0 \cdot \frac{\rho v^2}{2} \tag{2.63}$$

式中　v——隧道出口断面的气流速度,m/s。

③气流断面突然缩小,由断面积 A_1 缩小到断面积 A_2:

$$\Delta P_{小} = 0.5\left(1 - \frac{A_2}{A_1}\right) \cdot \frac{\rho v_2^2}{2} \tag{2.64}$$

(4)局部阻力计算

有上述分析,局部阻力可用通式表示如下:

$$\Delta P_1 = \xi_1 \cdot \frac{\rho v^2}{2} \tag{2.65}$$

对于其他典型的局部阻力系数,见附录二光滑管道局部阻力系数。

对一段风道,总的局部阻力为各处局部阻力之和,即:

$$\sum \Delta P_1 = \sum \xi_i \cdot \frac{\rho v_i^2}{2} \tag{2.66}$$

用 $v = \dfrac{Q}{A}$ 代入式(2.66)得:

$$\Delta P_1 = \xi_1 \cdot \frac{\rho v^2}{2} = \xi_1 \cdot \frac{\rho}{2A^2}Q^2 \tag{2.67}$$

在具体条件下,局部阻力系数 ξ,空气密度 ρ,隧道断面 A 都是常数,故令:

$$R_1 = \xi_1 \cdot \frac{\rho}{2A^2} \tag{2.68}$$

R_1 称为局部风阻,由式(2.67)得:

$$\Delta P_1 = R_1 Q^2 \tag{2.69}$$

(5)降低局部阻力措施

由式(2.67)可知,局部阻力与局部阻力系数 ξ 成正比,与断面的平方成反比。因此,为降低局部阻力,可从以下两点入手:

①尽量避免风道断面的突然变化,断面大小悬殊的隧道,其连接处应逐渐变化;实验证明,最有利的扩张中心角是 8°,最好不要超过 20°,如图 2.20 所示。

②尽量避免直角拐弯,拐角要圆滑,曲率半径要适当,在拐角大,风量大的拐角处最好设置导向叶片,如图 2.21 所示。

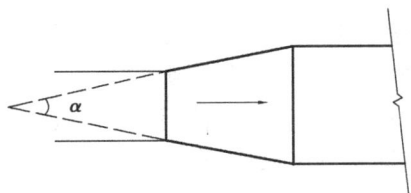

图 2.20　风流扩张中心角示意图

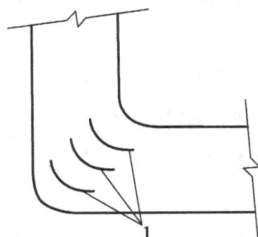

图 2.21　风流拐角大时可设置导向叶片
1—导向叶片

3）通风阻力

隧道内通风阻力应按下式计算：

$$\Delta P = \Delta P_f + \sum \Delta P_i \tag{2.70}$$

式中　ΔP——隧道内通风阻力，N/m^2；

ΔP_f——隧道内沿程摩阻阻力，N/m^2，$\Delta P_f = \lambda_r \cdot \dfrac{L}{d} \cdot \dfrac{\rho}{2} v_r^2$；

ΔP_i——隧道内局部摩阻阻力，N/m^2，$\sum \Delta P_1 = \sum \xi_i \cdot \dfrac{\rho v_i^2}{2}$；

ξ_i——隧道局部摩阻阻力系数，其中隧道入口取0.5，出口取1.0，隧道中部的分流与合流等按附录二取值。

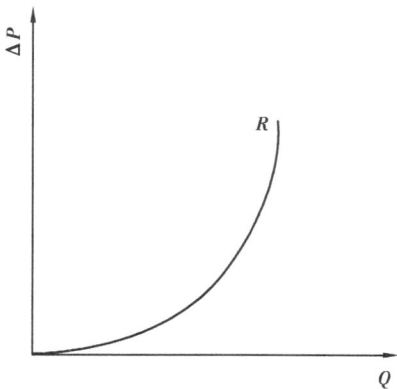

图2.22　风阻特性曲线

根据摩擦阻力与局部阻力的表达式，可以写出通风阻力的通用表达式：

$$\Delta P = RQ^2 \tag{2.71}$$

式中　ΔP——通风阻力，Pa；

R——风阻，$N \cdot s^2/m^8$；

Q——风量，m^3/s。

式（2.71）称为通风阻力定律。它反映了通风阻力与风阻、风量的相互关系。这一定律对于一条管道，或者几条管道的组合，甚至整个系统都是适用的。

在直角坐标系中，代表$\Delta P = RQ^2$关系的曲线称为风阻特性曲线，如图2.22所示。

2.3　隧道的交通通风力

在隧道中运行的车辆，由于其具有一定的运动速度和相应的车体断面积，将其能量传递给隧道的空气，造成了隧道内部的空气流动，这种由交通车辆引起的风流称为交通风，由于它类似于活塞的作用，所以也称为活塞风。交通风的大小由交通通风力决定。交通通风力是车辆活塞作用产生的压差，故也称为交通风压。

2.3.1　单向交通通风力

单向交通（或称单向通行、单行线、单行道、单向路），是指只允许车辆按某一方向行驶的道路交通。进入单行路的车辆应按照交通标志所指示的方向行驶，不能逆向行驶。

通常情况下交通通风力比自然通风阻力大得多，因此，在单向交通的条件下，隧道气流的运动方向与车行方向一致，其车辆运动产生的风压是持续的，即使隧道较长，但只要汽车交通流顺畅，仅交通通风力就能够满足通风要求。

隧道设计风速v_r亦称交通风风速，其方向为设计通风方向，根据《公路隧道通风照明设计规范》（JTJ 026.1—1999），以隧道设计风速v_r的方向为基准，定为正向，必须注意确定n_+、n_-及

$v_{t(+)}$、$v_{r(-)}$ 的方向。

单向交通通风力的计算可按下式进行：

$$\Delta P_t = \frac{A_m}{A_r} \times \frac{\rho}{2} \times n_+ \times (v_{t(+)} - v_r)^2 \tag{2.72}$$

式中　ΔP_t——交通通风力，N/m^2；

n_+——隧道内实测的与 v_r 同向的车辆数，辆/h，$n^+ = \dfrac{N^+ L}{3\ 600 \times v_{t(+)}}$，其中 N^+ 为与 v_r 同向的高峰小时交通流量，L 为隧道长度，m；

n_-——隧道内实测的与 v_r 反向的车辆数，辆/h，$n^- = \dfrac{N^- L}{3\ 600 \times v_{t(-)}}$，其中 N^- 为与 v_r 反向的高峰小时交通流量；

v_r——隧道设计风速，m/s，一般情况 $v_r = \dfrac{Q_{req}}{A_r}$；

$v_{t(+)}$——与 v_r 同向的各工况车速，m/s；

$v_{t(-)}$——与 v_r 反向的各工况车速，m/s；

A_m——汽车等效阻抗面积，m^2；

A_r——隧道净空面积，m^2。

由于隧道内行驶汽车的种类较多，因此应求出汽车群正面投影面积 A_c 和空气阻力系数 ξ_c 的平均值，《公路隧道通风照明设计规范》(JTJ 026.1—1999)列举了部分主要汽车的统计值。如果有条件，可通过实验来获得空气阻力系数。

汽车等效阻抗面积可按下式计算：

$$A_m = (1 - r_1) \times A_{cs} \times \xi_{cs} + r_1 \times A_{cl} \times \xi_{cl} \tag{2.73}$$

式中　A_{cs}——小型车正面投影面积，m^2，可取2.13 m^2，或参照规范取值；

ξ_{cs}——小型车空气阻力系数，可取0.5，或参照规范取值；

A_{cl}——大型车正面投影面积，m^2，可取5.37 m^2，或参照规范取值；

ξ_{cl}——大型车空气阻力系数，可取1.0，或参照规范取值；

r_1——大型车比例；

ρ——空气密度，kg/m^3，一般取1.20。

2.3.2　双向交通通风力

双向交通(或称双向通行)，是指车辆在道路的某一侧按某一既定的方向行驶，而在道路的另一侧按既定的相反方向行驶的道路交通。

对于双向交通公路隧道而言，由于其相向运动的车辆产生的运动风压相互抵消或者成为阻抗力，对隧道气流运动的实际作用效果甚微，因此，即使隧道较短也可能需要设置机械通风设施。

双向交通通风力的计算可按下式进行：

$$\Delta P_t = \frac{A_m}{A_r} \times \frac{\rho}{2} \times n_+ \times (v_{t(+)} - v_r)^2 - \frac{A_m}{A_r} \times \frac{\rho}{2} \times n_- \times (v_{t(-)} + v_r)^2 \tag{2.74}$$

式中字母与符号意义同上。

用 ΔP 表示自然通风力和交通通风力所产生的隧道机械通风压力以外的附加风压,则:

$$\Delta P = \pm \Delta P_t \pm \Delta P_n \tag{2.75}$$

式中　ΔP_t——交通通风力,当交通风与隧道内风流方向相同时取正号,否则取负号;

　　　ΔP_n——自然通风力,当自然风与隧道内风流方向一致时取正号,否则取负号。

附加风速可用下式计算:

$$\left(1 + \xi_e + \lambda_r \times \frac{L}{d}\right) \times \frac{\rho}{2} \times v_r{}^2 = \pm \Delta P_t \pm \Delta P_n \tag{2.76}$$

式中字母与符号意义同前。

2.4　隧道的自然通风

　　隧道内自然风流是指在无机械通风的条件下,隧道内空气定向流动的一种现象。隧道内自然风流受隧道内、外自然条件的控制。隧道内、外的自然条件主要是指:隧道外的自然风和隧道所穿越的山体形态;隧道内、外温度差和进、出风口高差,前者引起隧道两洞口的超静压差,后者引起进两洞口的热位差。它们控制着隧道内自然风流的大小和方向。

　　当隧道内自然风流稳定时,就可以利用自然风流进行隧道通风,我们称之为隧道自然通风。隧道自然通风是一种最经济的通风方式。相反,如果隧道内自然风流不稳定且风量小,则需要利用通风机械进行隧道通风,我们称之为隧道机械通风。在机械通风情况下,隧道内自然风流可能给机械通风提供帮助,也可能给机械通风带来麻烦。因此,研究和认识隧道内自然风流对做好隧道通风具有重要意义。

2.4.1　隧道两洞口的超静压差

1)超静压差的概念

　　如果隧道两洞口的高差不大,则在 ΔZ 高度的范围内,大气密度 ρ 可认为是常量。在静止的大气中,低洞口的气压 P_1 与高洞口的气压 P_2 的压差称为静压差。

$$P_1 - P_2 = \rho g \Delta Z \tag{2.77}$$

当隧道内有由隧道外自然风引起的风流时,必定是:

$$P_1 - P_2 \neq \rho g \Delta Z \tag{2.78}$$

我们将隧道进风洞口与出风洞口的气流压差称为超静压差,用 ΔP 表示,当隧道内风流由低洞口流向高洞口时:

$$\Delta P = P_1 - P_2 - \rho g \Delta Z \tag{2.79}$$

当隧道内风流由高洞口流向低洞口时:

$$\Delta P = P_2 - P_1 + \rho g \Delta Z \tag{2.80}$$

2)山岭隧道两洞口的超静压差

　　隧道两洞口的超静压差产生于地表自然风,地表自然风是由地表大气水平气压梯度引起的。水平气压梯度数值很小,一般为 $100 \sim 300$ Pa/km,而且气压的等压线不一定与隧道垂直,因而它所形成的两洞口间水平气压差(静压)很小。但是,水平气压梯度是大气水平运动的启动力,一旦隧道外有自然风吹动,速度为 v 的风流绕过高山时在山前形成正压,在山后形成负压,二者的压差就是超静压差,超静压差的大小与山体的形状有关。国外有人提出山前正压为 $+0.9\rho v^2/2$,山后负压为 $-0.3\rho v^2/2$,如图 2.23 所示。据此,山岭隧道两洞口的超静压差为:

$$\Delta P = 0.9\rho v^2/2 + 0.3\rho v^2/2 = 1.2\rho v^2/2 \tag{2.81}$$

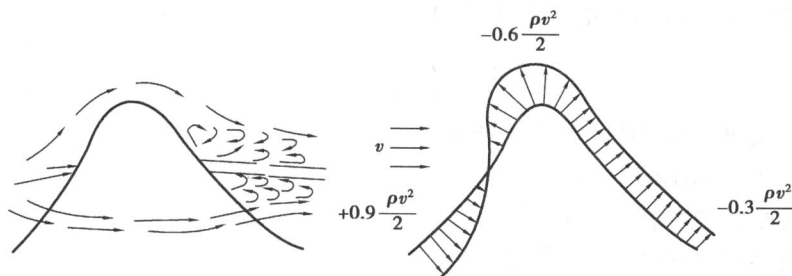

图 2.23 大气绕流山体的压差

例如洞外吹三级风,风速为 $v = 4.5$ m/s,空气密度 $\rho = 1.2$ kg/m^3,则山前和山后的超静压差 $\Delta P = 14.6$ Pa。

2.4.2 隧道进、出风口的热位差

1) 热位差的概念

隧道内、外的温度差,造成隧道内、外空气的密度不同。当隧道进、出风口有高程差时,如果洞内气温高于洞外气温,则洞内空气的密度比洞外空气的密度小,洞外空气有从低洞口流入洞内并将洞内空气从高洞口推出的趋势,即浮升效应。反之,如果洞内气温低于洞外气温,则洞内空气密度比洞外空气密度大,在这种情况下,洞外空气有从高洞口流入洞内并将洞内空气从低洞口推出的趋势,即沉降效应。这种由于洞内外的气温差及两洞口的高程差所引起空气流动的压力差称为热位差,用 ΔH 表示,单位为 Pa。

2) 进出风口的热位差

假设洞内气温为 T_i,洞外气温为 T_0,洞内外空气密度分别为 ρ_i 和 ρ_0,两洞口的高程差为 ΔZ,则热位差 ΔH 按下式计算:

$$\Delta H = (\rho_0 - \rho_i)g\Delta Z \tag{2.82}$$

为了求得热位差,先要获得洞外气温 T_0 和洞内气温 T_i。前者可从气象资料查出,后者对已通车的隧道可以进行实测。对未通车的隧道,则应先计算出车辆通过隧道时消耗的功率所转变的热量、隧道中各种电力设备所散发的热量以及隧道周围岩体传导的热量,而这些热量应与隧道中流动的空气所带走的热量相平衡。根据这一原理,用迭代法试算求得隧道内的气温,再由气体状态方程算出洞内外的空气密度,从而求得热位差。

2.4.3 隧道两洞口等效压差

隧道两洞口超静压差和热位差的叠加,就是自然压差。自然压差引起隧道内的自然风流。

假设隧道内自然风速为 v_1，下面将通过讨论隧道两洞口间的能量方程引出等效压差的概念，并给出计算公式。

当洞内气温高于洞外气温，空气由洞外流入洞内时要受热膨胀，这是隧道壁把热量传递给气流的结果。因此只要计算出气流膨胀所做的功，就可算出隧道壁传递给气流的热量所转变的机械能部分。由于隧道内洞口附近的气压几乎等于洞外的气压，因此气流的热力过程可看作是等压过程。单位质量 1 kg 空气的膨胀功 W_1 为：

$$W_1 = P_1\left(\frac{1}{\rho_i} - \frac{1}{\rho_0}\right) \tag{2.83}$$

式中　P_1——隧道进风洞口附近的大气压力，Pa；

　　　ρ_i——洞内空气的密度，kg/m^3；

　　　ρ_0——洞外空气的密度，kg/m^3。

现写出隧道两洞口间的气流能量方程。

$$\frac{P_1}{\rho_0} + \frac{v_0^2}{2} + P_1\left(\frac{1}{\rho_i} - \frac{1}{\rho_0}\right) = \frac{P_2}{\rho_i} + \frac{v_i^2}{2} + g\Delta Z + \left(\lambda\frac{L}{d} + \xi\right)\frac{v_i^2}{2} \tag{2.84}$$

式中　v_0——流向隧道的气流在洞外的风速，m/s；

　　　ΔZ——两洞口的高差，m；

　　　λ——隧道沿程阻力系数，无因次系数；

　　　ξ——隧道局部阻力系数，无因次系数；

　　　L——隧道的长度，m；

　　　d——隧道的水力直径，m；

　　　v_i——隧道内的自然风速，m/s。

将 $P_2 = P_1 - \lambda h - \Delta P = P_1 - \rho_0 g\Delta Z - \Delta P$ 代入上式，整理得：

$$\Delta P + \frac{\rho_i v_0^2}{2} + (\rho_0 - \rho_i)g\Delta Z = \left(\lambda\frac{L}{d} + \xi + 1\right)\frac{\rho_i v_i^2}{2} \tag{2.85}$$

式（2.85）右边是自然风在隧道内流动过程中的阻力，而左边可理解为形成洞内自然风的动力，称为等效压差，用 ΔP_n 表示，则：

$$\Delta P_n = \Delta P + \frac{\rho_i v_0^2}{2} + (\rho_0 - \rho_i)g\Delta Z \tag{2.86}$$

于是式（2.86）可写成：

$$\Delta P_n = \left(\lambda\frac{L}{d} + \xi + 1\right)\frac{\rho_i v_i^2}{2} \tag{2.87}$$

上式说明隧道内自然风的等效压差 ΔP_n 与隧道内自然风速 v_i 相对应。另外，由式（2.86）可见洞内自然风等效压差由三部分组成：

①两洞口的大气超静压差 ΔP。

②洞外的动压 $\dfrac{\rho_i v_0^2}{2}$，它是在两洞口超静压差作用下进入隧道的气流所带入的动能，当自然通风时，$\dfrac{\rho_i v_0^2}{2}$ 与 ΔP 同时存在（当 $\Delta P = 0$，则 $v_0 = 0$，$\dfrac{\rho_i v_0^2}{2} = 0$）。

③热位差 $(\rho_0 - \rho_i)g\Delta Z$，它是由洞内外气温差引起的，当 $\rho_0 < \rho_i$ 时，热位差自动显示为负值，

表示热位差将促使隧道内空气由高洞口流向低洞口。

应当指出的是,要应用式(2.87)计算隧道两洞口的等效压差,必须先知道隧道内的自然风速 v_i,而不同的环境和不同几何尺寸(长度和断面形式)的隧道内自然风速是不同的,需要通过实测得到。在进行隧道通风计算时,若隧道尚未建成,无法实测自然风速,也就无法用式(2.87)计算等效压差。考虑到一般隧道的热位差不大,隧道两洞口等效压差主要是由超静压差引起的,因此,建议在通风计算中,参考式(2.77)计算 ΔP_n 的近似值。

对于断面积为 A 的隧道,自然风流量 Q_n 可按下式计算:

$$Q_n = A v_i \tag{2.88}$$

由式(2.87)得:

$$v_i = \left[\frac{\Delta P_n}{\left(\lambda \dfrac{L}{D} + \xi + 1 \right)} \cdot \frac{2}{\rho_i} \right]^{\frac{1}{2}} \tag{2.89}$$

所以

$$Q_n = \left[\frac{\Delta P_n}{\left(\lambda \dfrac{L}{D} + \xi + 1 \right)} \cdot \frac{2}{\rho_i} \right]^{\frac{1}{2}} \cdot A \tag{2.90}$$

式中字母与符号意义同前。

习　题

2.1 描述隧道空气物理状态的参数主要有哪些? 并简要说明其定义。

2.2 简述什么是隧道风流的静压能、重力位能、动能、势压、全压。

2.3 简述空气流动的连续性方程,并简要说明两种特殊情况。

2.4 简述隧道通风的能量方程,并简要说明它在使用时的注意事项。

2.5 简述什么是隧道风流断面的风速分布系数。

2.6 简述什么是隧道通风的摩擦阻力,并简要说明层流和紊流状态下的摩擦阻力计算公式。

2.7 简述什么是隧道通风的局部阻力,并写出隧道入口、出口处,以及断面突然扩大时的局部阻力计算公式。

2.8 简述隧道通风的通风阻力定律。

2.9 简述什么是交通风、单向交通、双向交通,并简要介绍如何计算单向交通通风力、双向交通通风力。

2.10 简述什么是隧道两洞口的超静压差、热位差、等效压差。

2.11 简述隧道自然通风的影响因素。

参考文献

[1] 中华人民共和国交通部. 公路隧道通风照明设计规范(JTJ 026.1—1999)[M]. 北京:人民交通出版社,2000.

[2] 钟星灿,高慧翔,龚波,等. 交通风力自然通风作用原理探析[J]. 铁道工程学报,2006(5):

82-87.

[3] 吕康成. 公路隧道运营管理[M]. 北京:人民交通出版社,2006.

[4] 吕康成. 公路隧道运营设施[M]. 北京:人民交通出版社,1999.

[5] 金学易,陈文英. 隧道通风及隧道空气动力学[M]. 北京:中国铁道出版社,1993.

[6] 吴中立. 矿井通风与安全[M]. 徐州:中国矿业大学出版社,1989.

[7] 王毅才. 隧道工程[M]. 北京:人民交通出版社,2003.

[8] 曹彦国. 隧道[M]. 北京:中国铁道出版社,2003.

[9] 张国枢.通风安全学[M].徐州:中国矿业大学出版社,2011.

3 隧道通风技术与设备

隧道通风技术与设备是隧道施工与运营期间安全的重要保障。本章主要介绍隧道通风动力及通风机、隧道通风方式和隧道运营施工期间的通风管理等,以便合理地使用通风动力,采用合适的通风方式和科学地管理隧道通风,从而使隧道通风达到技术先进、经济合理、安全可靠等要求。

3.1 隧道通风动力及通风机

空气在隧道中源源不断地流动,就必须克服空气沿隧道流动时所受到的阻力。这种克服通风阻力的能量或压力称为通风动力。隧道通风的动力包括通风机风压和自然风压。通风机形式按照通风机的工作原理分为离心式通风机和轴流式通风机两类。隧道通风中,一般需要大风量、低风压的通风机,轴流式通风机符合这种要求,同时,轴流式通风机与离心式通风机相比较具有体积小、效率高等特点,所以在隧道机械通风中通常使用轴流式通风机。

3.1.1 隧道通风的主要动力来源

隧道通风主要包括自然通风和机械通风两种形式。

自然通风:依靠气流密度不同形成的通风压头克服烟、风道阻力的通风方式。隧道自然通风是利用存于洞口间的自然压力差或汽车行驶时活塞作用产生的交通风力,达到通风换气的目的。但在双向交通的隧道,交通风力有相互抵消的情况,使适用的隧道长度受到限制。由于交通风的作用较自然风大,因此单向交通隧道,即使隧道相当长,也有足够的通风能力。

机械通风:依靠风机运转提供给空气一定的能量,该能量以克服通风管网阻力,使空气不断沿着预定路线流动的通风方式。机械通风根据作用范围的大小、通风功能的区别分为全面通风和局部通风两种形式。机械通风系统一般由风机、风道、阀门、送排风口等部分组成。机械通风所需动力与隧道长度的立方成正比,因此在长隧道中,常常设置竖井进行分段通风。竖井用于排气,有烟囱作用,效果良好。双向交通的隧道,因新风是从两侧洞口进入,竖井宜设于中间。单向交通时,由于新风主要自入口一侧进入,竖井应靠近出口侧设置。

3.1.2 隧道通风机类型及构造

通风机是隧道通风的主要动力来源。隧道通风机的功率大,同时全天候的运转导致其耗能大。所以,合理地选择和使用通风机,关系到隧道施工和运营期间的安全性、经济性和可靠性。隧道通风使用的通风机形式按照通风机的工作原理分为离心式通风机和轴流式通风机两类。

1) 离心式通风机的构造和工作原理

(1) 离心式通风机的风机构造

离心式通风机一般由进风口、叶轮、机壳和集流器等组成,如图 3.1 所示。进风口制成整体,装于风机的侧面,与轴向平行的截面为曲线形状,能使气体顺利进入叶轮,且损失较小。叶轮由前盘、后盘和固定在两盘之间的叶片组成,如图 3.2 所示,风流沿叶片间流道流动,在流道出口处,风流相对速度 w_2 的方向与圆周速度 u_2 的反方向夹角称为叶片出口构造角,以 β_2 表示。根据出口构造角 β_2 的大小,离心式通风机可分为前倾式($\beta_2 > 90°$)、径向式($\beta_2 = 90°$)和后倾式($\beta_2 < 90°$)三种。β_2 不同,通风机的性能也不同。

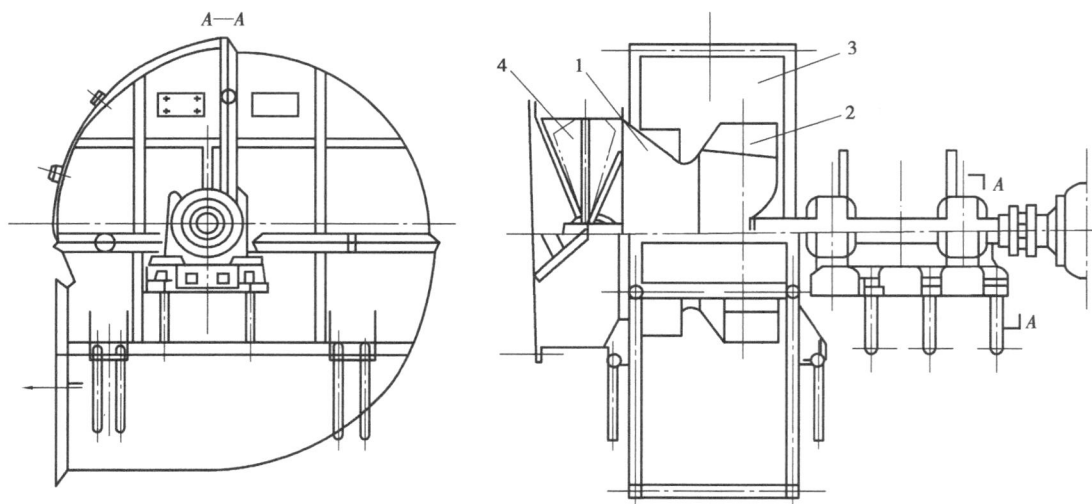

图 3.1 离心式通风机的构造
1—进风口;2—工作轮;3—螺形机壳;4—前导器

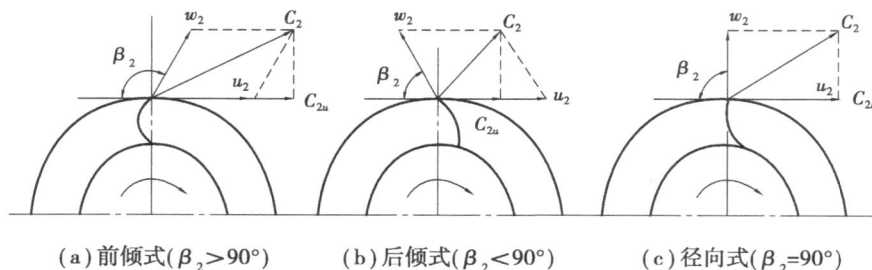

(a) 前倾式($\beta_2 > 90°$)　　(b) 后倾式($\beta_2 < 90°$)　　(c) 径向式($\beta_2 = 90°$)

图 3.2 叶片出口构造角与风流速度图

进风口有单吸和双吸两种。在相同的条件下双吸风机叶(动)轮宽度是单吸风机的两倍。在进风口与叶(动)轮之间装有前导器(有些通风机无前导器),使进入叶(动)轮的气流发生预旋绕,以达到调节性能的目的。

(2)离心式通风机的工作原理

当电机通过传动装置带动叶轮旋转时,叶片流道间的空气随叶片旋转而旋转,获得离心力。经叶端被抛出叶轮,进入机壳。在机壳内速度逐渐减小,压力升高,然后经扩散器排出。与此同时,在叶片入口(叶根)形成较低的压力(低于进风口压力),于是,进风口的风流便在此压差的作用下流入叶道,自叶根流入,在叶端流出,如此源源不断,形成连续的流动。

2)轴流式通风机的构造和工作原理

(1)轴流式通风机的风机构造

轴流式通风机主要由吸风口、叶轮、电动机和传动部件等组成,如图3.3所示。

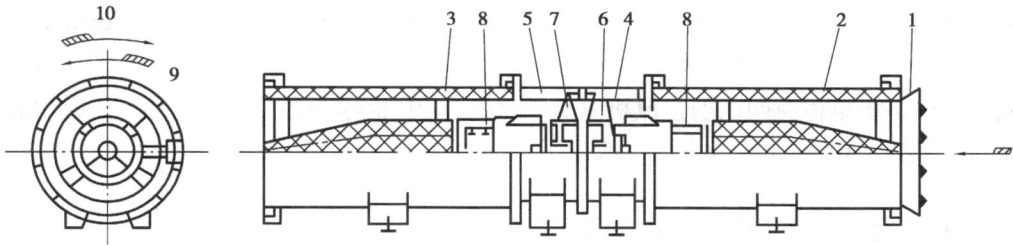

图3.3　对旋轴流式通风机示意图

1—吸风口;2—吸风侧吸声罩;3—出风侧吸声罩;4—1号电机罩;5—2号电机罩;
6—一级叶轮;7—二级叶轮;8—电动机;9—一级叶轮旋转方向;10—二级叶轮旋转方向

吸风口是由集流器与疏流罩构成断面逐渐缩小的进风通道,使进入叶轮的风流均匀,以减小阻力,提高效率。

叶轮是由固定在轴上的轮毂和以一定角度安装其上的叶片组成的。叶片的形状为中空梯形,横断面为翼形。沿高度方向可做成扭曲形,以消除和减小径向流动。叶轮的作用是增加空气的全压。叶轮有一级和二级两种,二级叶轮产生的风压是一级的两倍。

(2)轴流式通风机的工作原理

在轴流式通风机中,风流流动的特点是:当叶(动)轮转动时,气流沿等半径的圆柱面旋绕流出。用与机轴同心、半径为 R 的圆柱面切割叶(动)轮叶片,并将此切割面展开成平面,就得到了由翼剖面排列而成的翼栅。

在叶片迎风侧作一外切线称为弦线。弦线与叶(动)轮旋转方向 u 的夹角称为叶片安装角,以 θ 表示。叶(动)轮上叶片的安装角可根据需要在规定范围内调整,但必须保持一致,如图3.4所示。

当叶(动)轮旋转时,翼栅即以圆周速度 u 移动。处于叶片迎面的气流受挤压,静压增加;与此同时,叶片背的气体静压降低,翼栅受压差作用,但受轴承限制,不能向前运动,于是叶片迎面的高压气流由叶道出口流出,翼背的低压区"吸引"叶道入口侧的气体流入,形成穿过翼栅的连续气流。

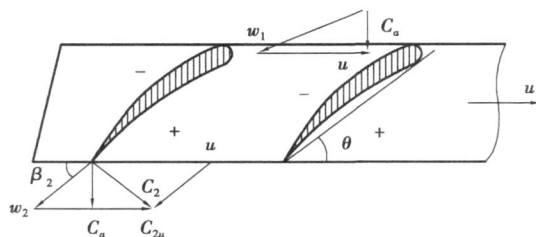

图 3.4　轴流式通风机工作原理

3.1.3　隧道通风机的性能

1)通风机的工作参数

表示通风机性能的主要工作参数包括风量 Q、风压 H、风机轴功率 N、效率 η 和转速等。

（1）风量

风量一般是指单位时间内通过风机入口空气的体积,也称为体积流量（无特殊说明时均指在标准状态下）,单位为 $\mathrm{m^3/h}$,$\mathrm{m^3/min}$ 或 $\mathrm{m^3/s}$。

（2）风压

通风机风压包括风机全压 H_t 和风机静压 H_s。通风机的全压 H_t 是通风机对空气做功,消耗于每 $1~\mathrm{m^3}$ 空气的能量（单位为 $\mathrm{N \cdot m/m^3}$ 或 Pa）,其值为风机出口风流全压与入口风流全压之差。在忽略自然风压时,H_t 用以克服通风管网阻力 ΔP_R 和风机出口动能损失 h_v,即:

$$H_t = \Delta P_R + h_v \tag{3.1}$$

克服管网通风阻力的风压称为通风机的静压,用 H_s（单位为 Pa）表示:

$$H_S = \Delta P_R = RQ^2 \tag{3.2}$$

因此:

$$H_t = H_S + h_v \tag{3.3}$$

（3）通风机的功率

通风机的输出功率以全压计算时称全压功率 N_t,用下式计算:

$$N_t = H_t Q \times 10^{-3} \tag{3.4}$$

用风机静压计算输出功率,称为静压功率 N_S,即:

$$N_S = H_S Q \times 10^{-3} \tag{3.5}$$

因此,风机的轴功率,即通风机的输入功率 $N(\mathrm{kW})$:

$$N = \frac{N_t}{\eta_t} = \frac{H_t Q}{1\,000\eta_t} \tag{3.6}$$

或

$$N = \frac{N_s}{\eta_s} = \frac{H_S Q}{1\,000\eta_s} \tag{3.7}$$

式中　η_t,η_S——风机全压和静压效率。

（4）电动机的功率

电动机的输入功率为 N_m,则:

$$N_m = \frac{N}{\eta_m \eta_{tr}} = \frac{H_t Q}{1\ 000 \eta_t \eta_m \eta_{tr}} \tag{3.8}$$

式中　η_m——电动机的效率；

　　　η_{tr}——传动效率。

2) 通风机的特性曲线

通风机厂提供的特性曲线往往是根据模型试验资料换算绘制的,有的厂方提供全压特性曲线,有的厂方提供静压特性曲线。图 3.5 和图 3.6 分别为离心式通风机和轴流式通风机的个体特性曲线示意图。如图可知,离心式通风机风压曲线比较平缓,故对风量变化的适应性较强,当风量变化时风压变化较小,轴流式通风机风压曲线比较陡,当风量变化时风压变化较大。

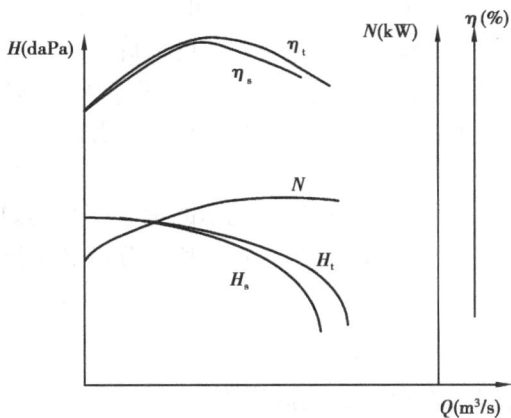

图 3.5　离心式风机个体特性曲线　　　　图 3.6　轴流式通风机个体特性曲线

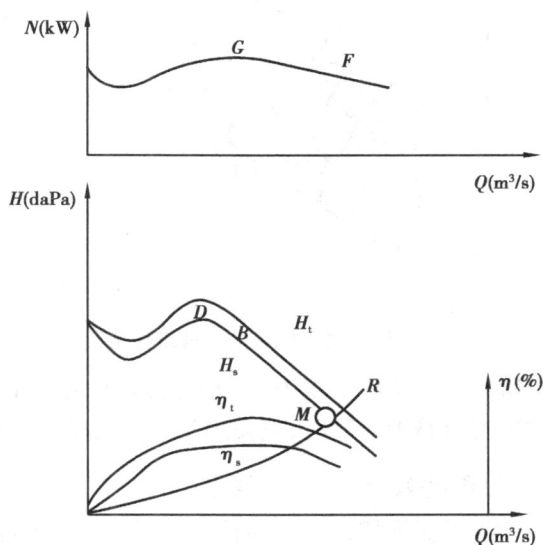

离心式通风机的轴功率 N 又随 Q 的增加而增大,只有在接近风流短路时功率才略有下降。因而,为了保证安全启动,避免因启动负荷过大而烧坏电机,离心式通风机应在风量较小时启动。

轴流式通风机的风压特性曲线一般都有马鞍形驼峰存在。而且同一台通风机的驼峰区随叶片装置角度的增大而增大。驼峰点 D 以右的特性曲线为单调下降区段,是稳定工作段;点 D 以左是不稳定工作段,风机在该段工作,有时会引起风机风量、风压和电动机功率的急剧波动,甚至机体发生震动,发出不正常噪声,产生所谓喘振(或飞动)现象,严重时会破坏风机。轴流式通风机的叶片装置角不太大时,在稳定工作段内,功率 N 随 Q 的增加而减小。所以轴流式通风机应在风阻最小时启动,以减少启动负荷。

3.1.4　隧道通风机的工况点及通风机联合运转

1) 通风机工况点

所谓工况点,是指通风机特性曲线(H-Q)和通风机工作风阻曲线的交点,即是通风机在某一特定转速和工作风阻条件下的工作参数,其工作参数主要包括 Q、H、N 和 η 等,一般是指 H 和 Q 这两个参数。

2)通风机工况点的合理工作范围

为使通风机安全、经济地运转,在选择通风机时除了风量、风压等工作参数满足要求外,还要求通风机在合理范围内运转,即通风机工况点必须在合理的范围之内。

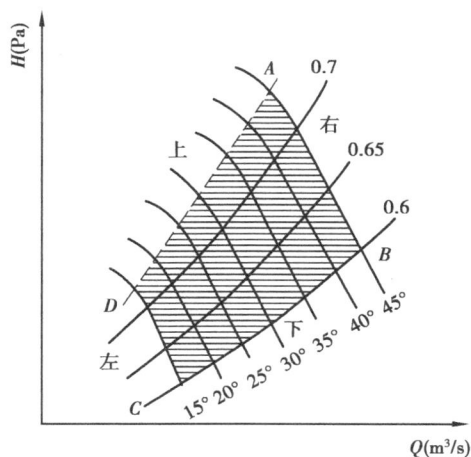

图 3.7 轴流式通风机的合理工作范围

轴流式通风机合理工作范围如图 3.7 所示。从经济和安全等角度综合考虑:第一,轴流式通风机的运转效率不应低于 60%;第二,工况点必须位于驼峰点的右下侧、单调下降的直线段上。一般限定实际工作风压不得超过最高风压的 90%,即 $H_S < 0.9H_{Smax}$;第三,为充分发挥设备能力,一级叶轮通风机的叶片安装角不得小于 10°,二级叶轮的叶片安装角不得小于 15°;第四,叶片安装角过大,通风机运转不稳定。故通常一级叶轮叶片安装角不大于 40°,二级叶轮叶片安装角不大于 45°。轴流式通风机的工作范围如图 3.7 中的阴影部分所示。

离心式通风机合理工作范围的考虑原则仍如上所述。在工程实践中,厂方提供的通风机性能曲线一般与实际不完全相符,故在分析通风机的工况点是否合理时,应使用实测的风机装置特性曲线。

3)主要通风机工况点调节

为了保证隧道施工和投入使用后的安全性和经济性,需要适时地进行通风机工况点调节。由于风机的工况点是由风机和风阻两者的特性曲线决定的,故调节工况点实质上就是单一改变风机或风阻特性曲线,或同时改变风机和风阻特性曲线。据此,工况点调节方法主要有:

(1)改变风阻特性曲线

当风机特性曲线不变时,改变其工作风阻,工况点沿风机特性曲线移动。改变风阻特性曲线的方法主要有增阻调节和减阻调节两种。

增阻和减阻调节是在通风机特性曲线不变的情况下,增加或降低管网风阻,使通风机实际工况点变动,从而使通风机工作的风量和风压按需求发生变化。减阻措施主要有扩刷隧道断面、粉刷隧道和减小局部阻力等。

(2)改变风机特性曲线

当管网风阻不变时,改变通风机特性,工况点沿风阻特性曲线移动。改变风机特性曲线的方法主要有:

①轴流风机可采用改变叶安装角度达到增减风量的目的。但要注意的是,防止因增大叶片安装角度而导致进入不稳定区运行。对于有些轴流式通风机还可以改变叶片数改变风机的特性。

②装有前导器的离心式通风机,可以改变前导器叶片转角进行风量调节。风流经过前导器叶片后发生一定预旋,能在很小或没有冲角的情况下进入风机。前导叶片角由 0°变至 90°时,风压曲线降低,风机效率也有所降低,但调节幅度不大(70%以上)时,比增阻调节经济。

③改变风机转速。无论是轴流式通风机还是离心式通风机都可采用。改变电机转速调速和利用传动装置调速。

4)通风机的联合运转

通风机联合运转工作就是为增加风量或提高风压,将两台或两台以上风机在同一个管网上联合运转工作。通风机联合运转是否能实现风量的增加或风压的提高,通风机是否都在合理的工作范围内,是通风机联合运转必须考虑的因素。欲实现通风机的联合运转工作,必须首先分析通风机联合运转的特点、效果、稳定性和合理性。风机联合工作可分为串联和并联两大类。

(1)风机串联工作

图 3.8 为两台通风机串联运转工作图,即 2#风机的进风口直接或通过一段管道连接到 1#风机的出风口上同时运转。

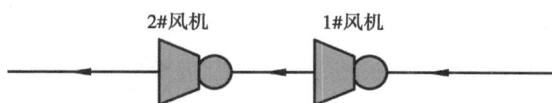

图 3.8　两台通风机串联运转工作图

风机串联工作的特点是:通过管网的总风量等于每台风机的风量(没有漏风)。两台风机的工作风压之和等于所克服管网的阻力。即:

$$\Delta P = H_{S1} + H_{S2} \tag{3.9}$$

式中　ΔP——管网的总阻力;

H_{S1},H_{S2}——1,2 两台风机的工作静压。

$$Q = Q_1 = Q_2 \tag{3.10}$$

式中　Q——管网的总风量;

Q_1,Q_2——1,2 两台风机的风量。

通风机串联工作又分为风压特性曲线相同风机串联工作和风压特性曲线不同风机串联工作两类。两台风机串联的等效合成曲线Ⅰ+Ⅱ按风量相等风压相加原理求得,即在两台风机的风量范围内,作若干条风量坐标的垂线(等风量线),在等风量线上将两台风机的风压相加,得该风量下串联等效风机的风压(点),将各等效风机的风压点联起来,即可得到风机串联工作时等效合成特性曲线Ⅰ+Ⅱ。

①风压特性曲线相同的两台通风机串联运转。如图 3.9 所示,可以看到两台特性曲线相同通风机性能曲线Ⅰ和性能曲线Ⅱ重合。在风阻为 R 的管网上风机串联工作时,各风机的实际工况点按下述方法求得:在等效风机特性曲线Ⅰ+Ⅱ上作管网风阻特性曲线 R,两者交点为 M,过 M 作横坐标垂线,与曲线Ⅰ(Ⅱ)相交于 M_1(M_{II}),此点即是特性曲线相同的两台风机串联工作的实际工况点。其中临界点 A 位于横坐标 Q 轴上,即在整个合成曲线范围内串联工作都是有效的。

②风压特性曲线不同的两台通风机串联运转。如图 3.10 所示,两台不同型号风机 F_1 和 F_2 的特性曲线分别为Ⅰ,Ⅱ。在风阻为 R 的管网上风机串联工作时,各风机的实际工况点按下述方法求得:在等效风机特性曲线Ⅰ+Ⅱ上作管网风阻特性曲线 R,两者交点为 M_0,过 M_0 作横坐标垂线,分别与曲线Ⅰ和Ⅱ相交于 M_I 和 M_{II},此两点即是两台风机的实际工况点。

可用等效风机Ⅰ+Ⅱ产生的风量 Q 与能力较大风机的 F_2 单独工作产生风量 Q_{II} 之差来衡量串联工作的效果。由图 3.10 可见,当工况点位于合成特性曲线与能力较风机 F_2 性能曲线Ⅱ交

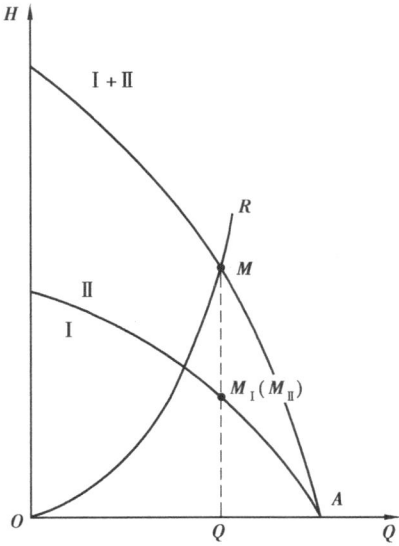

图 3.9　风压特性曲线不同的
两台通风机串联运转

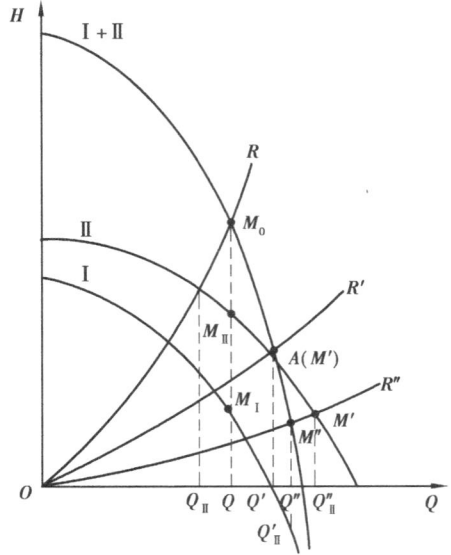

图 3.10　风压特性曲线相同的
两台通风机串联运转

点 A（通常称为临界工况点）的左上方（如 M_0）时，$\Delta Q = Q - Q_{\text{II}} > 0$，则表示串联有效；当工况点 M' 与 A 点重合（即管网风阻 R' 通过 A 点）时，$\Delta Q = Q - Q_{\text{II}} = 0$，则串联无增风；当工况点 M'' 位于 A 点右下方（即管网风阻为 R''）时，$\Delta Q = Q - Q_{\text{II}} < 0$，则串联不但不能增风，反而有害，即小风机成为大风机的阻力。

（2）通风机并联运转工作

如图 3.11 所示，1#风机和 2#风机的进风口直接或通过一段管网联结在一起工作，出风口各自独立。

图 3.11 所示并联的两台风机的进风口可视为连接在同一点。所以两风机的装置静压相等，且等于管网阻力；两风机的风量之和等于通过管网的风量。即：

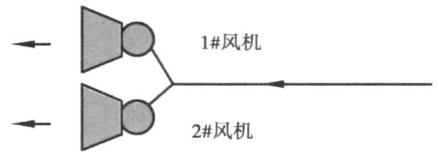

图 3.11　两台通风机并联运转工作

$$h = H_{\text{S1}} = H_{\text{S2}} \tag{3.11}$$

$$Q = Q_1 + Q_2 \tag{3.12}$$

式中各符号含义同前。

通风机并联工作又分为风压特性曲线相同风机并联工作和风压特性曲线不同风机并联工作两类。

①风压特性曲线相同风机并联工作。两台风压特性曲线 I（II）相同的风机 F_1 和 F_2 并联工作如图 3.12 所示。III 为其合成特性曲线，R 为管网风阻。M 和 M' 为并联的工况点和单独工作的工况点。由 M 作等风压线与曲线 I（II）相交于 m_1，此即风机的实际工况点。由图可见，总有 $\Delta Q = Q - Q_1 > 0$，且 R 越小，ΔQ 越大。

②风压特性曲线不同风机并联工作。风压特性曲线不同风机并联工作特性曲线如图 3.13 所示。两台不同型号风机 F_1 和 F_2 的特性曲线分别为 I、II。两台风机并联后的等效合成曲线 III 可按风压相等风量相加原理求得。即在两台风机的风压范围内，作若干条等风压线（压力坐标轴的垂线），在等风压线上把两台风机的风量相加，得该风压下并联等效风机的风量（点），将

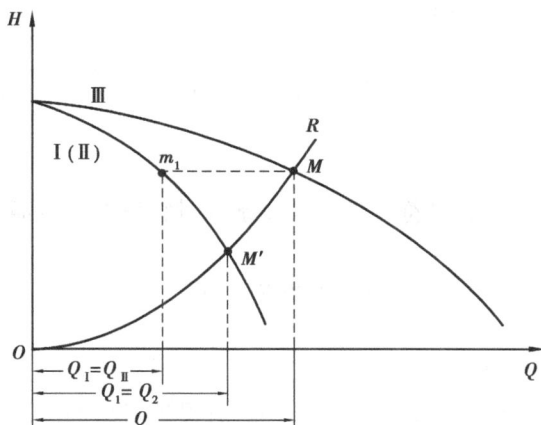

图 3.12 风压特性曲线相同风机并联工作特性曲线

等效风机的各个风量点连起来，即可得到风机并联工作时等效合成特性曲线Ⅲ。

风机并联后在风阻为 R 的管网上工作，R 与等效风机的特性曲线Ⅲ交于点 M，过 M 作纵坐标轴垂线，分别与曲线Ⅰ和Ⅱ相交于 m_1 和 m_2，此两点即是 F_1 和 F_2 两台风机的实际工况点。

并联工作的效果，也可用并联等效风机产生的风量 Q 与能力较大风机的 F_1 单独工作产生风量 Q_1 之差来分析。由图 3.13 可见，当 $\Delta Q = Q - Q_1 > 0$，即工况点 M 位于合成特性曲线与大风机曲线的交点 A 右侧时，则并联有效；当管网风阻 R'（称为临界风阻）通过 A 点时，$\Delta Q = 0$，则并联增风无效；当管网风阻 $R'' > R'$、工况点 M'' 位于 A 点左侧时，$\Delta Q < 0$，即小风机反向进风，则并联不但不能增风，反而有害。此外，由于轴流式通风机的特性曲线存在马鞍形区段，因而合成特性曲线在小风量时比较复杂，当管网风阻 R 较大时，风机可能出现不稳定工作。

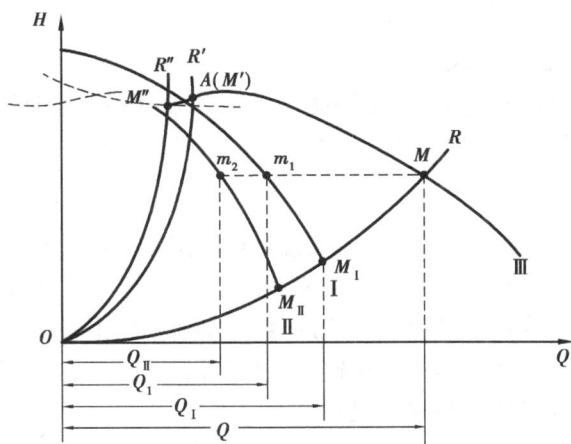

图 3.13 风压特性曲线不同风机并联工作特性曲线

3.1.5 隧道通风机设备选型

隧道通风可供选择的通风动力包括机械通风和自然通风。选择通风动力时主要考虑因素是隧道的长度和交通流量，同时还应适当考虑当地气象、环境、地形等条件。隧道是否设置机械通风,可按下列方法来进行初步判断。

双向交通隧道

$$L \cdot N \geqslant 6 \times 10^5 \qquad (3.13)$$

式中　L——隧道长度,m;

　　　N——设计交通量,辆/h。

当双向隧道长度和设计交通量符合式(3.13)条件时宜设置机械通风。

单向交通隧道

$$L \cdot N \geqslant 2 \times 10^6 \qquad (3.14)$$

式中　L——隧道长度,m;

　　　N——设计交通量,辆/h。

当隧道长度和设计交通量符合式(3.14)条件时宜设置机械通风。

隧道对运营通风的要求较高,隧道通风应符合以下要求:

①单向交通的隧道设计风速不宜大于 10 m/s,特殊情况下可取 12 m/s;双向交通的隧道设计风速不应大于 8 m/s;人车混合通行的隧道设计风速不应大于 7 m/s。

②风机产生的噪声及隧道中废气的集中排放均应符合环保的有关规定。

③确定的通风方式在交通条件等发生变化时,应具有较高的稳定性,并能适应火灾工况下的通风要求。

④隧道内营运通风的主流方向不应频繁变化。隧道通风能否满足上述要求,隧道通风设备选型尤为关键。

隧道通风机设备选型的主要工作是根据隧道通风参数,选择适合的风机型号。选用的通风机安全上要可靠,技术上要先进,同时还应该具有良好的经济指标。

隧道通风设备选型主要包括以下步骤:

1)收集基础资料,调查通风方式

收集交通、气象、环境、地质、地形、地物等通风设计基础资料。调查隧道通风方式,隧道通风方式的选择主要考虑隧道通风的安全性、技术性和经济性等方面。

2)需风量计算

隧道通风需风量计算的一般规定有:①通风设计中,车辆有害气体的排放量以及与之对应的交通量,都应有明确的远景设计年限,两者应相匹配。计算近期的需风量及交通通风力时应采用相应年份的交通量。②确定需风量时,应对计算行车速度以下各工况车速按 20 km/h 为一档分别进行计算,并考虑交通阻滞状态,取其较大值作为设计需风量。③在双向交通隧道中,上坡较长方向的交通量按设计交通量的 60% 进行计算。

隧道通风主要是对一氧化碳(CO)、烟雾和异味等进行通风稀释,使之符合相关标准规定。隧道通风需风量的计算是根据有关调查资料尤其是车辆情况等,来计算隧道营运期间需风量的。

(1)按稀释一氧化碳(CO)计算需风量

①隧道 CO 设计浓度:

a.采用全横向通风方式与半横向通风方式时,CO 设计浓度可按表3.1取值;采用纵向通风方式时,CO 设计浓度可按表3.1各值提高 50 ppm 取值。

表3.1　CO 设计浓度 δ

隧道长度（m）	≤1 000	≥3 000
δ（ppm）	250	200

注：隧道长度为1 000~3 000 m时，可按插值法取值。

b.交通阻滞。当隧道内各车道内车辆均以怠速状态行驶（所谓怠速状态即是在发动机运转时，完全放松油门踏板，这时发动机所处的状态），平均车速为 10 km/h 时的通行状态，称为交通阻滞。

交通阻滞段的平均 CO 设计浓度可取 300 ppm，经历时间不超过 20 min，阻滞段的计算长度不宜大于 1 km。

c.人车混合通行的隧道，长度不宜超过2 000 m，其 CO 设计浓度按表3.2取值。

表3.2　CO 设计浓度 δ

隧道长度（m）	≤1 000	≥2 000
δ（ppm）	150	100

注：隧道长度为1 000~2 000 m时，可按插值法取值。

②CO 排放量计算：

$$Q_{CO} = \frac{1}{3.6 \times 10^6} q_{CO} \cdot f_a \cdot f_d \cdot f_h \cdot f_m \cdot f_{iv} \cdot L \sum_{m=1}^{j} (N_m \cdot f_m) \tag{3.15}$$

式中　Q_{CO}——隧道全长 CO 排放量，m^3/s；

　　　q_{CO}——CO 基准排放量，可取0.01 m^3/辆·km；

　　　f_a——考虑 CO 车况系数，按表3.3取值；

　　　f_d——车密度系数，按表3.4取值；

　　　f_h——考虑 CO 的海拔高度系数，按图 3.14 取值；

　　　f_m——考虑 CO 的车型系数，按表3.5取值；

　　　f_{iv}——考虑 CO 的纵坡-车速系数，按表3.6取值；

　　　j——车型类别数；

　　　N_m——相应车型的设计交通量，辆/h。

表3.3　考虑 CO 的车况系数 f_a

适用道路等级	f_a
高速公路、一级公路	1
二、三、四级公路	1.1~1.2

表3.4　车密度系数 f_d

工况车速（km/h）	100	80	70	60	50	40	30	20	10
f_d	0.6	0.75	0.85	1	1.2	1.5	2	3	6

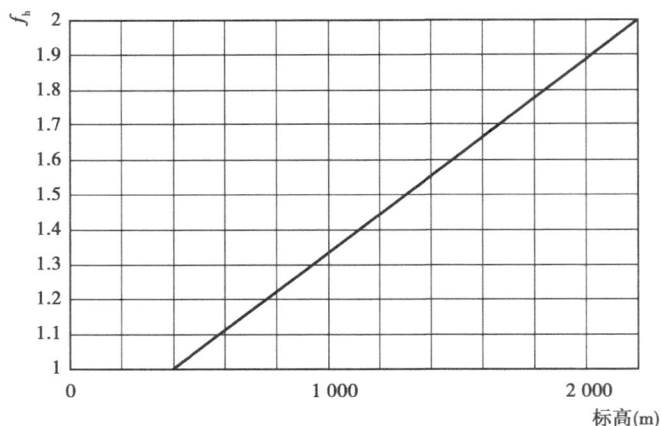

图 3.14 考虑 CO 的海拔高度系数

表3.5 考虑 CO 的车型系数 f_{m}

车 型	各种柴油车	汽油车			
		小客车	旅行车、轻型货车	中型货车	大型客车、拖挂车
f_{m}	1.0	1.0	2.5	5.0	7.0

表3.6 考虑 CO 的纵坡-车速系数 f_{iv}

v_{t}(km/h) ＼ $i(\%)$	-4	-3	-2	-1	0	1	2	3	4
100	1.2	1.2	1.2	1.2	1.2	1.4	1.4	1.4	1.4
80	1.0	1.0	1.0	1.0	1.0	1.0	1.2	1.2	1.2
70	1.0	1.0	1.0	1.0	1.0	1.0	1.0	1.2	1.2
60	1.0	1.0	1.0	1.0	1.0	1.0	1.0	1.0	1.2
50	1.0	1.0	1.0	1.0	1.0	1.0	1.0	1.0	1.0
40	1.0	1.0	1.0	1.0	1.0	1.0	1.0	1.0	1.0
30	0.8	0.8	0.8	0.8	0.8	1.0	1.0	1.0	1.0
20	0.8	0.8	0.8	0.8	0.8	1.0	1.0	1.0	1.0
10	0.8	0.8	0.8	0.8	0.8	0.8	0.8	0.8	0.8

③稀释 CO 需风量计算:

$$Q_{req(CO)} = \frac{Q_{CO}}{\delta} \times \frac{p_0}{p} \times \frac{T}{T_0} \times 10^6 \tag{3.16}$$

式中 $Q_{req(CO)}$——隧道全长稀释 CO 的需风量,m^3/s;

P_0——标准大气压,取101.325 kN/m^2;

P——隧道设计气压,kN/m^2;

T_0——标准气温,取 273 K;

T——隧道夏季设计温度,K;

δ——CO 设计浓度,ppm。

(2)按稀释烟雾计算需风量

①隧道烟雾设计浓度:

a.采用钠灯光源时,烟雾设计浓度应按表3.7取值;采用荧光灯光源时,烟雾设计浓度应提高一级。

表3.7 烟雾设计浓度 K

计算行车速度(km/h)	100	80	60	40
$K(m^{-1})$	0.006 5	0.007 0	0.007 5	0.009 0

b.当烟雾浓度达到0.012 m^{-1}时,应按采取交通管制等措施考虑。

c.隧道内进行养护维修时,应按现场实际烟雾浓度不大于0.003 5 m^{-1}考虑。

②烟雾排放量计算:

$$Q_{VI} = \frac{1}{3.6 \times 10^6} \times q_{VI} \times f_d \times f_{a(VI)} \times f_{h(VI)} \times f_{iv(VI)} \times L \times \sum_{m=1}^{j} (N_m \times f_{m(VI)}) \quad (3.17)$$

式中 Q_{VI}——隧道全长烟雾排放量,m^3/s;

q_{VI}——烟雾基准排放量,取2.5 $m^2/辆·km$;

f_d——车密度系数,按表3.4取值;

$f_{a(VI)}$——考虑烟雾的车况系数,按表3.8取值;

$f_{h(VI)}$——考虑烟雾的海拔高度系数,按图 3.15 取值;

$f_{iv(VI)}$——考虑烟雾的纵坡-车速系数,按表3.9取值;

$f_{m(VI)}$——考虑烟雾的车型系数,按表3.10取值;

j——柴油车车型类别数;

N_m——相应车型的设计交通量,辆/h。

表3.8 考虑烟雾的车况系数 $f_{a(VI)}$

适用道路等级	$f_{a(VI)}$
高速公路、一级公路	1.0
二、三、四级公路	1.2~1.5

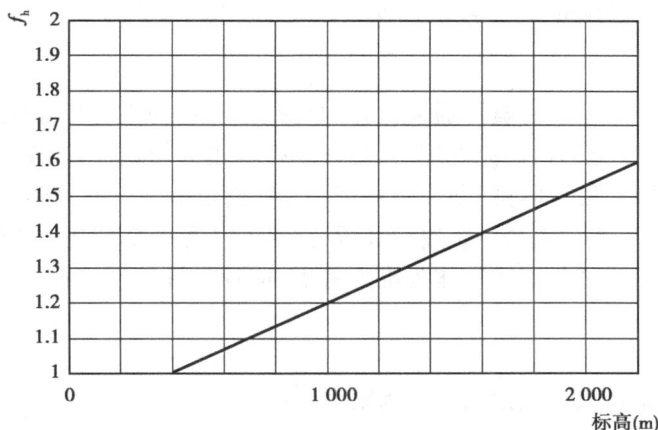

图 3.15 考虑 CO 的海拔高度系数

表3.9 考虑烟雾的纵坡-车速系数 $f_{iv(VI)}$

v_t (km/h) \ i (%)	-4	-3	-2	-1	0	1	2	3	4
80	0.3	0.4	0.55	0.8	1.3	2.6			
70	0.3	0.4	0.55	0.8	1.1	1.8	3.1		
60	0.3	0.4	0.55	0.75	1.0	1.45	2.2		
50	0.3	0.4	0.55	0.75	1.0	1.45	2.2		
40	0.3	0.4	0.55	0.7	0.85	1.1	1.45	2.2	
30	0.3	0.4	0.5	0.6	0.72	0.9	1.1	1.45	2.0
10~20	0.3	0.4	0.4	0.5	0.6	0.72	0.85	1.03	1.25

表3.10 考虑烟雾的车型系数 $f_{m(VI)}$

柴油机			
车型	轻型货车	中型货车	重型客车、大型客车、拖挂车	集装箱车
$f_{m(VI)}$	0.4	1.0	1.5	3~4

③稀释烟雾需风量计算:

$$Q_{req(VI)} = \frac{Q_{VI}}{K} \tag{3.18}$$

式中 $Q_{req(VI)}$——隧道全长稀释烟雾的需风量,m^3/s;

K——烟雾设计浓度,m^{-1},按表3.7取值。

(3)按稀释异味计算需风量

隧道空间不间断换气频率,不宜低于每小时 5 次;交通量较小或特长隧道,可采用每小时 3~4 次。采用纵向式通风的隧道,隧道内换气风速不应低于2.5 m/s。

3)计算通风阻力

隧道通风计算中一般规定:在隧道通风计算中可把空气作为不可压缩流体对待,隧道内的空气流可作为不随时间变化的恒定流处理,且视汽车行驶也为恒定流;隧道壁面摩阻损失系数及入口损失系数应根据隧道或风道的断面当量直径和壁面粗糙率以及风道结构形状等取值;交通通风力必须针对具体工程的通风系统进行分析,交通通风力在交通阻塞或双向交通情况下宜作为阻抗力考虑,在单向交通情况下宜作为推力考虑;应针对计算行车速度以下各工况车速分别计算交通通风力。

(1)自然通风力计算

在通风计算中,一般可将自然通风力作为阻力考虑

$$\Delta P_m = \left(1 + \xi_e + \lambda_r \times \frac{L}{D_r}\right) \times \frac{\rho}{2} \times v_n^2 \tag{3.19}$$

式中　ΔP_m——自然通风力，Pa；

　　　ξ_e——隧道入口损失系数，取0.6；

　　　λ_r——隧道壁面摩阻损失系数，取0.02；

　　　L——隧道长度，m；

　　　D_r——隧道断面当量直径，m。

隧道当量直径按下式计算：

$$D_r = \frac{4 \times A_r}{U_r} \tag{3.20}$$

式中　A_r——隧道净空断面积，m²；

　　　U_r——隧道净空周长，m；

　　　ρ——空气密度，取1.20 kg/m³；

　　　v_n——自然风作用引起的洞内风速，取2~3 m/s。

（2）交通通风力计算

$$\Delta P_t = \frac{A_m}{A_r} \times \frac{\rho}{2} \times n_+ \times (v_{t(+)} - v_r)^2 \times \frac{A_m}{A_r} \times \frac{\rho}{2} \times n_{(-)} \times (v_{t(-)} + v_r)^2 \tag{3.21}$$

式中　ΔP_t——交通通风力，Pa；

　　　n_+——隧道内与 v_r 同向的车辆数，$n_+ = \dfrac{NL}{3\,600 \times V_{t(+)}}$；

　　　n_-——隧道内与 v_r 反向的车辆数，$n_- = \dfrac{NL}{3\,600 \times V_{t(-)}}$；

　　　v_r——隧道设计风速，m/s；

　　　$v_{t(+)}$——与 v_r 同向的各工况车速，m/s；

　　　$v_{t(-)}$——与 v_r 反向的各工况车速，m/s；

　　　A_m——汽车等效阻抗面积，m²。

其中汽车等效阻抗面积可按下式计算：

$$A_m = (1 - r_1) \times A_{cs} \times \xi_{cs} + r_1 \times A_{cl} \times \xi_{cl} \tag{3.22}$$

式中　A_{cs}——小型车正面投影面积，取2.13 m²；

　　　ξ_{cs}——小型车空气阻力系数，取0.5；

　　　A_{cl}——大型车正面投影面积，取5.37 m²；

　　　ξ_{cl}——大型车空气阻力系数，取1.0；

　　　r_1——大型车比例。

（3）通风风阻力计算

$$\Delta P_r = \left(1 + \xi_e + \lambda_r \times \frac{L}{D_r}\right) \times \frac{\rho}{2} \times v_r^2 \tag{3.23}$$

式中　ΔP_r——通风风阻力，Pa。

（4）风机全风压计算

一般情况下，自然通风力作为阻力计算，交通通风力在交通阻塞或双向交通情况下宜作为阻抗力考虑，在单向交通情况下宜作为推力考虑，所以风机全风压为：

$$H = \Delta P_r + \Delta P_m \pm \Delta P_t \tag{3.24}$$

4)确定风机的规格和配置

在所设计的隧道通风系统中,风机及交通通风力提供的风压和风量必须满足需风量的要求。根据实际计算通风压力、风量和风速等,并充分考虑风机性能的可调性、经济性和技术可靠性,选择适合的风机规格与配置。

隧道通风换气通常有两种方式:长距离隧道一般采用横向通风,即选用立式轴流通风机排除道内污浊空气,由竖井输入新鲜空气;中短距离隧道大都采用纵向通风,即选用射流轴流通风机沿隧道纵向布局,靠射流风机出口气流的强劲推力,"接力"似地排除污气。

(1)射流风机的选型

射流风机应选用具有消音装置且可逆转的隧道专用风机,宜选用大推力射流风机,并应满足下列要求:

①对于双向交通隧道,逆转反向风量大于正转正向风量的70%;单向交通隧道可不作要求。特殊情况下,射流风机的逆转反向风量可达到正转正向风量的95%。

②当隧道内发生火灾时,在环境温度为250 ℃情况下射流风机应能正常可靠运转60 min。

③在野外距风机出口10 m且45°处测量射流风机的A声级应小于77 dB(A)。

④射流风机电机防护等级应不低于IP55。

(2)轴流风机的选型

轴流风机的选型应结合使用条件、隧道需风量、全风压及全性能曲线选择风机。

①轴流风机的轴功率与电机功率计算:

$$N = \frac{Q \cdot H}{1\,000\eta} \cdot \frac{T_0}{T} \cdot \frac{P}{P_0} \tag{3.25}$$

式中 N——轴流风机轴功率,kW;

Q——轴流风机的风量,m^3/s;

p_{tot}——轴流风机的全风压,N/m^2;

η——风机效率,一般取80%;

T_0——标准温度,取293 K;

T——风机环境温度,K;

P_0——标准大气压,取101.325 kN/m^2;

P——风机环境大气压,N/m^2。

轴流风机所需配用的电机功率可按下式计算:

$$N_m = \frac{N}{\eta_m} \cdot k_0 \tag{3.26}$$

式中 N_m——电机功率,kW;

η_m——电机效率,可取90%~95%;

k_0——电机容量安全系数,可取1.15。

②轴流风机的耐热性。当隧道发生火灾时,轴流风机应能在环境温度为250 ℃情况下可靠运转60 min以上,恢复常温后,轴流风机不需大修且可投入正常运转。

3.1.6　局部通风系统设计

在隧道施工期间,根据施工工艺、自然条件和岩尘情况等对隧道局部通风系统进行设计,其主要的步骤包括:通风方式的确定;供风量的计算;选择风筒类型与直径;按施工隧道长度变化,分阶段计算通风阻力;按计算风量和风压,选择局部通风机等。

1)局部通风系统的任务

隧道施工期间,局部通风系统的任务是排除或降低隧道施工过程中产生炮烟、粉尘和机电设备废气(主要包括 CO,NO,NO_2 和 SO_2 等)等多种有毒有害物质,使其浓度降低到国家有关标准以下。同时给隧道施工作业人员提供足够的新鲜空气和提供良好的作业环境保障。

2)局部通风系统设计原则

隧道施工期间局部通风系统设计原则主要有:

①局部通风系统要安全可靠、经济合理和技术先进。

②尽量采用技术先进的低噪、高效型局部通风机。

③压入式通风宜用柔性风筒,抽出式通风宜用带刚性骨架的可伸缩风筒或完全刚性的风筒。

④当一台风机不能满足通风要求时可考虑选用两台或多台风机联合运行。

3)局部通风系统设计步骤

(1)通风方式的确定

隧道施工期间通风方式应根据隧道的长度、掘进隧道的断面、施工方法和设备条件等诸多因素来确定。在隧道施工中,通风方式主要有排风式、送风式、送排风并用式、送排风混合式、竖井排风/正洞送风方式、巷道通风方式、局部风机(风扇)方式这 7 种。在选择通风方式时,应针对污染源的特性,尽量避免成洞地段的二次污染,且有利于快速施工。

(2)供风量计算

隧道施工所需风量,原则上应按排除炸药产生的炮烟、岩层(煤层或煤岩层)中涌出瓦斯、施工产生粉尘及保证作业人员安全等诸多因素分别计算,取其中最大值然后按风速验算,而在实际工作中,一般按通风的主要任务计算风量。

①使用炸药量计算所需风量:

$$Q_{hi} = 25 \times E_{hi} \tag{3.27}$$

式中　25——使用 1 kg 炸药的供风量,m^3/min;

　　　E_{hi}——第 i 个掘进工作面一次爆破所用的最大炸药量,kg。

②排除瓦斯所需风量。在有瓦斯涌出的围岩内施工隧道,其所需风量应保证施工隧道内任何地点瓦斯浓度不超限,其值可按下式计算:

$$Q_{hg} = \frac{100K_g Q_g}{C_p - C_i} \tag{3.28}$$

式中　Q_{hg}——排除瓦斯所需风量,m^3/min;

　　　Q_g——隧道内瓦斯绝对涌出总量,m^3/min;

　　　C_p——最高允许瓦斯浓度,%;

　　　C_i——进风流中的瓦斯浓度,%;

　　　K_g——瓦斯涌出不均匀系数,取1.5~2.0。

③排除粉尘所需风量:

$$Q_{hg} = \frac{G}{G_p - G_i} \qquad (3.29)$$

式中　Q_{hd}——排尘所需的风量，m^3/min；

　　　　G——掘进隧道产尘量，mg/min；

　　　　G_p——最高允许含尘量，当粉尘中含游离 SiO_2 量大于 10% 时，为 2 mg/m^3；小于 10% 时，为 10 mg/m^3；对含游离 SiO_2 小于 10% 的水泥粉尘，为 6 mg/m^3；

　　　　G_i——进风流中基底含尘量，一般要求不超过0.5 mg/m^3。

当采用配有湿式除尘器的长压短抽混合式可控循环通风时，湿式除尘风机的吸入风量可按下式计算：

$$Q_{ec} - Q_{pc} \geqslant \frac{(Q_{pc}G_i + G)(1 - \eta_d) - G_p Q_{pc}}{G_p \eta_d} \qquad (3.30)$$

式中　η_d——湿式除尘风机的除尘效率；

　　　　Q_{ec}——抽出式风筒入口风量，m^3/min；

　　　　Q_{pc}——压入式风筒出口风量，m^3/min；

　　　　G_p——除尘风机出口风流最高允许含尘量，mg/m^3。

④按工作人数计算需风量。隧道施工作业应符合规范中的卫生及安全标准，每人应供应新鲜空气 3 m^3/min，采用内燃机械作业时，供风量不宜小于4.5 $m^3/(min \cdot kW)$，以保证施工人员进行正常的安全生产。

按工作人数计算需风量为：

$$Q_{hi} = m \times n_{hi} \qquad (3.31)$$

式中　m——作业人员供风标准；

　　　　n_{hi}——隧道内施工作业最多人数，人。

⑤按风速验算风量。《铁路隧道施工技术规范》（JBJ 204—86）规定：风速在隧道全断面开挖时不小于0.15 m/s，导洞内不应小于0.25 m/s，但均不应大于 6 m/s。《煤矿安全规程》101 条规定：掘进中的煤巷和半煤巷允许最低风速为 0.25 m/s，掘进中的岩巷的最低允许风速为 0.15 m/s，均不应大于 4 m/s。则隧道施工中岩巷掘进按最低风速0.15 m/s 验算，半煤岩和煤巷掘进按最低风速0.25 m/s 验算。

（3）选择风筒类型与直径

风筒类型与直径主要依据隧道施工期间确定的通风方式和所需供风量等工程实际情况。风筒基本上需要满足漏风小、风阻小、质量小、拆装方便等要求。

风筒主要分为刚性和柔性两类。刚性风筒是用金属板或玻璃钢材制成的，其中玻璃钢风筒比金属风筒轻便、抗酸碱腐蚀性强、摩擦阻力系数小。柔性风筒通常用橡胶、塑料制成，其特点是轻便、可伸缩、拆装方便。

在隧道断面容许的条件下，供风量大，通风距离长，尽可能选择直径较大的风筒，以降低风阻，减少漏风，节约通风电耗。一般来说，通风长度在 200 m 以内，宜选用直径为 400 mm 的风筒；通风长度为 200~500 m 的，宜选用直径为 500 mm 的风筒；通风长度为 500~1 000 m 的，宜选用直径为 800~1 000 mm 的风筒。

（4）通风阻力计算

通过计算隧道施工过程中所需供风量和选择相应的风筒，可以计算风筒的通风阻力。

①风筒风阻计算。风筒的风阻包括摩擦风阻和局部风阻,可用下式计算:

$$\Delta P = \Delta P_1 + \Delta P_2 + \Delta P_3 = \frac{6.5\alpha L}{D^5} + n\xi_j \frac{\rho}{2A^2} + \sum \xi_b \frac{\rho}{2A^2} \qquad (3.32)$$

式中　ΔP——风筒的总风阻,$N \cdot s^2/m^8$;

$\quad\Delta P_1$——风筒的摩擦风阻,$N \cdot s^2/m^8$;

$\quad\Delta P_2$——风筒接头处的局部风阻,$N \cdot s^2/m^8$;

$\quad\Delta P_3$——风筒拐弯处的局部风阻,$N \cdot s^2/m^8$;

$\quad\alpha$——风筒的摩擦阻力系数,$N \cdot s^2/m^4$;

$\quad L$——风筒长度,m;

$\quad D$——风筒直径,m;

$\quad n$——风筒的接头数目;

$\quad\xi_j$——风筒接头的局部阻力系数,无因次;

$\quad\xi_b$——风筒拐弯的局部阻力系数,无因次;

$\quad\rho$——空气密度,kg/m^3。

②风筒风量计算。风筒存在一定程度的漏风,其漏风量主要与风筒种类、接头数目、方法和质量以及风筒直径、风压等有关,同时风筒的维护和管理也是影响风筒风量的重要因素。一般情况下,刚性风筒的漏风主要发生在接头处,如金属、玻璃钢风筒的漏风。柔性风筒漏风不但发生在接头处,同时柔性风筒全长的壁面和缝合针眼都有漏风,如胶布风筒漏风,所以风筒漏风属连续均匀漏风。

风筒漏风使局部通风机风量与风筒出口风量不相等,风筒的风量可按下式计算:

$$Q = \sqrt{Q_a Q_h} \qquad (3.33)$$

式中　Q_a——通风机风量;

$\quad Q_h$——风筒出口风量。

③风筒产生通风阻力计算:

$$H = R_f Q_a Q_h \qquad (3.34)$$

式中　R_f——压入式风筒的总风阻,$N \cdot s^2/m^8$;

其余符号含义同前。

④选择局部通风机。根据隧道施工所需风量和风筒的通风阻力,在可供选择的各种通风动力设备中选用合适的设备。

a.确定局部通风机的工作参数。根据隧道施工所需风量计算来确定风机工作风量。

压入式通风时,设风筒出口动压损失为 h_{vo},则局部通风机全风压 H_t(单位为 Pa)为:

$$H_t = R_f Q_a Q_h + h_{vo} = R_f Q_a Q_h + 0.811\rho \frac{Q_h^2}{D^4} \qquad (3.35)$$

式中　R_f——压入式风筒的总风阻,$N \cdot s^2/m^8$;

其余符号含义同前。

抽出式通风时,设风筒入口局部阻力系数 $\xi_e = 0.5$,则局部通风机静风压 H_s(单位为 Pa)为:

$$H_s = R_f Q_a Q_h + 0.406\rho \frac{Q_h^2}{D_4} \qquad (3.36)$$

b.选择局部通风机。根据风机工作风压和工作风量在各类局部通风机特性曲线上,确定局部通风机的合理工作范围,选择长期运行效率较高的局部通风机。

3.2 隧道运营期间通风方式与通风管理

随着我国铁路、公路大建设时期的到来,隧道作为其重要的结构物,为缩短行车旅程和防止一些自然灾害,提高行车的安全和可靠性,起到了积极、重要的作用。但在隧道建设、运营过程中,不可避免地要产生大量的有毒有害气体。为了保证隧道内的空气卫生条件以及行人和行车人员的安全与健康,一般都要采取通风措施来不断稀释空气中的有毒有害气体,以保持空气符合卫生标准,保证人体健康需要。

隧道通风方式是指隧道内风流在行车空间的流动方式,它包括两个方面的内容:一是风流在行车空间的流动方向;二是通风动力的情况。按风流的流动方向划分,通风方式有纵向式、半横向式和全横向式三种;按是否需要通风动力分为自然通风和机械通风,其中机械通风按通风机的工作方式不同,又可细分为压送式、抽排式和压抽混合式三种。当把不同的风流方向、是否需要动力情况及风机工作方式相结合时就形成多种通风方式。

隧道按其长度和交通量的不同可采用不同的通风方式。一般情况下,当隧道长度(单位为m)与通过隧道的车辆高峰时每小时交通量(单位为辆/h)的乘积小于 600 时,采用自然通风;当隧道长度与通过隧道的车辆高峰时每小时交通量的乘积大于或等于 600 时,采用机械通风。不管采用什么通风方式,都应该满足隧道通风要求,并具备一定的富余量。

3.2.1 自然通风

自然通风方式就是不用机械动力设备,完全靠车辆通过隧道时产生的交通通风力作用,以及隧道内外温度差产生的自然风压作用,形成空气对流,把污浊空气从隧道内排出。由于自然风无须建设专门的通风设施,因而隧道建设和运营管理简单、费用低,在有条件时应优先采用。但是,自然通风受气候条件、几何参数和隧道中车辆运行情况等因素影响较大。

1)气候条件

自然风等效压差是自然风流产生的动力,它控制着自然风流量的大小。等效压差由隧道内外自然条件决定,其中隧道外的气象条件起主导作用,而气象条件(如风速、风向、气温等)随季节的更替而变化很大,因此自然风流也就不稳定,风速忽大忽小,甚至风向可能忽左忽右,所以隧道能否采用自然通风,首先考虑的应该是隧道所处区域的气象条件。

2)几何参数

隧道长度、断面积和断面形状等影响隧道通风的阻力(摩擦阻力和局部阻力)。当等效压差一定时,自然风流量的平方与隧道风阻成反比,风阻越大,自然风流量就越小,因此,自然通风多用在短直的隧道中。

此外,隧道两洞口的高程差对自然通风也有影响,高程差越大,热位差也越大,当热位差与超静压差方向相同时,表现出等效压差增大。因此,在一些山岭隧道中,为了方便施工而设有施工竖(斜)井。若利用这些竖(斜)井作为隧道通风井,就会使进、出风口的高程差明显加大,从而使热位差加大。也有专门为通风而设置竖(斜)井的情况,一般在超静压差较小,而隧道内外温度差较大,可能产生较大热位差的条件下采用。原因是通风井多设在隧道中段,热位差所引起的风流在通风井两侧流向不同,若与超静压差引起的风流同在风井一侧则互相加强,在另一侧则互相削弱。

3)车辆运行情况

（1）车流量

车流量决定隧道内有害气体产生量,而有害气体产生量是隧道通风量计算的主要依据,隧道能否采用自然通风要看隧道自然风流量是否达到隧道所需通风量。对于车流量较小的非重要隧道,采用自然通风较多,自然通风适用的隧道长度也较大,但对车流量较大的重要隧道,自然通风适用的长度较短。

（2）单向交通与双向交通

当隧道内自然风风向与车辆行驶方向同向时,两个作用力叠加,达到的自然通风效果最佳,排出污浊空气的速度最快;当自然风风向与车辆行驶方向反向时,自然通风作用力相抵,排出污浊空气的速度较慢,对自然通风不利。因此,对于单向交通的隧道,自然通风作用相对稳定;然而对于双向交通的隧道,其影响则较为复杂。

可见,对于条件复杂的隧道,自然风的变化是复杂而不稳定的,用它作为通风计算的依据,其可靠性自然较低。同时,在机械通风的隧道中,自然风有时会对隧道正常通风造成不良影响。

①当自然风与机械风流向相反时,会使隧道中通风量减小,停风或风向反转,使隧道通风条件恶化。

②当自然风变化较大时,会影响风机的正常工作。正常风超静压差的变化影响到风机的工况点变化。当工况点不合理时,可能会造成较大电能浪费,严重时会造成风机损坏。为了使风机的工况点始终处于合理的范围内,需要随自然风的变化对风机工况点作及时调整,这给通风管理带来较大麻烦。

在机械通风的隧道设计中,考虑到自然风的上述不利影响,在设计计算中将自然风的等效压差视作一种通风风阻力,借以适当增加通风系统的装机容量,保证系统正常运行。

早期修建铁路长隧道时,曾考虑过不采用机械通风而单纯靠自然通风。例如,英国1841年建成的 Box 隧道(长2 935 m)用扩大隧道横断面积的办法,在隧道的上方留下很大的空间,以暂时集存车辆排出的烟气,企图防止烟气入侵旅客。但事实证明,这一办法收效甚微,而隧道造价却增加很多,所以不能作为有效的通风方式。

对于有其他通路的隧道,如施工时留下的竖井或斜井,人们往往认为竖井可以起到烟囱效应,能加速排出隧道内的有害气体。于是希望利用长隧道施工时留下的竖井或斜井作为隧道自然通风之用。例如,英国1838年建成的 Kiesby 隧道(长2 218 m)采用2座直径为18 m的竖井用作自然通风;1848年建成的 Morley 隧道(长2 166 m)设置4座椭圆形竖井用作自然通风,椭圆的长轴为12 m,短轴为9 m。但是,竖井自然通风效果取决于洞内外的温差,并受洞外自然风的风速、风向、隧道口位置、竖井井口位置等因素的影响,因而,通风效果不明显,也不稳定。除非竖井很深,且竖井内外空气温差很大时,才有明显的烟囱效应。实际上,一般隧道的竖井深度并不太深,竖井内外的温差也不太大,而且随着季节的变化而引起的竖井内的风向和风速是多变的。竖井内的风流状况和隧道一样,也是取决于大气的气象状况和行驶车辆产生的交通通风力作用。当车辆行驶在竖井前方时,车辆的活塞作用(正压)驱使洞内有毒有害气体从竖井中向外排出;当车辆驶过竖井时,车辆的活塞作用(负压)使竖井内的空气逆流,甚至会因为与洞内外压差均衡而产生有毒有害气体停滞区。

从分析和实例来看,认识自然风流对机械通风的影响,对隧道通风设计和运营管理十分重要。在实践中,要合理利用自然风,长度在200 m以下,甚至200~500 m的双向交通隧道中,在一定的交通量以下可以考虑自然通风,大体上可以用下列经验公式作为区分自然通风和机械通风的界限:

$$L \cdot N < 2 \times 10^5 (单向交通隧道) \tag{3.37}$$
$$L \cdot N < 6 \times 10^5 (双向交通隧道) \tag{3.38}$$

式中　L——隧道长度,m;

　　　N——设计交通量,辆/h。

在单向交通的情况下,即使隧道比较长,也可能进行有效的通风;在双向交通的情况下,车辆通行产生的交通通风力则比自然风作用大。同时,鉴于一年四季温度变化的不稳定性,车辆通过的不规律性,以及隧道的实际情况,自然风方向、隧道内风向以及车辆通行方向有着不同的组合方式。因此,对于比较长的隧道,仅靠自然通风方式难以稳定而有效地排出隧道内的污浊空气,因而主要采用机械通风方式。

3.2.2　纵向式机械通风

这是一种机械通风方式,即依靠机械动力使隧道内空气产生流动。早在19世纪70年代,修建的长隧道就安装了机械通风设备。例如,1871年建成的穿越阿尔卑斯的 Mont Cenis 隧道(长12 840 m)、1882年建成的 Saint Gotthard 隧道(长14 998 m)等都安装了机械通风设备。此外,对于埋深较大的长隧道,由于地热以及车辆在隧道中消耗的功率转变为热量而散发在隧道中,当车密度很大时隧道内的气温很高。对这种隧道也需要通过机械通风方式以降低隧道内温度,而且通风还可以降低隧道内的湿度。于是,隧道通风目的也由以单一地排出车辆以及隧道岩石释放的有毒有害气体,转为排出有毒有害气体和降温除湿相结合。例如,穿越日本津轻海峡的青函隧道(长53 900 m)、横穿英国和法国的多佛尔海峡隧道(长49 600 m)、秦岭终南山公路隧道(长18 020 m)等长隧道。

纵向式机械通风是从一个洞口直接引进新鲜空气,风流沿着隧道纵向流动,并从另一洞口排出污浊空气的通风方式,与自然通风的原理是相同的。纵向式通风方式有多种形式,如射流式、洞口压风式、竖井(或斜井)抽出式、两端送风中间排风式和多竖井分段式等,根据交通方式不同和隧道实际情况可以有不同的具体设计。

(1)射流式

射流式通风是在隧道顶部吊设射流式通风机,通过其产生的负压效应促使空气沿隧道纵向流动,从而保证隧道内空气符合卫生标准,如图3.16所示。通常根据需要,沿隧道纵向以适当的间隔吊设数组,每组为1至数个射流式通风机。射流式通风机具有体积小、风量大、设备费用少等优点,但噪声较大,其喷射风速能达到25~30 m/s。

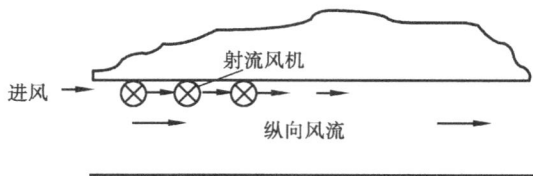

图3.16　射流式纵向机械通风示意图

双向交通隧道,各向交通量比值经常变化。但是气流又具有一定的惯性,为了避免因交通量的变化需要频繁改变风向,风量应该有一定的富余系数,一般取1.2。在台数计算过程中应四舍五入。

具体射流风机台数可按下式计算:

$$i = \frac{\Delta p_r \pm \Delta p_m - \Delta p_t}{\Delta p_j} \tag{3.39}$$

式中　i——所需射风机的台数,台;

　　　Δp_r——通风风阻力,N/m^2;

　　　Δp_m——自然通风力,N/m^2,自然风压对隧道通风起助力作用时取正,否则取负;

　　　Δp_t——交通通风力,N/m^2;

　　　Δp_j——每台射流风机升压力,N/m^2。

其中,每台射流风机升压力可按下式计算:

$$\Delta p_j = \rho \cdot v_j^2 \cdot \frac{A_j}{A_r} \cdot \left(1 - \frac{v_r}{v_j}\right) \cdot \eta \tag{3.40}$$

式中　v_j——射流风机的出口风速,m/s;

　　　A_j——射流风机的出口面积,m^2;

　　　η——射流风机位置摩阻损失折减系数,可取0.88。

射流通风机的安装位置应当在限界以外,并且喷出的气流对交通无不良影响。若为拱形顶棚时,由拱脚至拱顶均可吊设,平顶时应安装在墙顶角部。射流通风机的安装间隔,要考虑射流的能量和气流的扰动状况,使空气能充分混合。因此,沿纵向最外面一台距洞口可取100 m左右,内部间隔取70 m左右为宜,至少也要保持40~50 m的距离。

射流式通风方式,双向交通时一般适用于1 000 m以下的隧道;单向交通时,隧道长度可达2 000 m左右。不过通常要根据所需通风量和车道风速限界允许的最大通风量验算。如果交通量较小,即使隧道很长仍可使用。

(2)洞口压风式

洞口压风式是在隧道一端洞口安装压风机集中送风,由喷流风产生正风压,促使空气沿隧道纵向流动,并由另一端洞口排出,以保证隧道内空气符合卫生标准,如图3.17所示。其原理是在车辆通行的交通通风力的基础上,增加通风动力,加速空气流动。但是通风机动力与隧道长度的立方成正比,所以隧道越长效果越不明显,容易出现隧道末端污浊空气浓度增加,排出缓慢的现象。其中,压风机的压风口升压力可按下式计算:

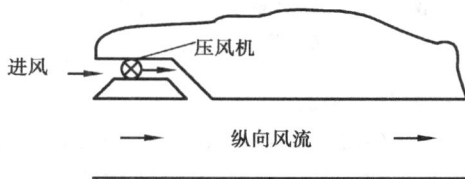

图 3.17　洞口压风式纵向机械通风示意图

$$\Delta p_b = 2 \times \frac{Q_b}{Q_r} \cdot \left(\frac{K_b \cdot v_b \cdot \cos\beta}{v_r} - 2 + \frac{Q_b}{Q_r}\right) \cdot \frac{\rho}{2} \cdot v_r^2 \tag{3.41}$$

式中　Δp_b——压风机的压风口升压力,N/m^2;

　　　Q_r——隧道设计风量,一般 $Q_r = Q_{req}$,m^3/s;

Q_b——压风机风量，m^3/s；

v_b——压风口喷出风速，一般取 $20\sim30$ m/s；

β——喷流方向与隧道轴向的夹角；

K_b——压风口升压动量系数。

对于双向交通隧道，洞口压式式和射流式通风在隧道发生火灾时，对下风向的车辆威胁很大。而对于单向交通隧道来说，这种威胁相对小得多，因为下风向的车辆与火势及烟气同向，车驶出洞外没有问题。

（3）竖井（或斜井）抽出式

竖井（或斜井）抽出式即利用施工过程中留下的竖井（或斜井）作为风道，在井口安装抽风机，使风沿隧道纵向流动，将污浊空气抽出使新鲜空气由隧道两端进入，从而保证隧道内空气符合卫生标准，如图 3.18 所示。这种通风方式的优点是：污浊空气排出隧道外所经过的路程较短，能用于较长的隧道；其缺点是：如果不能利用施工竖井而另外建造通道的话，则造价很高，并且，竖井两边的隧道段中有一段的通风效果会受逆向自然风压影响。

对于双向交通隧道，竖井宜设置在隧道轴向中央附近；对于单向交通隧道，竖井宜设置在隧道出口侧的位置。前者新鲜空气是从隧道两端洞口进入，且进风量差异不大（受自然风压影响），后者新鲜空气主要从隧道入口一侧进入。

（4）两端送风中间排风式

两端送风中间排风式是在隧道口两端安装射流风机进行集中送风，在中间竖井口安装抽风机集中抽风，形成风沿隧道纵向流动，保证隧道内空气符合卫生标准，如图 3.19 所示。这种方式结合了第一种方式和第三种方式的优点，但运营费用相对较高。

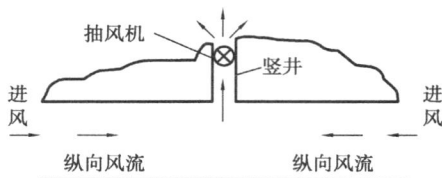

图 3.18　竖井（或斜井）抽出式
纵向机械通风示意图

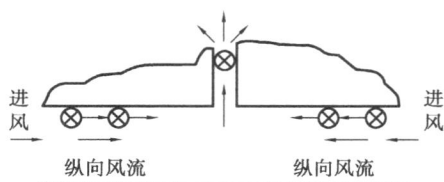

图 3.19　两端送风中间排风式
纵向机械通风示意图

（5）多竖井分段式

多竖井分段式是利用多个竖井将隧道分成几段来进行通风的。对于长隧道，对通风动力要求非常大，在通风技术和设备上难以满足要求。该通风方式的原理就是把长隧道分割成若干段相对短的隧道，然后进行分段机械通风。如图 3.20 所示，图中的 1 号和 3 号竖井井口安装压入式通风机，向隧道压入新鲜空气，而污浊空气由中央 2 号竖井及隧道两端排出。或在 1 号和 3

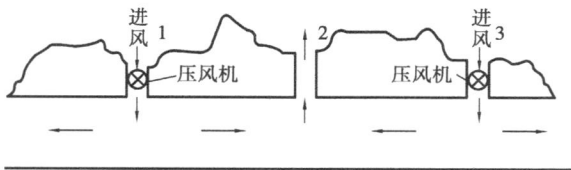

图 3.20　多竖井分段式纵向机械通风示意图

号竖井井口安装抽出式通风机将污浊空气吸出,使新鲜空气由中央竖井及隧道两端进入。采用这种通风方式的目的是缩短排风路程,降低隧道中排风所需气流速度,使长隧道的通风功率不至于过大。在进行具体通风设计时,要考虑自然风压和车辆通行引起的交通通风力影响,调整竖井间隔距离。

3.2.3 半横向式机械通风

纵向式通风的污染浓度不均匀,进风口最低,出风口最高。为使出口处的浓度保持在允许限度内,只能加大通风量,但这样既不经济又使隧道内风速过大。而半横向式机械通风,可使隧道内的污染浓度大体上接近一致。

半横向式机械通风是在隧道内只建压入新鲜空气的进风道,经隧道稀释污浊空气后在隧道上部扩散,沿隧道纵向流动至隧道出口排出,如图 3.21 所示。该通风方式是由横向均匀直接进风,直接稀释了通行车辆排出的尾气;如果有行人,可以呼吸到最新鲜的空气。

这种通风方式最大的优点是:隧道内一旦发生火灾,送风机可逆转变为抽出式,同时火

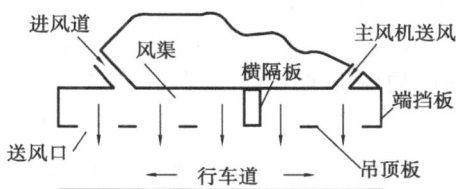

图 3.21　半横向式机械通风示意图

灾点附近的送风口全部打开,其他送风口关闭,从而起到防止火势蔓延的效果。其次,进风道与车道之间保持一定的压差,抵消了车辆交通通风力和自然风的影响,从而保证了均匀送风,使得隧道内有毒有害气体浓度均匀分布。但是,由于半横向式机械通风是将隧道分成两个独立的通风区段,送入新鲜空气分别从两端洞口排出,单向行驶的汽车不能有效地利用车辆行驶交通通风力的作用,增大了设备费和运营管理费。且该通风系统是以中隔板为界,向隧道两端分别送风,从理论上分析,如果交通强度相等,两洞口的气象条件也相同时,隧道内的风压分布为中央最大,两洞口排出等量的空气。因此在隧道中心位置处存在一个中性面,在此断面上,其纵向风速为零,两侧的风向相反,沿隧道纵向排风速度与距离中性面的纵向距离呈线性增加,且污染浓度在各处是相同的。然而在实际运行中的交通状态是不断变化的,致使中性面的位置也经常发生偏移,甚至可能在隧道中部形成一个中性带,而这一带的通风效果要比别处差得多。

3.2.4 全横向式机械通风

以上介绍的几种通风方式都存在纵向风速较大、火灾时对下风侧不利,以及火灾发生点下风方向的隧道区间过长的问题。因此,在长大隧道、重要隧道、水底隧道中,为了使隧道内不产生过大的纵向风速,可采用全横向式机械通风。

全横向式机械通风又称横向式机械通风,其分别在隧道内设置送入新鲜空气的进风道和送出污浊空气的排风道,风流在隧道内只作横向流动,基本上不产生沿纵向流动的风。新鲜空气经由隧道地板上的进气孔进入隧道,稀释污浊空气后,横穿隧道经由排气孔进入排风道,被抽吸出洞外,如图 3.22 所示。这种通风方式,在双向交通时,车道的纵向风速基本为

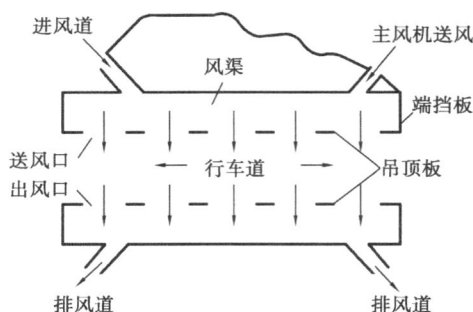

图 3.22　全横向式机械通风示意图

零,污染浓度的分布沿全隧道大体上均匀。但是,在单向交通时,由于车辆通行的交通通风力影响,在纵向能产生一定风速,污染浓度由入口至出口有逐渐增加的趋势,不过一大部分污浊空气仍然能直接由排风道排向洞外。通常情况下,可以认为进风量和排风量是相等的,因而设计时也把进风道和排风道的断面积设计成相同的。

全横向式和半横向式通风方式的环节比较多,其进风系统一般由进风塔吸入新鲜空气,经过压入式通风机升压,然后通过连接风道将空气送入隧道的进风道,再经过口将空气送入车道空间;污染后的空气由洞口或出风口排出洞外,因而计算通风机压力时是比较烦琐的。若送风时的通风机全压用 $H_送$ 表示,则有:

$$H_送 = K \times (隧道风压 + 进风道末端压力 + 进风道静压差 +$$
$$进风道始端动压 + 连接风道压力损耗) \tag{3.42}$$

式中　K——富余系数,取1.1。

排风系统是把车道空间的污浊空气,经出风口、排风道、连接风道,由抽出式通风机加负压经排风塔排入洞外。如果排风时通风机全压用 $H_排$ 表示,则有:

$$H_排 = K \times (排风道始端压力 + 排风道静压差 -$$
$$排风道末端动压 + 连接风道压力损失) \tag{3.43}$$

隧道通风计算中的各种系数,确实是比较困难,这就有必要做一系列的实验,甚至做整个通风系统的模拟实验,才能得到正确的数据。并且做这些实验是很合算的,因为营运是长期的,不合理的设计会造成浪费及通风质量的低劣。因此,全横向式造价高,设计时需要调整通风道断面积,反复试算才能得到经济又合理的设计。

上述介绍的纵向式、半横向式和全横向式三种基本的机械通风方式中,纵向式机械通风能充分利用车辆行驶的交通通风力作用,不需要额外增建通风道,工程造价最小而且运营费用也最低,机械设备较简单,安装容易、维修保养方便;但其缺点是通风时隧道中的有毒有害气体将在排出端累积起来,且一旦发生火灾,烟气、火势会迅速沿纵向蔓延。因此,对于车流连续不断的公路隧道,多不采用纵向式通风方式,而采用半横向式或全横向式。不过,纵向式通风比半横向式或全横向式通风的工程简单得多,造价和运营费用都低,所以铁路隧道一般采用纵向式通风。

3.2.5　通风方式选择

选择通风方式时,应该综合考虑隧道长度、平曲线半径、纵坡、海拔高程、交通条件、地质地形条件和气象条件等多种因素。合理的通风方式是安全可靠性高、建设安装方便、投资少、隧道内环境良好、对灾害的适应能力强、营运维护方便、营运费用低廉的通风方式。但是,各种通风方式都既有优点又有缺点,一种通风方式不可能完全满足这些要求。因此,实际上的合理是在给定条件下尽可能做到既安全可靠又经济方便。对于任何一个隧道,可供选择的通风方式可能有几种。就同一种通风方式,其风井、风道的布置方案也会有多种。所谓的经济是相对的,就是在各种方案中选择建设安装投资少、营运管理费用低、综合经济效益好的一个。做到这一点,需要熟悉和掌握各种通风方式的特点,了解隧道所处环境及各种条件的特殊性,尽可能全面地提出各种可行方案,最后进行技术分析和经济比较。

在选择机械通风方式时,应考虑的因素主要有:

①交通条件,如交通量、车辆种类、设计速度、车道数等。

②地形、地物、地质条件,如隧道附近的地形状况、地面建筑、地下埋设物等。

③通风要求,如风量、风速、风压等。

④环境保护要求,如对空气、噪声等控制指标的要求。

⑤火灾时的通风控制。

⑥维护与管理水平。

⑦分期实施的可能性。

⑧工程造价、营运电力费、维护管理费等。

3.2.6　隧道运营期间的通风管理

车辆在隧道内行驶的过程中,会排放出大量的有毒有害气体(如 CO,CO_2,NO_2,SO_2 及烟雾等),这一方面致使隧道内空气恶化,影响驾乘人员的安全和健康,另一方面,车辆产生的大量烟雾会降低能见度,给行车安全带来直接威胁。因此,要加强隧道运营期间的通风管理,确保通风正常,稀释有毒有害气体和烟雾,保证隧道内的安全卫生条件。

在隧道正常运营期间,为了保证隧道安全卫生达到要求,隧道通风要对一氧化碳和烟雾等烟气进行稀释,并且符合《公路隧道通风照明设计规范》(JTJ 026.1—1999)中对其浓度的规定。

(1)CO 浓度

为了保证隧道内空气的清新,必须控制 CO 的浓度。

①采用半横向式机械通风和全横向式机械通风时,CO 设计浓度可按表3.11取值;采用纵向式机械通风时,CO 设计浓度可按表3.11所列各值提高 50 ppm 取值。

表3.11　通风 CO 设计浓度

隧道长度(m)	≤1 000	≥3 000
CO 浓度(ppm)	250	200

注:隧道长度为1 000~3 000 m 时,可用插值法取值。

②交通阻滞(隧道内各车道均以怠速行驶,平均车速为 10 km/h)时,阻滞段的平均 CO 设计浓度取 300 ppm 时,经历时间不超过 20 min,阻滞段的计算长度不宜大于 1 km。

③人车混合通行的隧道,长度不宜超过2 000 m,其 CO 设计浓度应按表3.12取值。

表3.12　人车混行 CO 设计浓度

隧道长度（m）	≤1 000	≥2 000
CO 浓度（ppm）	150	100

注:隧道长度为1 000~2 000m 时,可用插值法取值。

（2）烟雾浓度

为了保证隧道内的停车视距和舒适性,必须控制烟雾的浓度。

①采用钠灯光源时,烟雾设计浓度应按表3.13取值;采用荧光灯光源时,烟雾设计浓度应提高一级;

表3.13　烟雾设计浓度

设计车速（km/h）	100	80	60	40
烟雾浓度（m^{-1}）	0.006 5	0.007	0.007 5	0.009

②当烟雾浓度达到0.012 m^{-1}时,应按采取交通管制等措施考虑;

③隧道内进行养护维修时,应按现场实际烟雾浓度不大于0.003 5 m^{-1}考虑。

（3）异味稀释

为了符合隧道营运通风的要求,隧道空间不间断换气频率不宜低于每小时5次;对于交通量较小或特长的隧道,可采用每小时3~4次。采用纵向式机械通风的隧道,隧道内换气风速应不低于2.5 m/s。

注意:营运期间的通风量要按稀释隧道内空气中 CO 和烟雾达到通风标准分别计算,取其大者作为隧道通风量。

此外,隧道内营运通风的主流方向不应频繁变化。确定的通风方式在交通条件等发生变化时,应具有较高的稳定性,并便于防灾时的气流组织。风机产生的噪声及隧道中污浊空气的集中排放均应符合环保的有关规定。

3.3　隧道施工期间通风方式与通风管理

3.3.1　施工期间通风方式

隧道施工期间通风方式应根据隧道的长度、掘进隧道的断面、施工方法和设备条件等诸多因素来确定。在隧道施工中,通风方式主要有排风式、送风式、送排风并用式、送排风混合式、竖井排风/正洞送风方式、巷道通风方式、局部风机(风扇)方式7种,各种通风方式的概况如表3.14所示。

表3.14　各种施工期间通风方式概况表

通风方式		概要图	说　明
1.排风式	集中式		在洞外设置大容量(需风量总和)风机,风管吸风口设在开挖面附近,通过风管排出废风
	串联式		在风管内设置小型风机,随开挖面推进,可接长风管和增加风机,通过风管排出废风
2.送风式	集中式		设备与集中排风式相同,但是将风管送风口设在开挖附近,通过风管将新鲜风从洞口吹入开挖面,并由隧道排出废风
	串联式		设备与串联排风式相同,但是是将新鲜空气通过风管送入开挖面,并由隧道排出废风
3.送排风并用式	集中式		设备由集中排风式和集中送风式构成,送风机功率比排风机大,随开挖面推进加长风管
	串联式		设备由串联排风式和串联送风式构成
4.送排风混合式			由下导坑或侧壁导坑作超前开挖时,在超前导坑部采取送风式,在全断面部(扩挖处)采取排风式
5.竖井排风/正洞送风方式			长隧道时,利用竖井排风,并在正洞口内竖井底口附近设送风机送风至开挖面

续表

通风方式	概要图	说　明
6.巷道通风方式		特长隧道时,利用避难坑道作排风道,正洞作进风道,在避难坑道的洞口附近设门,安设大容量风机
7.局部风机(风扇)方式		采取排风方式时,仅在开挖面附近局部地方设置风机(风扇)

在选择通风方式时,应针对污染源的特性,尽量避免成洞地段的二次污染,且有利于快速施工。根据以上各种施工期间的通风方式的特点,在具体隧道施工期间选择通风方式时应注意以下几点:

①自然通风因其影响因素较多,其通风效果不稳定且不易控制,故除短直隧道外,应尽量避免采用。

②送风式通风方式能将新鲜空气从开洞口直接输送至开挖工作面,有利于工作面施工,且污浊空气将流经整个隧道,若采用大功率、大直径,或联合运转,其适用范围较广。

③排风式通风的风流方向与压入式相反,但其排烟速度慢,且易在工作面形成炮烟停滞区,故一般很少单独使用。

④送排风并用式和送排风混合式,集压入式和抽出式的优点于一身,但管路、风机等设施增多,在管径较小时可采用,若有大管径、大功率风机时,其经济性不如压入式,且容易出现循环风现象。

⑤竖井排风/正洞送风方式和巷道通风方式,是解决长大隧道施工通风的方案之一,其通风效果主要取决于通风管理。

⑥通风方式应根据隧道长度、断面大小、施工方法、设备条件等综合因素确定,当主风流的风量不能满足隧道掘进要求时,应设置局部通风机,并尽量利用辅助坑道。

⑦选择通风方式时,在考虑经济和可行的前提下,选用合适的通风机和风管,做好连接,减少漏风。

3.3.2　施工期间通风管理

为了保障施工期间的供风需求,在通风供应上必须做到如下几点:

①空气压缩机站设备能力应能满足同时工作的各种风动机具最大耗风量和风压的要求,同时应设置合理,具有防水、降温和防雷击设施。

②高压风管的直径应根据最大送风量、风管长度、闸阀等计算确定。

③高压风管路的安装使用,应符合下列要求:

a.管路应敷设牢固、平顺,接头严密、不漏风。

b.出于安全考虑,洞内风管不宜与电缆线敷设在同一侧,同时不应妨碍运输,影响边沟施工。

c.为了便于控制和维修管理,在空气压缩机站总输出管上必须设置闸阀;主管每隔300~500 m应分装闸阀。高压风管长度大于1 000 m时,应在管路最低处设置油水分离器,定时放出管中的积油和积水。

d.在风管使用过程中,应设专人负责检查和养护。

④通风管的安装应符合下列要求:

a.送风式的进风管口应设置在洞外,宜在洞口里程30 m以外。

b.集中排风管口应设在洞外,并应做成烟囱式。

c.通风管靠近开挖面的距离应根据开挖面大小确定,送风式通风管的送风口距开挖面不宜大于15 m,排风式风管吸风口距开挖面不宜大于5 m。

d.采用混合通风方式时,当一组风机向前移动时,另一组风机的管路应相应接长,并始终保持两组管道相邻段交错20~30 m。局部通风时,排风式风管的出风口应引入主风流循环的回风流中。

e.通风管的安装应做到平顺、接头严密,每100 m平均漏风率不大于2%,弯管半径不小于风管直径的3倍。

f.通风管应设专人定期维护、修理。

g.送风管宜采用软管,排风管应采用硬管。

⑤通风机的安装和使用应符合下列要求:

a.主风机安装应符合通风设计要求,洞内辅助风机应安装在新鲜风流中。

b.通风机安装有保险装置,当发生故障时能自动停机。

c.通风机应有适当的备用量,宜为计算能力的60%。

同时,为实现有效通风和防尘、防有害气体的目的,应做到如下几点:

①隧道施工作业应符合规范中的卫生及安全标准,每人应供应新鲜空气3 m³/min,采用内燃机械作业时,供风量不宜小于4.5 m³/(min·kW),以保证施工人员进行正常的安全生产。

②瓦斯浓度应符合下列要求:

a.总回风道风流中瓦斯含量应小于0.75%。

b.瓦斯隧道装药爆破时,爆破地点20 m内,风流中瓦斯浓度必须小于1%。

c.开挖面瓦斯浓度大于1.5%时,所有人员必须撤离至安全地点。

③在洞内安装自动报警装置,洞内机电设备、通风系统宜采用防爆型。同时加强通风,开挖面要有足够的风量和足以驱散瓦斯的风速,全断面开挖时风速不应小于0.15 m/s,导洞内不应小于0.25 m/s,但均不应大于6 m/s。

④隧道施工独头掘进长度超过150 m时,必须采用机械通风。通风机与风管要配套,当通风管较长,需要提高风压时,可采用多台通风机串联;巷道式通风无大功率通风机时,可采用多台通风机并联,但串并联的通风机应采用同一型号。

⑤在有矽尘的施工场所(包括开挖工作面、喷射混凝土地段、搅拌混凝土场所),均应定期取样分析,确保安全、卫生达标。其中,粉尘浓度检测应至少每月一次;对于有害气体,每次爆破循环应用仪器取样分析。

习 题

3.1 什么叫通风机的工况点？如何用图解法求单一工作或联合工作通风机的工况点,举例说明。

3.2 试述通风机串联或并联工作的目的及其适用条件。

3.3 设计题目:某省有一等级为一级公路的公路隧道,采用机械通风。设计时速:几何尺寸按 80 km/h,通风、照明按 60 km/h 进行设计;车道和通行情况:采用双洞单向行车双车道隧道,日最高通过车辆60 000辆,其中柴油车 8 000辆,小客车 16 000辆,旅行车、轻型货车 16 000 辆,中型货车 12 000辆,大型客车 8 000辆;隧道长度和纵坡:长度为 1 500 m,纵坡为1.5%;海拔高度和气压:平均海拔高度为 1 200 m,气压为 90 kN/m^2;通风断面面积:60 m^2,周长为 30 m;隧道洞内平均温度:15 ℃。试对此隧道进行通风设计。

3.4 隧道运营期间通风方式分为哪几种？各有什么特征？

3.5 隧道自然通风的影响因素有哪些？

3.6 纵向式机械通风有哪几种形式？其有何差异？

3.7 隧道运营期间的通风方式选择,需要考虑哪些因素？

3.8 隧道施工期间通风方式主要有哪些？分别有什么特点？

3.9 隧道施工期间的通风方式选择,需要考虑哪些因素？

参考文献

[1] 张国枢.通风安全学[M].徐州:中国矿业大学出版社,2011.

[2] 林柏泉.矿井瓦斯防治技术优选——通风和应急救援[M].徐州:中国矿业大学出版社,2008.

[3] 李宁军,曹文贵,刘生.隧道设计与施工百问[M].北京:人民交通出版社,2004.

[4] 郑道访.公路长隧道通风方式研究[M].北京:科学技术文献出版社,2000.

[5] 王新泉.通风工程学[M].北京:机械工业出版社,2008.

[6] 马锁柱.土木工程概论[M].北京:中国电力出版社,2008.

[7] W T W(Bill)Cory. FANS & VENTILATION-A Practical Guide[M]. Roles & Associates Ltd,2005.

[8] 傅鹤林,赵朝阳.隧道安全施工技术手册[M].北京:人民交通出版社,2010.

[9] 赵忠杰.公路隧道机电工程[M].北京:人民交通出版社,2007.

[10] 李国锋,丁文其,李志厚,等.特殊地质公路隧道动态设计施工技术[M].北京:人民交通出版社,2005.

[11] 中华人民共和国交通部.公路隧道通风照明设计规范(JTJ 026.1—1999)[S].北京:人民交通出版社,1999.

[12] 中华人民共和国交通部.公路隧道施工技术规范(JTG F60—2009)[S].北京:人民交通出版社,2009.

[13] 中华人民共和国交通部.公路隧道施工技术细则(JTG/T F60—2009)[S].北京:人民交通出版社,2009.

4 隧道消防设计

据国外统计资料显示,隧道火灾的发生频率为 $10\sim17$ 次/(亿车·km)。隧道火灾虽然是一种小概率事件,但其一旦发生且得不到有效控制的话,将最终导致严重的后果。本章将结合火灾燃烧的基本理论以及隧道火灾自身的特点,对隧道消防设计进行介绍。

4.1 火灾燃烧基础

燃烧是可燃物与氧化剂之间发生的快速化学反应,通常要释放出大量的热量。为了使燃烧发生,必须有一定的点火能量。实际的燃烧往往是一种连续的反应过程,也就是说始终存在燃烧反应与燃烧产物的输送、气体流动和热量传递。从物理学的观点来看,这是一种多组分的化学反应流问题。因此燃烧机理不仅涉及化学反应,还涉及流体流动。

4.1.1 可燃物的种类

可燃物之所以能够燃烧,是因为它们都包含有一定的可燃元素。自然界的可燃元素很多,主要有碳(C)、氢(H)、硫(S)、氮(N)等。此外许多金属也很容易燃烧,例如锂、钠、铍等,它们可在一些特定场合下使用。对火灾中的可燃物而言,除了关心上述元素的燃烧外,还需要关心部分添加元素的含量,例如,氯(Cl)、氟(F)等,它们在火灾燃烧过程中往往会产生毒性与腐蚀性很强的物质。

为了定量计算燃烧过程的物质和能量转换规律,需要了解这些元素及由其构成的各类可燃化合物的燃烧特性。有些元素的燃烧反应可以生成完全燃烧产物,也可生成不完全燃烧产物,火灾中的燃烧为非人为组织燃烧,更容易产生不完全燃烧产物,例如火灾中大多会生成大量一氧化碳(CO)。

可燃物的种类是多种多样的,按其形态可分为气态、液态和固态三种,按其来源可分为天然可燃物和人造可燃物两类。从组成上讲,可燃物可分单纯物质和混合物两种。单纯物质指由一种分子组成的物质。部分可燃气体和低分子的可燃液体属于单纯物质。例如 H_2,CO,CH_4,H_2S等。

绝大部分可燃物都是多种单纯物质的混合物或多种元素的复杂化合物。例如实际使用的气体燃料中,包括 H_2,CO 和 CH_4 等,其燃烧性质由不同组分的含量决定。火灾烟气中不仅含有可燃气体,还会有多种可燃液滴和固体颗粒。对于人工聚合物,其火灾烟气的成分更加复杂。

在工程燃烧中所用的可燃物通常称为燃料,因为其用途就是用作燃烧的。燃料的来源比较单纯,主要有煤、石油、木炭、天然气、人造煤气等。这些可燃物大多经过人为的处理,然后以一种特定的方式来组织燃烧。

在火灾中遇到的可燃物种类则复杂得多。只要是能够燃烧的物质都可能成为火灾中的可燃物。这不仅包括了工程燃烧中的各种燃料,还有人们日常生活中所使用的木材、纸张、人工聚合物、生活用品、装修材料等。因此,从火灾防治的角度研究可燃物的燃烧特性与在工程燃烧中的研究重点存在很大的差异。

4.1.2 燃烧过程中的传热与传质

无论是哪种类型的燃烧,在可燃物附近和燃烧区域以外都存在着热量和质量的传递与交换。这就需要考虑各有关组分的热力学性质、输运性质等。下面简要介绍一些相关的传热与传质知识。

传热过程与火灾现象密切相关,要深入研究火灾的机理和规律,就必须了解其中热量传递的过程。传热主要有导热、对流和辐射 3 种方式,它们同时存在于整个火灾过程中。然而随着火灾环境、燃烧强度、火焰形状的不同,3 种传热方式的重要性也有所不同。

(1)导热

导热是物质运动分子之间由于相互接触而产生的一种热量传递方式。这种热传递方式由于需要存在分子的相互接触,其作用场合是有限的,在固体物质中最为明显。导热过程分析的主要目的在于了解热流在固体内部传递的规律,其在固体着火、固体表面的火蔓延、墙壁热损失以及阻燃等问题中的重要性尤为突出。在某些特定的情况下,液体导热也需考虑。如果在一物体内部存在着温度梯度,则能量就会从高温区向低温区转移,这种能量以热传导的形式传递。导热主要是与固体相关的一种传热现象,根据傅立叶导热定律,热量在固体内部从高温区向低温区的流动可以表示为单位面积上的热流密度:

$$q = -k\frac{\mathrm{d}T}{\mathrm{d}x} \tag{4.1}$$

式中　常数 k——材料的导热系数,W/m·K,严格说来,它随温度的变化而变化。

导热问题有稳态与非稳态之分,与火灾有关的导热问题大多是非稳态的。不仅对于火灾的分过程,如着火、火蔓延等,而且对于火灾的总体过程,如建筑物对正在发展和充分发展火灾的响应等,都是非稳态的问题。同时,材料物性变化对于热量传递过程也有显著的影响,这一问题包括两个方面:第一,对于相同材料,由于物性随温度变化,造成热量传递过程的变化;第二,对于不同材料,由于物性的差异,造成热量传递过程的显著不同。对于易燃的材料,如木材、发泡塑料、纸张等,它们的导热系数很低,到达材料表面的热量逐渐聚集引起局部温度升高,有可能达到可燃物的点燃温度。金属的导热系数很高,产生的热量可以迅速传递到其他部分,局部温度不会很快达到点燃温度。

(2)对流传热

对流传热作为热传递的另一种形式在火灾中是非常重要的,它是通过流动介质而产生的热量传递。热对流主要发生在流动的气体、液体之间，不会在固体中发生，但在固体和液体、气体间也存在热对流。它在整个火灾过程中都存在，在大多数火灾中，热对流主要是由温度差引起的密度差驱动产生的。火灾中流动的热物质是燃烧产生的气体产物，环境中的空气也被加热，它们膨胀变轻，产生向上的运动。火灾中引起大多数热运动的传热方式是对流，它在很大程度上决定了火灾的基本特性。

在不存在强迫对流的火灾过程中，伴随着对流换热的气体运动是由浮力控制的，同时浮力还影响着扩散火焰的形状和行为。流体流过固体壁面，必定在壁面附近薄层内形成边界层，边界层内速度在垂直壁面方向存在很大的梯度。这是由于流体的黏性作用。层流边界层内各流体互不掺混，流体大体上是平行于壁面的平行线，分子运动在相邻层之间传递动量，表现为相邻层之间的黏性力，而流体的运动又携带了动量，对流可引起动量变化。在流体内的热量传递过程与动量的传递过程是完全相似的。当运动流体的温度与壁面温度不同时，在高雷诺数情况下，流动边界层的范围内形成热边界层，热边界层的厚度与速度边界层厚度数量级相同，成一定的关系，紧靠壁面的流体其温度与壁面温度相同，符合壁面附着条件。而在边界层外边界流体温度是外部无黏流的温度，边界层内存在很大的横向温度梯度，由于分子热运动而在相邻层之间进行热传导，流体的宏观运动又携带了其蕴含的热量，这两部分换热的总和就是流体与固体壁面之间的对流换热。由此可以看出，单位固体表面、单位时间和单位流体之间的热交换，与流体的运动状态、流体与固体壁面温度差和流体的热物性有关，这是决定对流换热过程的 3 个基本要素。

由于物体的形状复杂，流体流过固体的边界层通常难以确定，只有最简单形状的物体，如平板、圆管等可以通过微分方程确定边界层内温度剖面，而计算壁面与流体热交换通量，多数情况下只有通过实验确定。牛顿提出流体与壁面热交换通量与流体与壁面的温度差成正比，记为：

$$q = h(T_w - T_f) \tag{4.2}$$

式中　　h——比例系数，称为对流换热系数，$W/m^2 \cdot K$；

　　　　T_w——固体表面温度；

　　　　T_f——流体温度。

决定对流换热的三个因素，全部复杂性都集中到对流换热系数 h 中，h 由流场的几何形状、流动状态和流体的热物性确定。

（3）热辐射

辐射传热不要求热源与接收体之间有中间介质，它是电磁波形式的能量传递，像可见光一样，可以被物体表面吸收、反射等，而且在有"不透明物体"遮挡的情况下会投射出"阴影"。辐射传热在火势发展和传播中有着重要的作用，尤其在大火灾中，热辐射将成为火灾中的主要传热方式，并且决定着火灾的蔓延和发展。

热辐射是物体因其自身温度而发射出的一种电磁辐射，它以光速传播，其相应的波长范围为 $0.4 \sim 100 \ \mu m$（包括可见光）。当一个物体被加热时，其温度上升，一方面它将通过对流损失部分热量（若置于流体中），同时也通过热辐射损失部分热量。当其温度为 $500 \sim 550 \ ℃$ 时，辐射大量能量的波长对应于光谱的暗红到可见光区域，随着温度进一步升高，可明显观察到其颜色的变化，因而可以通过观察、对比物体颜色的变化来粗略地确定其温度，这说明温度不同物体的辐射波长范围也不同。不同的热辐射效应如表4.1所示。

表4.1　热辐射的效应

辐射热通量 q（kW/m^2）	察觉到的效应	辐射热通量 q（kW/m^2）	察觉到的效应
1.0	直射的夏日太阳	20	点燃某种纤维质
6.4	暴露8 s后皮肤产生疼痛	29	木材在长时间暴露后自燃
12.5	木材在长时间暴露后被引燃	52	5 s点燃纤维板
16	5 s后皮肤爆皮	100～150	轰燃后的燃烧

一个物体在单位时间内、由单位面积上辐射出的能量称为辐射能。根据 Stefan-Boltzman 方程，物体的辐射能与温度的四次方成正比，即：

$$q = \varepsilon \sigma T^4 \tag{4.3}$$

式中　σ——Stefan-Boltzman 常数，其值为5.667×10^{-8} W/（$m^2 \cdot K^4$）；

　　　T——开氏温度；

　　　ε——辐射率，它是一个表征辐射物体表面性质的常数，其定义为：一个物体的辐射能与同样温度下黑体的辐射能之比。对于黑体 $\varepsilon = 1$。

实际上，材料的辐射率随着辐射温度和波长的改变而变化。把满足单色辐射率与波长无关的物体称为灰体。

辐射换热的大小还与物体的相互位置有关，即接受辐射热的表面与辐射路径是垂直还是平行有很大的关系。辐射强度也随距离的平方成反比例下降。

离火源一定距离的物体表面受到的辐射热通量可以表示为：

$$q = x_r \dot{Q}/4\pi r^2 \tag{4.4}$$

式中　$\dot{Q}$——火源的热释放速率；

　　　x_r——辐射热份额；

　　　r——离开火源的距离。

如果一个物体离火源很近，火源就不能再被看成是一个点源，来自火源各部分的热辐射的贡献不再符合辐射强度随距离的平方而下降的规律。此时，关系式变成：

$$q = \varepsilon \sigma T^4 F_{12} \tag{4.5}$$

式中　F_{12}——火源与被辐射表面的角系数；

　　　T——火源温度。

其他符号意义同前。

4.1.3　着火与灭火

着火是可燃物发生燃烧的起始阶段。对于火灾防治来说，研究着火过程对防止起火具有非常重要的意义。燃烧在同时具有可燃物质、助燃物质和着火源 3 个基本条件时才能发生。在火灾研究中通常称其为火灾三要素。一般来说，可燃物和氧化剂是经常存在的，要使它们开始相互反应,关键在于提供足够的点火能。另外,还应清楚可燃物与氧化剂之间的氧化反应不是直接进行的,而是经过在高温中生成的活性基团和原子等中间物质,通过连锁反应进行。如果消除活性基团,链反应中断,连续的燃烧过程就会停止。燃烧的这四个条件间的关系如图4.1所示。

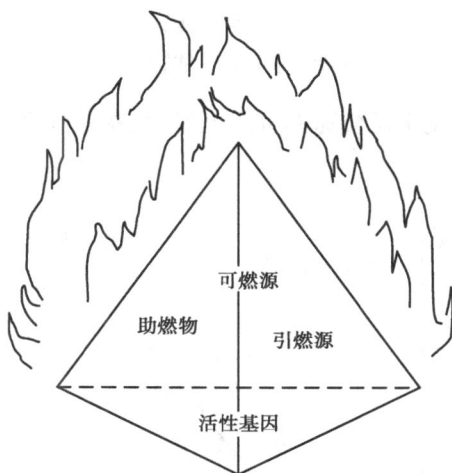

图 4.1　燃烧的必要条件

1)着火的形式

可燃物的着火主要有自燃和点燃两种类型:

自燃是物质在一定的条件下自行发生的燃烧现象。这种现象可分为热自燃和化学自燃两种情况。热自燃是由于可燃物在一定条件下温度升高,当超过一定温度而发生的着火。这类着火不需要由外界加热,如长期堆积且通风不良的柴草、原煤等的自燃就是这类自燃。化学自燃是在常温下依靠自身的化学反应而引发的燃烧现象,如金属钠在空气中的自燃。

点燃是使用小火焰、电火花、电弧、热物体等高温热源作用于冷态可燃物使之发生燃烧的过程。首先在作用的局部发生着火,随后燃烧区域向体系的其他部分传播。这种燃烧需要施加外来热源以达到可燃物着火所需的点火能。大部分的火灾都是由点燃引起的。

从本质上说,可燃物着火是其氧化反应由慢速加速到一定程度的现象。引起氧化反应的加速,或是由于温度的升高,或是由于活性中心的累积。

下面简要介绍着火过程的热自燃理论和链反应理论。

2)热自燃理论

在任何充满可燃预混气的体系中,可燃物能够氧化而放出热量,使得体系的温度升高;同时体系会通过容器的壁面向外散热,使得体系温度下降。

设反应容器的体积为 V,表面积为 A_F,内部充满可燃预混气。起初,容器壁面温度与环境温度 T_0 相同;在反应过程中,壁温则与预混气温度相同,预混气的瞬时温度为 T;此外还认为容器中各点的温度、浓度相同,着火前反应物浓度变化很小,可看为近似不变;环境与容器之间有对流换热,对流换热系数为 h,并认为其不随温度变化。这样该系统的能量方程是:

$$\rho_\infty c_v \frac{\mathrm{d}T}{\mathrm{d}t} = \dot{Q}_g - \dot{Q}_1 = q_s W_s - \frac{hA_F}{V}(T - T_0) \tag{4.6}$$

式中　$\dot{Q}_g$——体系中单位体积预混气在单位时间内由化学反应放出的热量,简称放热速率;

$\dot{Q}_1$——单位体积预混气在单位时间向外界环境散发的热量,简称散热速度;

ρ_∞, c_v, q_s——可燃预混气的密度、定容比热和单位体积预混气的反应热;

W_s——预混气的化学反应速率。

$$W_s = k_0 c_a c_b \exp(-E_a/R_g T) \tag{4.7}$$

式中　k_0——频率因子;

c_a, c_b——反应物 a, b 的摩尔浓度;

E_a——反应的活化能;

R_g——理想的气体常数。

化学反应速率 W_s 与温度成指数关系,所以 $\dot{Q}_g$ 是温度的指数函数。

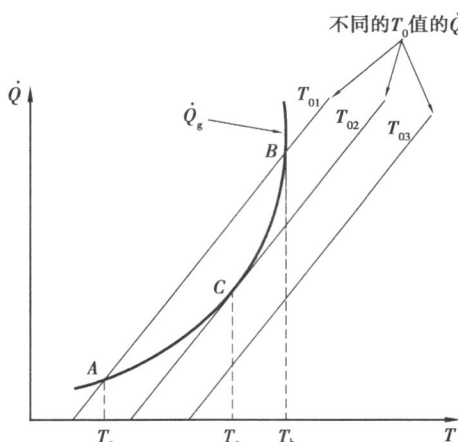

图 4.2　热自燃过程中的放热与散热曲线

热自燃理论认为:着火是反应放热因素与散热因素相互作用的结果。如图 4.2 所示。开始时,散热曲线如 T_{01},随着温度的升高,化学反应加强,放出的热量增加,同时散热也加强。当到达 A 点时,放热等于散热。温度继续升高,这时散热值一直大于放热值,因此,在自身化学反应条件下,系统的温度会下降,又会返回到 A 点,A 点是一稳定点,不会发生自身加速化学反应而着火。而对于 B 点来说则是一个不稳定点。当温升超过 B 点时,放热速率急剧增大,系统的放热大于散热,使系统的温度逐渐升高而发生着火。若温度到达 B 点时稍有降温,则系统会返回到 A 点。从 A 点的稳定状态到 B 点的不稳定状态需要有外加的热源来补充散热损失。若初始环境温度增加,则热损会减少,热损曲线向右平移,当平移到图中 T_{02} 的位置时,就会和放热曲线相切,形成一个切点 C。C 也是一个不稳定点,但这一点是系统自身可以达到的一个点,这个点就代表热自燃点,T_c 就是热自燃温度。

3)链反应理论

对于大多数碳氢化合物与空气的反应来说,热着火理论可以很好地解释反应速率的自动加速。但也有一些现象解释不清,例如氢氧反应的 3 个爆炸极限,而链反应理论却能给出合理解释。链反应理论认为,在反应体系中可出现某种活性基团,只要这种活性基团不消失,反应就一直进行下去,直到反应完成。

链反应一般由链引发、链传递、链终止 3 个步骤组成。反应中产生自由基的过程称为链引发。使稳定分子分解产生自由基,就是使某些分子的化学链断裂。这需要很大的能级,因此链引发是一个困难的过程。常用的引发方法有热引发、光引发等。

活性基团与普通分子反应时,能够再生成新的活性基团,因而可以使这种反应不断进行下去。链的传递是链反应的主体阶段,活性基团是链传递的载体。如果活性基团与器壁碰撞而生成稳定分子;或者两个活性基团与第三个惰性分子相撞后失去能量而成为稳定分子,链反应就会终止。

链反应分为直链反应和支链反应。在直链反应过程中,每消耗 1 个自由基同时又生成 1 个自由基,直到链终止。就是说反应过程中,活性基团的数目保持不变。由于链传递的速度非常快,因此直链反应速度也是非常快的。而在支链反应过程中,由 1 个自由基生成最终产物的同时,还可产生 2 个或 2 个以上的活性基团,就是说在反应过程中活性基团的数目是随时间的延长而增加的,因此支链反应速率是逐渐加大的。

链反应理论认为,反应自动加速是通过反应过程中自由基的逐渐积累来达到反应加速的。

系统中自由基数目能否发生积累是链锁反应过程中自由基增长因素与自由基销毁因素相互作用的结果。自由基增长因素占优势,系统就会发生自由基积累。

例如,氢与氧的反应就是一种支链反应,其总体反应过程可写为:

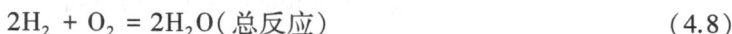

$$2H_2 + O_2 = 2H_2O \text{(总反应)} \tag{4.8}$$

这一反应可以分解为以下一些步骤:

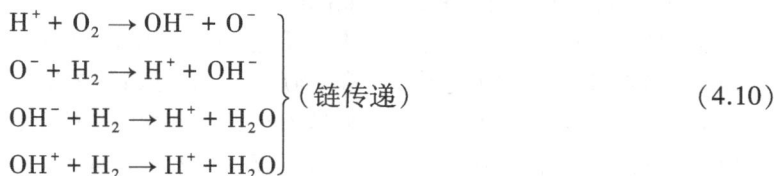

$$H_2 \rightarrow 2H^+ \text{(链引发)} \tag{4.9}$$

$$\left.\begin{array}{l} H^+ + O_2 \rightarrow OH^- + O^- \\ O^- + H_2 \rightarrow H^+ + OH^- \\ OH^- + H_2 \rightarrow H^+ + H_2O \\ OH^+ + H_2 \rightarrow H^+ + H_2O \end{array}\right\} \text{(链传递)} \tag{4.10}$$

$$\left.\begin{array}{l} H^+ \rightarrow \text{器壁破坏} \\ OH^- \rightarrow \text{器壁破坏} \end{array}\right\} \text{(链终止)} \tag{4.11}$$

将链传递的几个步骤相加得:

$$H^+ + 3H_2 + O_2 \rightarrow 2H_2O + 3H^+ \tag{4.12}$$

这就是说,1 个活性基团(在这里是 H 离子)参加反应后,经过一个链传递,在形成 H_2O 的同时还产生 3 个 H 离子,这 3 个 H 离子又继续参与反应。随着反应的进行,H 离子的数目不断增多,因此支链反应是不断加速的。

当反应过程中引起活性基团增长速率起决定作用时,燃烧反应加速进行;而当活性基团的销毁速率起决定作用时,燃烧反应逐渐停止。

4)影响着火的主要因素

可燃物的着火受到多种因素的影响,可燃物的性质、组成、形态是主要的因素,此外,可燃性气体的浓度、初温和压力等都对最小引燃能量有一定的影响。

(1)可燃物的物态

不同物态的可燃物的着火性能差别很大。一般说,可燃气体的点燃能较小,可燃液体次之,可燃固体的点燃能较大。这主要是因为液体变成蒸汽或固体发生热解时需要提供一定的能量。

(2)可燃物的结构组成

单质可燃物质的化学结构与最小点火能之间通常有如下规律:在脂肪族有机化合物中,烷烃类的最小引燃能量最大,烯烃类次之,炔烃类较小;碳链长,支链多的物质,引燃能量较大。

(3)可燃气体的浓度

在可燃气体与空气的混合气中,可燃气体所占的比例是影响着火的重要因素。一般当可燃气体浓度稍高于其反应的化学当量比浓度时,所需的点火能最小。

(4)可燃混合气的初温和压力

通常,可燃混合气的初温增加,最小点火能减少;而其压力降低,则最小点火能增大,当压力降到某一临界压力时,可燃混合气就很难着火。

(5)点火源的性质与能量

点火源是促使可燃物与助燃物发生燃烧的初始能量来源。点火源可以是明火,也可以是高温物体,它们的能量和能级存在很大差别。若点火源的能量小于某一最小能量,就不能点燃。引起一定浓度可燃物燃烧所需要的最小能量称为最小点火能,这是衡量可燃物着火危险性的一个重要参数。

5)灭火分析

灭火是着火的反问题,也是火灾预防控制中最关心的方面。实际上,着火的基本原理也为分析灭火提供了理论依据,如果采取某种措施去除燃烧所需条件中的任何一个,火灾就会熄灭。基本的灭火方法如下:

(1)降低系统内的可燃物或氧气浓度

燃烧是可燃物与氧化剂之间的化学反应,缺少其中任何一种都会导致火的熄灭。在反应区内减少与消除可燃物可以使系统灭火,当反应区的可燃气浓度降低到一定限度,燃烧过程便无法维持。将未燃物与已燃物分隔开来是中断了可燃物向燃烧区的供应,将可燃气体和液体的阀门关闭,将可燃、易燃物搬走等都是中断可燃物的方法。通常将这种灭火方法称为隔离灭火。

降低反应区的氧气浓度,限制氧气的供应也是灭火的基本手段。当反应区的氧浓度约低于15%后,火灾燃烧一般就很难进行。用不燃或难燃的物质盖住燃烧物,就可断绝空气向反应区的供应。通常将这种灭火方法称为窒息灭火。

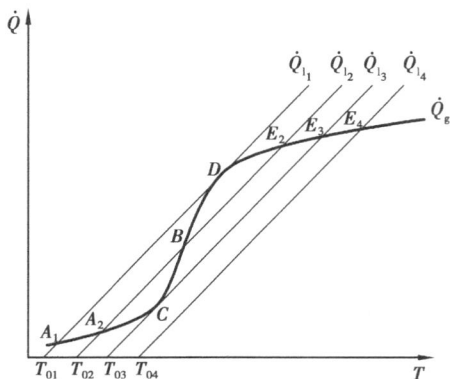

图 4.3   通过改善环境温度使系统灭火

(2)基于热着火理论的灭火分析

降低反应区的温度是达到灭火的重要手段,这可以依据反应体系的热平衡作出定量分析。当反应区的温度为 T_{01} 时,反应体系的放热曲线和散热曲线可出现交点 A 和切点 D;当反应区的温度为 T_{02} 时,体系的放热曲线与散热曲线可出现 A_2,B,E_2 三个交点,这时的稳定燃烧状态对应于 E_2 点;当反应区的温度为 T_{03} 时,体系的放热曲线与散热曲线将出现切点 C 与交点 E_3,如图 4.3 所示。

对于已经着火的体系,当环境温度降低至 T_{02} 时,稳定燃烧点由 E_3 移到 E_2。而因 E_2 是稳定点,系统则在进行稳定燃烧。这表明,系统环境温度降到着火时的环境温度,系统仍不能灭火。

当环境温度降低到 T_{01} 时,放热曲线与散热曲线相切于 D 点。但 D 是个不稳定点,系统一旦出现降温扰动,就会使散热速率大于放热速率,系统的工作点便会迅速移到 A_1,而 A_1 代表缓慢氧化状态,其物理意义是系统灭火。

因此系统的临界灭火条件是放热曲线与散热曲线在 D 点相切。这与着火临界条件为在 C 点不同。系统灭火的临界条件可写成:

$$\begin{cases} \dot{Q}_g = \dot{Q}_1 \\ \left.\dfrac{\partial \dot{Q}_g}{\partial T}\right|_E = \left.\dfrac{\partial \dot{Q}_1}{\partial T}\right|_E \end{cases} \tag{4.13}$$

式中所有符号意义同前。

通过改变系统的散热条件也能达到灭火的目的。设环境温度 T_0 保持不变,在某种散热条件下,可得到系统在 E_3 点进行稳定燃烧,如图 4.4 所示。系统散热状态改善,散热曲线的斜率逐渐增大。以致使散热曲线与放热曲线相切于 C 点,相应的燃烧状态由 E_3 点移向 E_2,由于 E_2 仍是稳定燃烧态,系统不能灭火。继续增大散热曲线的斜率,最终使散热曲线与放热曲线相切于 D 点,因 D 点是不稳定点,系统将向 A_1 移动,并在 A_1 进行缓慢氧化,于是系统完成了从高温燃烧态向低温缓慢氧化态的过渡,即系统实现了灭火。

（3）依据链反应理论的灭火分析

根据链反应着火理论,若要使已着火系统灭火,必须使系统中的活性基团的销毁速率大于其增长速率。燃烧区中的活性基团主要有 H^+,OH^-,O^- 等,尤其是 OH^- 较多,在烃类可燃物的燃烧中具有重要作用。加大这些基团销毁的主要途径有:

图 4.4　通过改善系统散热条件使系统灭火

①增加活性基团在气相中的销毁速度。活性基团在气相中碰到稳定分子后,会把本身能量传递给稳定分子,而自身也结合成稳定分子。例如,将某些含溴的物质送入高温燃烧区时,将会生成 HBr,而 HBr 在燃烧过程中可发生下述反应:

$$OH + HBr = H_2O + Br$$
$$H + HBr = H_2 + Br \qquad (4.14)$$
$$Br + PH = HBr + P$$

这样系统中的 H^+,OH^- 便会不断减少,从而使燃烧终止。

②增加活性基团在固体壁面上的销毁速度。在着火系统中加入惰性固体颗粒,可以增加活性基团碰撞固体壁面的机会。例如,将三氧化二锑（Sb_2O_3）与溴化物同时喷入燃烧区,可生成三溴化二锑（Sb_2Br_3）,而 Sb_2Br_3 可迅速升华成极细的颗粒,分布在燃烧区内,于是除了可发生式（4.14）所示的反应外,还可以发生如下反应:

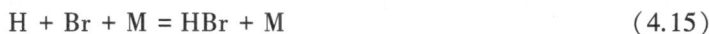

$$H + Br + M = HBr + M \qquad (4.15)$$

③降低反应系统的温度。在温度较低的条件下,活性基团增长速度将大大减慢。

对于不同类型的火灾应当采取不同的灭火方法,灭火方法不当不仅无法取得好的灭火效果,而且还会造成火势的扩大。

4.1.4　可燃物的火灾燃烧特点

建筑物内的可燃物可分为气相、液相和固相 3 种形态。发生燃烧时,它们与空气混合的难易程度不同,因而其燃烧状况存在较大差别。

1）可燃气体的燃烧

隧道火灾中的可燃气体主要有两类:一类是燃烧前就在隧道内存在的可燃气体,如液化天然气、液化石油气、汽油蒸气等,这些气体发生火灾通常是由于运输此类可燃气体或燃油的车辆泄漏导致;另一类是燃烧中生成的可燃烟气,由于燃烧不完全,烟气中含有多种可燃组分。本节主要讨论燃料气的燃烧。

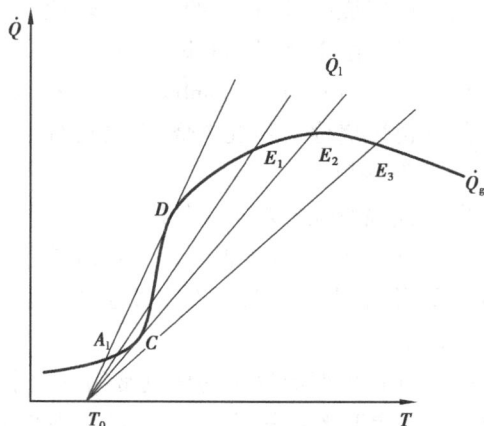

在气相燃烧中,燃料气的质量燃烧速率等于其实际供给速率,与燃烧过程无关,可使用流量计测定流量。由于燃料气的燃烧过程容易组织,因此常用作火灾试验的模拟火源。燃料气的燃烧有预混燃烧(Premixed combustion)和扩散燃烧(Diffusion combustion)两种基本形式。两者先混合然后再燃烧称为预混燃烧;两者边混合边燃烧称为扩散燃烧。

（1）预混燃烧

发生预混燃烧的基本条件之一是燃料气在预混气(或称可燃混气)中必须具有一定浓度。在常温下,燃料气的浓度低于某一值或高于某一值都不会被点燃。通常前者称为该可燃气的点燃浓度下限,后者称为其点燃浓度上限。表4.2列出了若干燃料气和液体蒸汽在空气中的可燃浓度极限。

燃料气在可燃混气中的比例常用一次空气系数 α_1 表示,当 $\alpha_1 = 1$ 时,即指处于化学当量比燃烧;$\alpha_1 > 1$ 表明燃料气较少,通常称为贫燃料混气;$\alpha_1 < 1$ 表明燃料过量,通常称为富燃料混气。富燃料预混气中的可燃组分在预混燃烧阶段不能完全消耗,一般还可以继续发生扩散燃烧。如果室内的氧气供应不足,就会有部分燃料气进入烟气中,火灾燃烧中经常出现这种情况。

预混火焰实际上是一种高温反应区的传播过程。反应区放出热量不断向新鲜混合气中传递及新鲜混合气不断向反应区扩散造成了火焰面的不断移动。随着气体流动状态的不同,预混火焰速度亦可分为层流传播速度和湍流传播速度两种。层流火焰传播速度定义为火焰面向层流可燃混气中传播的法向速度,它是给定可燃混气的热动力参数。而湍流火焰传播速度不仅与预混气的性质有关,而且与气体的流动状况有关,通常后者是影响火焰速度的主要因素。在讨论某种可燃混气的性质时,一般按层流火焰传播速度进行分析,很多燃烧学文献中给出的多是这种数据。

表 4.2 若干燃料气的可燃浓度极限

气体名称	可燃浓度极限（%）		气体名称	可燃浓度极限（%）	
	下限	上限		下限	上限
氢 气	4.0	75.0	一氧化碳	12.5	74.0
甲烷	5.0	15.0	氨	15.0	28.0
乙烷	3.0	12.5	硫化氢	4.3	46.0
丙烷	2.1	9.5	苯	1.5	9.5
丁烷	1.6	8.4	甲苯	1.2	7.1
戊烷	1.5	7.8	甲醇	6.0	36.0
乙烯	2.75	36.0	乙醇	3.3	18.0
丙烯	2.0	11.1	1-丙醇	2.2	13.7
丁烯	1.9	8.5	乙醚	1.85	40.0
乙炔	2.5	82.0	甲醛	7.0	73.0
丙酮	2.0	13.0	天然气	4.5	15.0

如果由于某种事故致使燃料气泄露出来,则可在室内形成可燃混气。若同时出现点火源,便可引发另一种化学反应——爆炸。这种燃料气的爆炸往往引发火灾,或使火灾进一步扩大。

预混火焰可以向任何有可燃混气的地方传播。如果可燃混气从某个装置流出的速度过低，则火焰可传进装置内，从而引起混合室内的可燃混气发生燃烧，这称之为预混火焰的回火。回火可造成混合室或与其相连的管道内的温度和压力急剧升高，从而发生爆炸，其破坏性很大。

（2）气相扩散燃烧

若燃料气是从存储容器或输送管道中喷射出来的，且当即被点燃，则将呈现射流扩散燃烧。这种燃烧也有层流和湍流两种情况。若燃料气喷出的速度较低，将形成层流火焰，图4.5为这种扩散火焰的示意图。可看出火焰矩可分为4个区域，即中央的纯燃料气区、外围的纯空气区、燃料气与燃烧产物的混合区及空气与燃烧产物的混合区。由于扩散燃烧是在燃料气与空气的交界面发生的，射流的外侧气体先发生燃烧，而中部的气体要运动一段距离方能与空气接触，因此层流火焰面

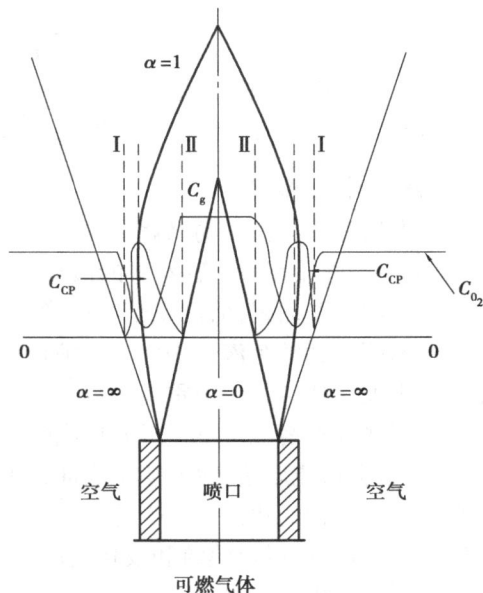

图4.5　可燃气体层流扩散火焰的结构示意图

大致呈锥形。从喷口平面到到火焰锥尖的距离称为火焰长度。仔细观察可以发现，层流扩散火焰的根部并非紧靠喷口壁面，而是有几毫米的间隙，这是固体壁面的冷却效应造成了火焰熄灭。火焰根部的颜色是蓝的，与预混火焰相同，这又表明在喷口附近燃料气和空气发生了某种程度的预混。

层流扩散火焰高度是一个表示燃烧状况的重要参数，它是指从燃料气喷口平面算起，沿喷口轴线向上，燃料气最先遇到新鲜空气的位置。简化分析可得，层流火焰高度与燃料气的体积流量成正比，与其扩散系数成反比，即：

$$Z_c = K_c \times q_v/D_i = K_c \times vR^2/D_i \tag{4.16}$$

式中　q_v——燃料气的体积流量，m^3/s；

　　　D_i——气体的扩散系数，m^2/s；

　　　v——燃料气的平均流速，m/s；

　　　R——喷口的当量半径，m；

　　　K_c——修正系数。

随着燃料气流速的增大，火焰将逐渐由层流转变为湍流。实验表明，当喷口处的雷诺数约为2 000时，进入由层流向湍流的转变区。当雷诺数达到某一临界值（一般小于10 000）时，进入了完全湍流燃烧，这时整个火焰面几乎完全发展为湍流。

湍流扩散火焰的高度也是重要的物理量。实验表明，湍流火焰的高度大致与喷口的半径R成正比，与燃料气的流速无关，通常表示为：

$$Z_T = K_T R \tag{4.17}$$

式中　Z_T——湍流火焰的高度；

　　　K_T——修正系数。

工程计算中，湍流火焰高度还常用下式估算：

$$Z_{\mathrm{T}} = \frac{R}{\alpha}[0.7(1 + n_{\mathrm{c}}) - 0.29] \tag{4.18}$$

式中 α——湍流结构系数；

n_{c}——燃料气在空气中发生化学当量与燃烧时的燃料之比/空气摩尔数之比。

2)可燃液体的燃烧

可燃液体在火灾中的燃烧主要是液面燃烧，即火焰直接在液体表面上生成，一般称为池火（Pool Fire），盛放在敞口容器中的液体是一种典型的液池。液体是容易流动的，当它流出来受到了某种固体壁面阻挡，就积聚起来形成不规则的大面积液池。液体容易燃烧，一旦着火，火焰就会迅速蔓延到整个液池表面。而液池的大小一般（至少在短时间内）是不变的，所以液池直径是决定池火特性的一个重要参数。

在某些火灾情况下，可燃液体可能形成流淌火灾。例如当液体从容器中一漏出来就着了火，液体就会边流动边燃烧，燃烧表面积不断扩大。这种液体受到阻挡后将形成很大的液池，不过它与固定面积的池火有不少差别。由于这种火的燃烧表面很大，热释放速率极高，而且发展方向不易确定，可以对建筑和设备造成极大的破坏。为突出说明液体燃烧的基本特点，本节主要探讨固定面积的池火。

液体燃烧主要包括蒸发和气相燃烧两大阶段。液体蒸发是燃烧的先决条件。在常温下，不同液体的挥发速率是不同的，因而在液面上方，可燃蒸汽与空气形成的可燃混气的着火能力也有所区别。随着温度升高，液体的蒸发加快，达到着火浓度的时间缩短。实际应用中常用闪点（Flash Point）来衡量液体的火灾安全性能。闪点指的是液体产生可燃蒸气的最低温度。闪点可以通过仪器测定，在升温过程中，在电弧或小引燃火焰作用下，在液面上方发生一闪即灭的蓝色火苗时的最低温度即是闪点。闪点仪一般有闭口杯法和开口杯法两种，根据测量仪器的不同，得到的液体闪点也略有不同，多数文献中给出的闪点一般是用闭口杯法测定的值，开口杯法测得的闪点比闭口杯法测得的值高约10%。

液体的闪点越低，表明其火灾危险性越大，所以对于火灾安全来说，闪点具有重要意义。表4.3列出了若干常见可燃液体的闪点。可以看出，许多液体的闪点低于常温。为了便于防火管理，要有区别地对待不同火灾危险性的液体，一般把闪点低于45 ℃的液体称为易燃液体，闪点高于45 ℃的称为可燃液体。在建筑防火设计中，还常用另一种表示方法，即以28 ℃和60 ℃为界，将易燃和可燃液体分为甲、乙、丙三类，它们各自的代表物品分别为汽油、煤油和柴油。

表4.3　若干易燃和可燃液体的闪点

液体名称	闪点(℃)	液体名称	闪点(℃)
汽油	−58~10	乙醚	−45
煤油	28~45	丙酮	−20
酒精	11	乙酸	40
苯	−14	松节油	35
甲苯	5.5	乙二醇	110
二甲苯	2.5	二苯醚	115
二硫化碳	−45	菜籽油	163

随着液体温度的升高,其蒸汽浓度进一步增大,到一定温度再遇到明火时,便可发生持续燃烧。这一温度称为该液体的燃点(Ignition Point)。与燃料气的爆炸浓度极限类似,可燃液体的着火温度也有上限与下限之分。着火温度下限是指液体在该温度蒸发生成的蒸汽浓度等于其爆炸浓度下限,即该液体的燃点。着火温度上限是指液体在该温度下蒸发出的蒸汽浓度等于其爆炸浓度上限。表4.4列出了若干液体的着火温度极限。

表 4.4　若干易燃与可燃液体的着火温度极限

液体名称	着火温度极限(℃)		液体名称	着火温度极限(℃)	
	下限	上限		下限	上限
车用汽油	−38	−8	乙醚	−15	13
灯用煤油	40	86	丙酮	−20	6
松节油	33.5	53	甲醇	7	39
苯	−14	19	丁醇	36	52
甲苯	5.5	31	二硫化碳	−45	26
二甲苯	25	50	丙醇	23.5	53

3) 可燃固体的燃烧

可燃固体的种类繁多,在工程燃烧中通常以煤为固体燃料的代表,但是在隧道火灾燃烧中,可燃固体包括隧道内车辆运输的各类原材料、车辆本身可燃部件等,它们大多是由人工聚合物和木材制成或构成的。本节主要讨论这两类物质的火灾燃烧特点。

可燃固体的燃烧过程大体为:在一定的外部热量作用下,物质发生热分解,生成可燃挥发分和固定炭;若挥发分达到燃点或受到点火源的作用,即发生明火燃烧。而稳定明火的建立,又可向固体燃烧面反馈热量,从而使其热分解加强,撤掉点火源燃烧仍能持续进行;当固体本身的温度达到较高值后,固定炭也开始燃烧。从火灾防治角度出发,主要关心可燃固体的前期气相燃烧。

有一些可燃固体受热后,先熔化为液体,由液体蒸发生成可燃蒸汽,再以燃料气的形式发生气相燃烧。由于这些固体的分子量较大,总会或多或少地产生固定炭,故其燃烧后期也存在固定炭的燃烧阶段。

通常固体燃烧是由外部火源点燃的。当固体在明火点燃下刚刚可以发生持续燃烧时,其表面的最低温度称为该物质的燃点(Ignition point)。表4.5中列出了一些可燃物的燃点。应当指出,由于固体的挥发性较差,而且其性质不够稳定(尤其是天然生成的固体),因而其燃点不易准确测定。不同来源的数据常与表中的值有一定出入。为了准确地测定固体的燃点,还应当探索更合适的方法。

表 4.5　若干可燃物的燃点

物质名称	燃点(℃)	物质名称	燃点(℃)	物质名称	燃点(℃)
黄磷	34	橡胶	120	布匹	200
硫	207	纸张	130	松木	250
樟脑	70	棉花	210	灯油	86
蜡烛	190	麻绒毛	150	棉油	53
赛璐珞	100	烟叶	222	豆油	220

　　有些固体除了可由明火点燃外,还可以发生自燃。所谓自燃,是指可燃固体受热或自然发热,而热量可在其周围积蓄起来,致使可燃物达到一定的温度而发生的燃烧。在自燃中不需要外加点火源。在规定条件下,可燃物质发生自燃的最低温度称为该物质的自燃点。物质的自燃点越低,发生火灾的危险性越大。可燃气体和液体也都有自燃点,不过实际储存这些物质时,是绝对不会让它们接近其自燃点的,故不用自燃点作为确定其火灾危险性的依据。但对于堆放着的固体或需要进行加热、烘烤、熬炼的固体来说,自燃点有着重要的实际意义,表4.6列举了一些物质的自燃点。

　　不少火灾正是由可燃物自燃引起的,当可燃固体堆放在通风散热较差的地方,如靠近炉灶或烟囱的木柴垛、可能受到雨淋的柴草垛等时,前者由于受热而后者由于菌化分解产生热量都可能逐渐升温到自燃点以致发生火灾。有一些固体在常温下可自行分解产生可燃气体,还有的受到撞击、摩擦、遇到酸或某些有机物甚至水就会产生可燃气体,它们往往都能迅速发生自燃或爆炸。

表 4.6　若干可燃物的自燃点

物质名称	自燃点(℃)	物质名称	自燃点(℃)	物质名称	自燃点(℃)
三硫化四磷	100	汽油	255~530	棉籽油	370
赛璐珞	150~180	煤油	210~290	豆油	400
赤磷	200~250	轻柴油	350~380	花生油	445
松香	240	乙炔	335	乙醚	180
涤纶纤维	440	二硫化磷	102	氨	651

　　与固体火灾危险性有关的另一个问题是粉尘爆炸。在不少场合下,可燃固体需要或不可避免地被粉碎成很小的颗粒,它们可以像尘雾一样悬浮在空气中。如果粉尘浓度达到一定值,遇到明火它也可能像液雾那样迅速燃烧,以致发生爆炸。粉尘爆炸与该物质产生的可燃气体(或蒸汽)有关。它也有确定的可燃(或爆炸)极限、最小点火能、自燃温度等。目前在实用上采用粉尘的浓度极限作为爆炸危险性大小的评判依据。浓度极限也有上限和下限,但其上限值很大,在大多数场合下都不会达到。从火灾安全角度出发,主要关心的是其下限,表4.7给出了一些可燃粉尘的爆炸浓度下限。

表 4.7　可燃悬浮粉尘的爆炸下限

悬浮粉尘名称	爆炸下限(g/m³)	悬浮粉尘名称	爆炸下限(g/m³)
镁 粉	44~59	裸麦粉	67~93
铝 粉	37~50	软木粉	44~99
镁铝合金粉	50	面 粉	9.7~60
铁 粉	120~240	砂糖粉	71~99
锌 粉	212~284	环氧树脂粉	20
褐煤粉	49~58	聚苯乙烯树脂粉	40~60
有烟煤粉	41~57	聚乙烯醇树脂粉	42~50

可燃液体的燃烧是在水平液面之上进行的,而固体可以在任意方位燃烧,就是说固体的燃烧表面可以是水平朝上的,也可以是竖直的,甚至可以是水平朝下的。有些热塑料在火灾条件下,可以熔化为液体并向外流动,其燃烧表面可不断变化,因而固体燃烧面的形式是复杂的。不过火灾中最常见的是燃烧面水平向上。

4.1.5　火羽流与顶棚射流

在火灾燃烧中,火源上方的火焰及燃烧生成烟气的流动通常称为火羽流(Fire Plume),其结构如图4.6所示。火羽流的火焰大多数为自然扩散火焰,纯粹的动量射流火焰在火灾燃烧中并不多见。例如当可燃液体或固体燃烧时,蒸发或热分解产生的可燃气体从燃烧表面升起的速度很低,其动量对火焰的影响几乎测不出来,可以忽略不计,因此,这种火焰气体的流动是由浮力控制的。

仔细观察可以发现,自然扩散火焰还分为两个小区,即在燃烧表面上方不太远的区域内存在连续的火焰面;在往上的一定区域内火焰则是间断出现的。前一小区称为连续火焰区,后一小区称为间歇火焰区。火焰区的上方为燃烧产物(烟气)的羽流区,其流动完全由浮力效应控制,一般称其为浮力羽流(Buoyant Plume),或称烟气羽流。当烟气羽流撞击到房间的顶棚后便形成沿顶棚下表面蔓延的顶棚射流。

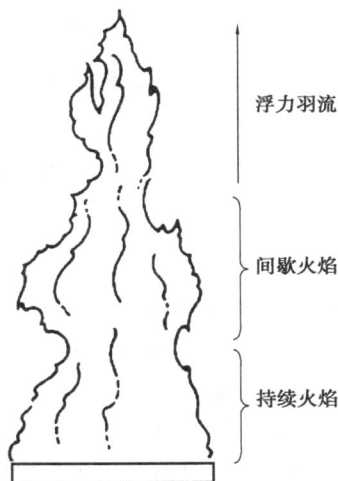

图 4.6　火羽流的结构

1) 火羽流

火羽流不断地向上部烟气层输送质量和热量,在室内烟气运动过程中起着十分重要的作用。根据火源位置与建筑结构的不同,羽流形式也有一定的差别。如果火源位于起火房间的中部,羽流的流动受墙壁的影响较小,基本上呈现轴对称结构,如果火源靠近墙壁或墙角,羽流的卷吸状况则会受到一定影响。在建筑火灾中最常见的是轴对称羽流,这种羽流可用图4.7描述,与其有关的计算公式主要有:

(1)虚点源的位置

为了计算羽流的参数随高度的变化,需要选取一个基准位置,这一位置称为虚点源(Virtual Source)。虚点源的高度通常用下式估计:

$$Z_0 = C_3 \dot{Q}^{\frac{2}{5}} - 1.02D_f \tag{4.19}$$

式中　Z_0——虚点源距离火源面的高度,m;

$\dot{Q}$——火源的热释放速率,kW;

D_f——火源的直径,m;

C_3——经验常数,通常为0.083左右。

当 Z_0 为正时,虚点源位于火源根部平面的上方;当 Z_0 取负值时,虚点源处于火源根部平面的下方。

(2)火焰高度

火焰是羽流中的高温区,如果物体受到火焰的直接灼烧大都会造成严重的损坏,因此火焰高度是一个十分重要的参数。自然扩散火焰的高度可用下式估算:

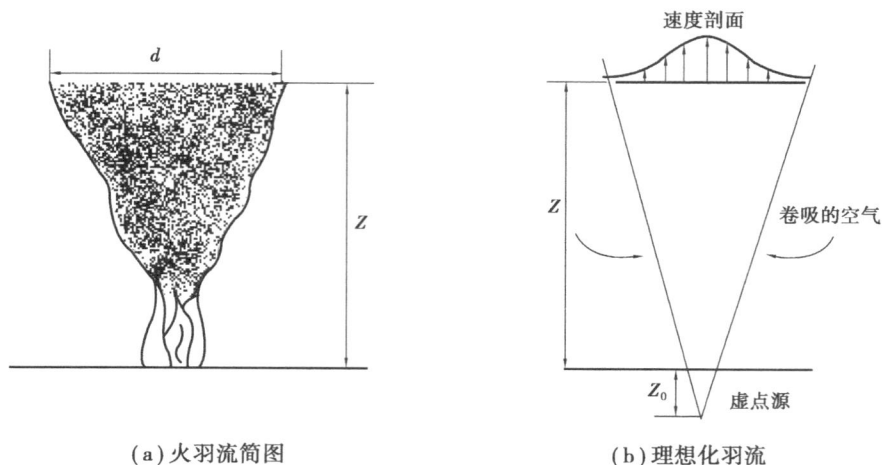

（a）火羽流简图　　　　　　　　　（b）理想化羽流

图 4.7　火羽流简化示意图

$$z_f = C_7 \dot{Q}^{\frac{2}{5}} - 1.02 D_f \tag{4.20}$$

式中　z_f——火焰的平均高度，m；

　　　C_7——经验常数，通常为 0.235 左右。

（3）质量流率

羽流中的物质有一部分燃烧产物，大部分是在羽流上升过程中卷吸进来的空气。随着流动距离的增加，羽流的质量流率亦逐渐增加。羽流的质量流率可按下式估算：

$$\dot{m} = 0.071 \dot{Q}_c^{\frac{1}{3}} z^{\frac{5}{3}} + 0.001\,8 \dot{Q} \tag{4.21}$$

式中　$\dot{m}$——羽流在高度 z 处的质量流率，kg/s；

　　　$\dot{Q}_c$——火源的总热释放速率 $\dot{Q}$ 的对流部分，kW，一般可认为 $\dot{Q}_c = 0.7 \dot{Q}$；

　　　z_0——虚点源的高度，m。

对于直径较大的火源，羽流的质量卷吸速率也可以用下式估算：

$$\dot{m} = 0.096 P_f \rho_0 Y^{\frac{3}{2}} \left(\frac{g T_0}{T_f} \right)^{\frac{1}{2}} \tag{4.22}$$

式中　P_f——火区的周长，m；

　　　Y——由地板到烟气层下表面的距离，m；

　　　ρ_0——环境空气的密度，kg/m³；

　　　T_0, T_f——环境空气和火羽流的温度，K。

$\dot{m}$ 可视为烟气的质量生成速率。若取 $\rho_0 = 1.22$ kg/m³，$T_0 = 290$ K，$T_f = 1\,100$ K，上式便成为：

$$\dot{m} = 0.188 P_f Y^{\frac{3}{2}} \tag{4.23}$$

羽流的体积流率可通过下式得到：

$$\dot{V} = \frac{\dot{m}}{\rho_p} \tag{4.24}$$

式中　$\dot{V}$——高度 z 处的羽流体积流率，m³/s；

　　　ρ_p——z 高度处的羽流气体密度，kg/m³。

（4）羽流平均温度

$$T_{\mathrm{p}} = T_z + \frac{\dot{Q}}{\dot{m}c_{\mathrm{p}}} \qquad (4.25)$$

式中　T_{p}——z 高度处羽流气体的平均温度，K；

$\quad\quad T_z$——z 高度处周围空气的绝对温度，K；

$\quad\quad C_{\mathrm{p}}$——羽流中气体的比定压热容，kJ/（kg·K）。

（5）羽流中心线温度

$$T_{\mathrm{ep}} = T_z + C_5 \left(\frac{T_z}{g c_{\mathrm{p}}^2 \rho_z^2} \right)^{\frac{1}{3}} \frac{\dot{Q}_{\mathrm{c}}^{\frac{2}{3}}}{(z - z_0)^{\frac{5}{3}}} \qquad (4.26)$$

式中　T_z——高度 z 处周围空气的绝对温度，K；

$\quad\quad \rho_z$——高度 z 处空气的密度，kg/m³；

$\quad\quad g$——当地重力加速度，m/s²；

$\quad\quad C_5$——常数，取为9.1。

2）顶棚射流

当烟气羽流撞击到房间的顶棚后便形成沿顶棚下表面蔓延的顶棚射流，如图4.8所示。

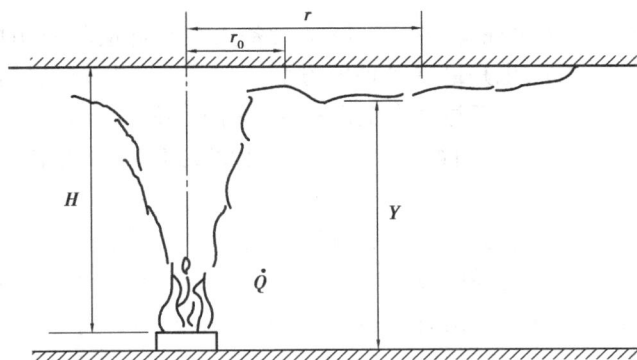

图 4.8　顶棚射流示意图

大多数的顶棚是水平的，在此重点讨论这种情况。设火源表面到顶棚的高度为 Z，烟气羽流以轴对称的形式撞击顶棚，离开撞击区的中心水平距离为 r。这样，在顶棚之下 $r>0.18Z$ 的任意径向范围内，顶棚射流的最高温度可用下面的方程描述：

$$T_{\mathrm{max}} - T_0 = \frac{5.38}{Z} \left(\frac{\dot{Q}}{r} \right)^{\frac{2}{3}} \qquad (4.27)$$

如果 $r \leqslant 0.18Z$，即在羽流撞击区内，烟气的最高温度用下式计算：

$$T_{\mathrm{max}} - T_0 = \frac{16.9 \dot{Q}^{\frac{2}{3}}}{Z^{\frac{5}{3}}} \qquad (4.28)$$

式中　$\dot{Q}$——火源的热释放速率，kW。

与温度分布类似，顶棚射流的最高速度有如下分布特征：

$$u_m = 0.052\left(\frac{\dot{Q}}{Z}\right)^{\frac{1}{3}} \quad (r \leqslant 0.15Z) \quad (4.29)$$

$$u_m = 0.196\left(\frac{\dot{Q}^{\frac{1}{3}}Z^{\frac{1}{2}}}{r^{\frac{5}{8}}}\right) \quad (r > 0.15Z) \quad (4.30)$$

图 4.9 表示对于功率为 20 MW 的火源,根据这些方程算出的 T_{max} 与 r 和 Z 的关系。利用这种温度分布,可以估计感温探测器对稳定燃烧或缓慢发展火灾的响应性,从而为火灾探测以及顶棚结构保护提供了另一种依据。

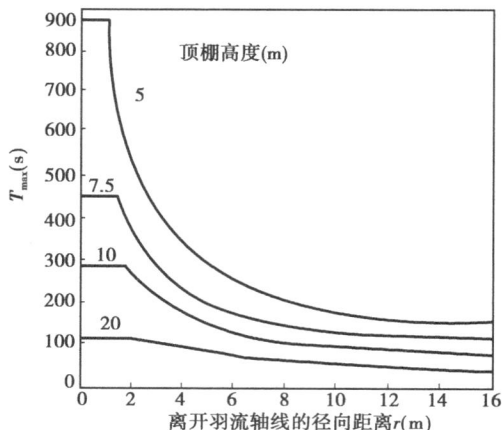

图 4.9 顶棚射流的 T_{max} 与 r 和 Z 的关系

4.2 隧道火灾的原因与特点

4.2.1 隧道火灾的主要原因

交通隧道火灾大体可分为过往车辆火灾、隧道设备火灾和隧道附属用房火灾,其中车辆起火是隧道火灾防治的主要方面,也是最难管理的方面。仅从隧道的建筑材料和设施设备看,隧道本身的火灾危险性并不大,但由于过往车辆的存在,它们也都有较大的起火危险性。

通过多起交通隧道火灾案例的调查结果的分析,引发隧道火灾的原因可归纳为以下几类:

(1)机动车故障

机动车故障是引发隧道火灾的主要原因。轻型车辆火灾主要因电气故障引起,货车火灾多数因制动装置过热引起。此外,容易引发火灾的机动车辆故障还有发动机故障、排气系统故障、燃烧系统故障和各类机械故障等。据有关资料介绍,汽车大约每行车1 000万千米平均发生0.5~1.5次火灾。

(2)交通事故

公路隧道作为管状构造物,隧道内空间环境狭窄,能见度通常较低,加上入洞时的黑洞、黑框效应以及洞内墙的效应,隧道内极易发生车辆碰撞、车辆抛锚等效能事故,在特长的双向交通隧道,特别容易出现交通堵塞和多车追尾事故,进而易诱发各种各样的火灾。

(3)车载货物起火

在隧道内行驶运输石油及其他石化产品的车辆时,若发生储罐泄漏,泄漏的可燃或易燃物质在隧道的狭小空间内可迅速挥发,当蒸汽浓度达到一定程度以后,遇到点火源或热物体,就可能被点燃,进而引发其他的物品着火。隧道内运输可燃、易燃、爆炸或自燃的化学物品在一定的条件下就会发生爆炸,或自燃而引发火灾。火车车轮与轨道的剧烈撞击,当车辆装载的货物超长、超高、超宽时,也能发生与隧道壁面或地面的撞击产生火花而成为点火源的情况。

(4)隧道设施故障

隧道内某些机械部件发生损坏时,可能导致车辆倾覆,以致引起可燃物着火燃烧。这种情况在铁路隧道中更为常见,如当铁轨本身有缺陷时,在列车车厢的巨大冲击下会发生断裂;铁轨的道钉松动、连接螺丝损坏、路基变形、铁轨上有固体障碍物等也都会引起列车颠覆而引起火灾。隧道内的电气设施故障,如高压供电网绝缘子放电、接触导线因保养不良等原因产生电弧、电缆选型及敷设存在问题、超负荷供电等引起短路、过载而产生火花,通信信号设施故障等引发火灾。

（5）人为过失或违章操作

隧道内人为过失或者违章操作引发火灾,在建设期和运营期内都有发生。建设期内主要是施工现场用火、用电、危险品使用等制度不落实,违规操作引发火灾;运营期内,一是驾乘人员人为过失（如烟头引燃内饰）引发车辆火灾;二是检修故障车辆、违规操作引发火灾;三是规定动作施工、检修隧道引发火灾。

4.2.2　隧道火灾的基本特点

由于隧道的特殊结构和用途,隧道火灾往往会表现出一些不同于其他类型火灾的特点,一般来说,交通隧道火灾主要具有以下特点:

（1）火灾类型多样性

隧道长度、断面、纵坡、平曲面半径、交通量、车型、车载可燃物等影响火灾发生、蔓延的因素的不确定性,决定了隧道火灾及其发展蔓延规律和烟气流动规律具有多样性和不确定性。隧道越长、交通量越大,发生火灾的概率越大。从国内外隧道火灾统计资料来看,隧道火灾中 A 类火灾发生频率较高,B 类火灾、混合物品火灾造成重、特大隧道火灾的频率较高。

（2）烟气的浓度大、温度高

隧道呈狭长形,隧道越长越近似于封闭空间,火灾发生后,隧道中空气不足,多发生不完全燃烧,隧道内烟雾大,能见度低;同时,燃烧释放的热量不易散发,隧道内部的温度容易迅速升高,在充分燃烧阶段,温度可达1 000 ℃以上,在起火点附近的隧道承重结构体容易受到破坏,发生崩落。

（3）火灾蔓延迅速

隧道内的管道、风道、地沟及通道与地面大气相通,一旦发生火灾,这些部位将成为火灾蔓延的途径。隧道内具有通风系统,车辆的行走也会对隧道内的烟气流动造成一定影响。如果在发生火灾时未能及时控制通风设备,则更会加快火灾蔓延速度。隧道火灾中空气不足,产生的CO 等不完全燃烧产物较多,在其流动过程中,当遇到新鲜空气和其他可燃物时,将会引发新的燃烧,从而出现火灾从一处跳跃到另一处的"跳跃式"蔓延。

（4）起火点的移动

车辆着火后仍在行走,火灾报警的位置往往不是有火的位置,难以处理。隧道火灾时,驾乘人员因视觉受限和特殊视觉感应,不能对火灾作出快速反应,起火车辆会继续在隧道中正常运行,即便驾乘人员发现火灾,为了便于报警、处置,公路隧道中的机动车通常会运行到紧急停车带停下,列车会尽量保持牵引动力驶离隧道,到达开阔空间后进行处置。交通工具的可移动性,决定了隧道火灾起火点会随车辆运行发生位置改变。

（5）人员疏散困难

隧道与外界相连的孔洞少,没有门和窗,火灾烟气容易迅速充满全洞,致使其中的能见度降低,不完全燃烧生成的大量 CO 等有害气体也会对隧道内人员的人身安全构成威胁。如果火灾发生在隧道内接近出入口的区域,由于火焰封锁通道,也会造成人员难以安全疏散。另外,驾驶人员对火灾的恐惧心理,很容易造成交通堵塞或出现新的交通事故,而严重影响车辆疏散;隧道越长,车辆疏散所需的时间越长,火灾期间发生二次灾害的可能性越大。

(6)灭火救援难度大

隧道火灾现场没有明显的、可以缓冲的灭火救援场地,火灾现场与灭火救援场地没有任何保护屏障,通道狭窄,距离长,灭火工作面和救援途径单一、受限,且灭火救援路线容易与人员和车辆的疏散路线、烟气流动路线交叉,加之隧道火灾发生后,公安消防队很难在火灾初期及时赶到火灾现场,错过火灾控制与技术的最佳时期,增加了灭火救援的难度。

隧道火灾类型、发生蔓延规律不确定,且燃烧强度很高的恶性油品火灾较多。燃烧生成的浓烟、高温及形成的缺氧状态都对救援造成重要影响。同时大型灭火设备无法进入隧道,进入的人员也要进行特殊防护,因此灭火难度较大。远离城市的隧道缺乏可靠的消防水源,且隧道内灭火条件有限,当火场温度过高时,隧道拱顶混凝土有烧塌崩落的危险,这些都使灭火救援的难度无法估量。

(7)火灾危害大

隧道火灾可能成为人员群死群伤、车损洞毁、交通中断的重大恶性火灾,造成巨大的经济损失和恶劣的社会影响。

4.3　隧道消防设计的基本要求

公路隧道火灾的消防安全设置始于20世纪20年代。1924年,匹兹堡市长1.18 km的自由隧道因交通堵塞,引起乘客CO中毒。后来,美国长2 783 m的荷兰隧道吸取了自由隧道的教训,在隧道内设置了消防、交通信号、电话、交通监控、火灾检测和电视监视等设备。日本在"二战"结束后,开始着手建设公路隧道,并兴建了世界上最长的公路隧道——关越隧道。在该隧道中,首次采用了电集尘器的竖井送排式纵向分段通风方式,为长大公路隧道的设计、施工和运营提供了宝贵的经验。此外,日本高速公路的长大隧道、道路公团所属隧道和一般公路隧道,都按现行的防灾标准,设置了报警设备、紧急电话、电钮式报警机和火灾探测器及消防设备。

欧美、日本等隧道较多的国家,都建立了隧道工程建设标准体系,表4.8为日本、美国、德国、荷兰隧道消防设施基本设置要求。

表4.8　日本、美国、德国、荷兰隧道消防设施基本设置要求

国　家	火灾报警系统		灭火系统			机械防烟、排烟	应急照明
	自动	手动	消火栓	自动	灭火器		
日本	>500	>200	>1 000	3 000	所用隧道	>1 500	>200
美国	>300	>300	>90	危险品运输	>240	>300	>300
德国	>350	>350	>1 050	—	>350	>700	>350
荷兰	不设置	—	所有隧道	不设置	所有隧道	风险评估	所有隧道

目前,我国隧道消防设施设置尚未制定完善的标准,只有《建筑设计防火规范》(GB 50016—2014)中规定了城市(水底)隧道消防设施设置标准。

公路隧道消防设施设置标准仅在推荐性行业标准《公路隧道交通工程设计规范》

（JTG/T D71—2004）作出了规定,但对于火灾风险、火灾危害后果较大的二级公路双向交通特长隧道的部分消防设施,推荐标准不作强制性要求,与其火灾危险性不匹配。表4.9为云南省工程建设地方标准《公路隧道消防技术规程》（DBJ 53-12—2004）确定的隧道消防设施设置标准。

表4.9 隧道内消防设施设置标准（云南标准）

消防应急设施		隧道防火等级			备　注
		Ⅰ	Ⅱ	Ⅲ	
火灾报警设备	紧急电话	●	●	▲	不设置管理所的隧道可不设置
	手动报警按钮	●	●	▲	不设置管理所的隧道可不设置
	火灾探测器	●	●	▲	不设置管理所的隧道可不设置
	声光警报装置	隧道中未设置有线广播的疏散通道上必须设置			
灭火设备	灭火器	●	●	▲	
	室内消火栓	●	●	▲	不设置管理所的隧道可不设置
	水成膜泡沫灭火装置	●	▲	▲	与室内消火栓配合设置
	室外消火栓	●	●	▲	设置室内消火栓的隧道应设置
疏散避难救援设施	疏散指示标志：安全出口标志	在疏散通道的安全出口处设置			
	疏散指示标志：横洞指示标志	在行人、行车横洞前设置			
	疏散指示标志：疏散指示标志	●	●	▲	长度不超过1 000 m的隧道可不设置
	疏散避难救援设施排烟设备	1.长度大于500 m的相邻双孔隧道间宜设置行人横洞,长度大于或等于1 500 m的相邻双孔隧道间应设置行车横洞和行人横洞 2.长度大于或等于4 000 m的双向交通隧道,应设置专用避难疏散通道;长度为3 000~4 000 m,且设计交通量超过10 000辆/日的双向交通隧道宜设置独立避难间 3.长度大于1 500 m二级公路隧道和长度超过1 000 m其他公路隧道应设置机械防烟、排烟系统 4.专用避难疏散通道和独立避难间应设置独立的机械防烟、排烟设施 5.隧道内设置的附属用房应设置防、排烟设施和安全疏散通道			
其他设施	有线广播设备	●	●	▲	设有火灾报警系统的隧道应设置
	应急照明	●	●	▲	不设置管理所的隧道可不设置

注：●表示应设置 ▲表示按照备注要求设置。

4.3.1　隧道结构的防火等级

我国《建筑设计防火规范》（GB 50016—2004）将城市（水下）交通隧道划分为一、二、三、四这4类,如表4.10所示。云南省工程建设地方标准《公路隧道消防技术规程》（DBJ 53—14）隧道防火等级根据公路等级、隧道长度和交通量划分为Ⅰ级、Ⅱ级、Ⅲ级共3个等级,如表4.11所示。

表4.10 隧道分类

用 途	隧道封闭段长度 L(m)			
	一类	二类	三类	四类
可通行危险化学品等机动车	$L>1\,500$	$500<L\leqslant1\,500$	$L\leqslant500$	—
仅限通行非危险化学品等机动车	$L>3\,000$	$1\,500<L\leqslant3\,000$	$500<L\leqslant1\,500$	$L\leqslant500$
仅限人行或通行非机动车	—	—	$L>1\,500$	$L\leqslant1\,500$

表4.11 隧道防火等级划分标准(云南)

交通量 (辆/日)	隧道长度 (m)	防火等级	公路等级	
			公路等级	车 道 数
5 000~7 500	$1\,000<L\leqslant2\,000$	Ⅲ级	二级公路	双向交通 双车道
	$2\,000<L\leqslant3\,000$	Ⅱ级		
	$L>3\,000$	Ⅰ级		
7 500~10 000	$1\,000<L\leqslant1\,500$	Ⅲ级		
	$1\,500<L\leqslant2\,000$	Ⅱ级		
	$L>3\,000$	Ⅰ级		
10 000~15 000	$1\,000<L\leqslant3\,000$	Ⅱ级		
	$L>3\,000$	Ⅰ级		
15 000~20 000	$500<L\leqslant1\,000$	Ⅲ级	一级公路	四车道
	$1\,000<L\leqslant2\,500$	Ⅱ级		
	$L>2\,500$	Ⅰ级		
20 000~30 000	$500<L\leqslant750$	Ⅲ级		
	$750<L\leqslant2\,000$	Ⅱ级		
	$L>2\,000$	Ⅰ级		
25 000~40 000	$500<L\leqslant750$	Ⅲ级		六车道
	$750<L\leqslant1\,500$	Ⅱ级		
	$>1\,500$	Ⅰ级		
40 000~55 000	$500<L\leqslant1\,000$	Ⅱ级		
	$L>1\,000$	Ⅰ级		

交通量 （辆/日）	隧道长度 （m）	防火等级	公路等级	
			公路等级	车 道 数
25 000~40 000	500<L≤750	Ⅲ级	高速公路	四车道
	750<L≤1 500	Ⅱ级		
	L>1 500	Ⅰ级		
40 000~55 000	300<L≤1 000	Ⅱ级		
	L>1 000	Ⅰ级		
45 000~60 000	500<L≤1 000	Ⅱ级		六车道
	L>1 000	Ⅰ级		
60 000~80 000	500<L≤1 000	Ⅱ级		
	L>1 000	Ⅰ级		
60 000~100 000	L>500	Ⅰ级		八车道

注：交通量是指年度隧道单洞平均日交通量，二级公路按照各种汽车折合成中型载重汽车，一级公路和高速公路按照
　　各种汽车折合成小型载重汽车。

4.3.2　隧道建筑的防火安全布局

由于隧道工程建设、消防安全布局、消防水源和室外消防应急设施的设置等受到所在地区的地质、地形、地貌、气象、水文等自然条件的制约。因此，隧道总体设计时，应根据隧道的自然条件，综合考虑隧道的消防安全布局，合理确定隧道及其附属用房的位置、防火间距、消防车道、消防水源以及室外消防应急设施等。

1）附属用房

隧道越长，越近似于封闭空间，设置在长隧道内的附属用房，其安全疏散、灭火救援难度越大。隧道附属用房是隧道安全、正常、有序运行的基本保证，隧道附属用房宜就近设置在隧道外，以便于隧道运营管理和处置紧急情况的需要。其消防设计应符合现行国家工程建设消防技术标准的有关规定。隧道外的设备用房与其他用房贴邻设置时，应采用建筑构件耐火极限不低于2.00 h的隔墙和1.50 h的楼板与其他用房分隔开。

中央控制室是隧道群或整条公路的运营管理中心，可不设置在隧道附近，但设有消防监控设备的中央控制室应能满足消防监控和灭火救援的需要。中央控制室设有重要设备的房间，应设置火灾自动报警系统和自动灭火系统。

2）消防车道

由于隧道建筑结构的特殊性，致使隧道不可能在建筑周围形成消防车道和救援面。隧道内的消防车道可与行车道、超车道合用，隧道火灾发生时，起火隧道既是火灾现场、烟气蔓延通道，其有限的空间又要作为疏散通道和灭火救援场所使用，应通过有效的交通控制、指挥手段，在有

限的隧道空间内人为划出灭火救援通道。

对于单向交通隧道,发生火灾时,消防车无论是在隧道内,还是在隧道外的行车道上回车,都有很大的难度。为有利于消防车快速、有效地参加灭火救援,可充分利用隧道外的洞外联络道或中央分隔带等通道连通相邻隧道,形成便于通行的环行消防车道。

长度超过 1 000 m 的二级公路隧道外应设置回车场,回车场不应小于 15 m×15 m。如图4.10所示,对于双向交通的特长隧道和长隧道,为解决消防车灭火、救援等行动中回车的要求,有必要在隧道外设置回车场,回车场的设置应与路面连成整体;在充分考虑火灾等紧急状态时,在正常车流停车要求的情况下,可将交通道路作为回车场使用。

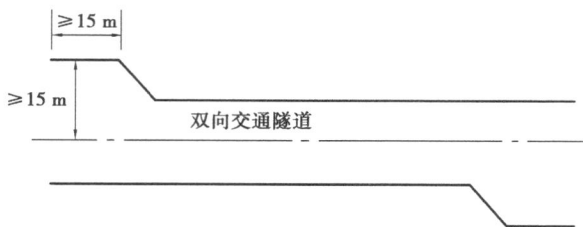

图 4.10　回车场示意图

消防车道的净宽度不应小于3.50 m,消防车道上方4.00 m 以内的净空范围不得设置妨碍灭火救援的架空管线和设施、设备;消防车道下的管道和暗沟应能承受消防车满载时的轮压。

供消防车取水的消防水池,应设置消防车道;室外消火栓周围 2 m 的范围内应设置便于消防车取水的停车道。

3)避难逃生设施

隧道安全疏散通常利用隧道内设置的辅助坑道或者专门设置的疏散避难通道,供车辆、人员在火灾及其他紧急情况下进行安全疏散,疏散用辅助坑道包括横洞、平行导坑、斜井和竖井等。根据通道形式的不同,隧道安全疏散形式分为 4 类:

①双洞单向交通隧道,利用横洞作为疏散联络道,两座隧道互为安全疏散通道。如图 4.11所示。

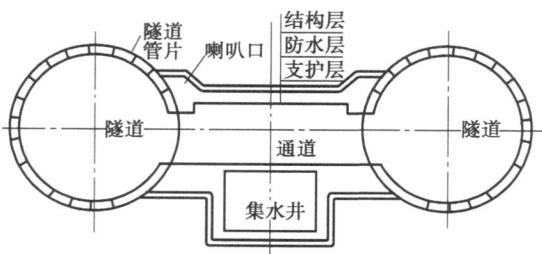

图 4.11　联络道结构

②利用平行导坑作为疏散通道或者沿隧道长度方向在双孔隧道中间、单孔隧道附近设置的人员专用疏散避难通道,如图 4.12 所示,为英法海峡隧道服务与疏散专用隧道。

③利用竖井、斜井等设置人员疏散通道。如图 4.13 所示,为台湾林口隧道剖面示意图。

④铁路隧道中利用多种辅助坑道组合设置的人员安全疏散通道,如图 4.14 所示。

在上面介绍的 4 类安全疏散形式中,对于专用避难疏散通道和独立避难间分别有如下

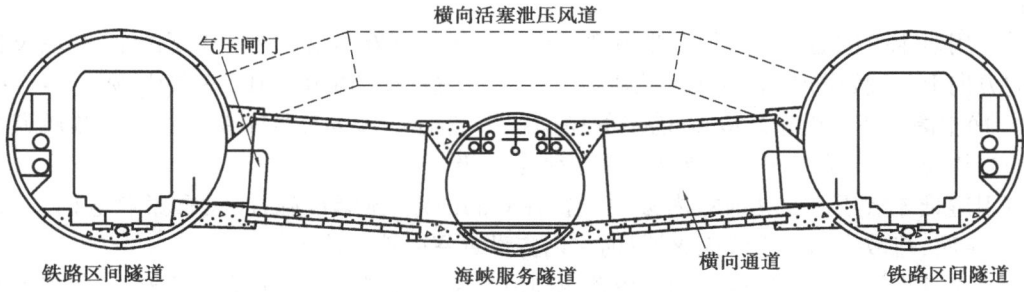

图 4.12 英法海峡隧道服务与疏散专用隧道

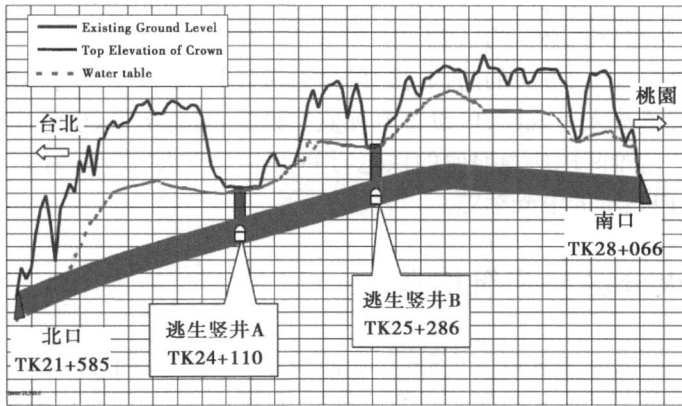

图 4.13 台湾林口隧道剖面示意图

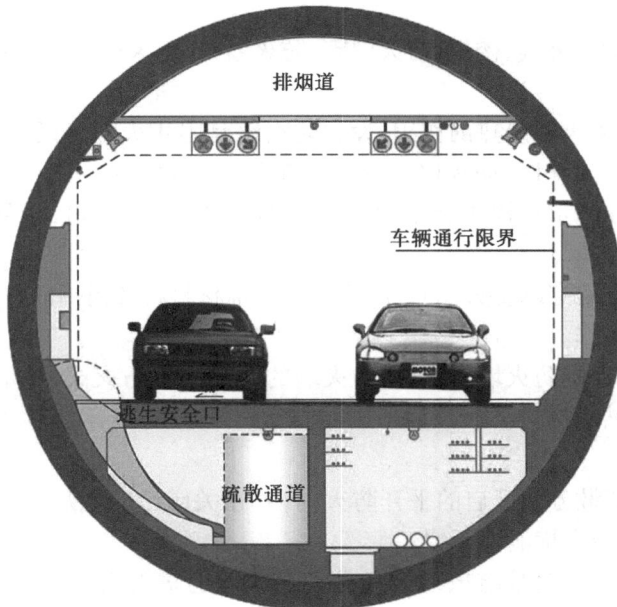

图 4.14 武汉长江隧道横断面

要求：

①专用避难疏散通道。专用避难疏散通道直接通往室外的出口不应少于两个，并应设置在不同的方向上。隧道与专用避难疏散通道之间应设置前室，通道及其前室的净宽度不应小于2.00 m，净空高度不应低于2.50 m，前室的净面积不应小于10 m²，通往专用避难疏散通道及其前室的门均应采用甲级防火门，装修材料必须为A级。

专用避难疏散通道及其前室内必须设置独立的防烟、排烟设施；应设置紧急电话、应急广播、应急照明、疏散指示标志和灭火器；前室内应设置室内消火栓。

②独立避难间。独立避难间和专用疏散通道前室的设置间距不宜大于300 m，面积不宜小于10 m²，并采用建筑构件耐火极限不低于3.00 h的分隔构件与其他部位分隔开。避难间的分隔构件上不应设置除分隔门、送风口外的其他门窗、洞口，其分隔门应采用甲级防火门，其送风口上应设置防火阀，装修材料必须为A级。

避难间内必须设置独立、可靠的防烟、排烟设施，送风管、排烟管不得明敷在隧道内，应确保火灾延续时间内烟气不流入避难间，应设置电视监控设施、紧急电话、应急广播、应急照明、消防卷盘和饮用水储备。避难间内应急照明的供电时间不应低于火灾延续时间。避难间入口上方应设置内部照明、单向显示的电光标志。

4.3.3　隧道防火分区和建筑构造

考虑隧道内车辆行驶要求和限制火势蔓延、减少火灾损失等因素，隧道内应采用防火墙或建筑构件耐火极限不低于3.00 h的耐火构件将横洞、附属用房、专用避难疏散通道、独立避难间等与隧道分隔开，形成相互独立的防火分区。

1）防火分隔构件

防火分隔构件包括防火墙、楼板、防火门窗、防火卷帘、防火阀、排烟防火阀等。

（1）防火墙

防火墙具有防火、阻火和隔热的作用，设置防火墙是阻止火势蔓延的有效措施。防火墙的建筑耐火极限不应低于3.00 h。防火墙的设置应符合下列规定：

①防火墙应设置在承重结构体上，防火墙上不应开设门窗、洞口，必须设置时，应设置能自行关闭的甲级防火门、窗。

②水、电等管道、支架穿越防火墙时，应采用不燃烧材料将其周围的空隙填塞密实，管道、支架应采用不燃烧材料制作。

③通风、排烟管道穿越防火墙时，应在防火墙的两侧设置防火阀、排烟防火阀，管道材料及其保温材料应采用不燃烧材料。

（2）防火门

①防火门应为向疏散方向开启的平开防火门，并在关闭后应能从任何一侧手动开启；行人横洞口设置防火门时，应向横洞内开启。

②用于行人横洞、专用避难疏散通道和独立避难间的防火门，应为常闭防火门，确需常开时，当火灾发生后应能自行关闭，并应具有信号反馈的功能。

③双扇或多扇防火门应能顺序关闭。

（3）防火卷帘

为便于隧道日常运营管理和处置紧急情况的需要,隧道行车横洞洞口应采用常闭式防火卷帘。防火卷帘两侧应设置启闭装置,并应具有自动、手动和机械控制功能;火灾发生后,应能按照设计程序自动联动启闭。防火卷帘按照《防火卷帘通用技术条件》进行耐火极限试验,耐火极限不应低于3.00 h。

火灾发生后,为便于安全疏散,起火点沿烟气流向的上风方向行车横洞的防火卷帘必须全部开启,以便于车辆能够不通过起火区域安全疏散到隧道外;起火点沿烟气流向的下风方向行车横洞内未设置送风风机时,其防火卷帘应全部关闭,以防止高温烟气流入横洞或相邻的未起火隧道。

2）管沟分隔

设置在隧道行车道旁的电缆沟,为防止可燃液体和灭火用水浸入,造成火灾蔓延、供电事故或其他次生灾害,其侧沿应采用不渗透液体的结构,电缆沟顶部应高于路面,且不应小于200 mm。当电缆沟跨越防火分区时,为防止火灾顺着电缆沟向其他防火分区蔓延,应在穿越处采用不燃烧材料进行防火封堵,其建筑构件耐火极限不应低于1.00 h。

隧道设置的排水沟,平时主要用于排出隧道路面的雨水、渗漏水等。火灾时,有大量的消防用水需要排出;可燃液体火灾中,还需要合理引导流散的可燃液体排出,为此,设有排水沟的隧道内,应设置导流措施,将火灾时流散的可燃液体有组织地排出隧道,以防止可燃液体向横洞或相邻隧道流散。此外,为防止火灾沿排水沟蔓延,排水沟应采用设置有盖板的暗沟,以便盖板能起到防止可燃液体与空气充分预混的作用,有效控制可燃液体在暗沟中的燃烧。

3）隧道内的附属用房分隔

设置在隧道内的附属用房,应符合下列规定:

①附属用房应靠近隧道出入口或行人、行车横洞设置。

②附属用房与隧道及其横洞之间、附属用房之间应采用建筑构件耐火极限不低于2.00 h的隔墙分隔开,其隔墙上设置的门应采用能自行关闭的甲级防火门。

③有人员值守的房间必须设置通风和防、排烟系统。

④应设置相应的火灾报警和灭火设施。

⑤为隧道供电系统设置的柴油发电机房一般都与隧道变配电室贴邻设置,由于使用柴油作为燃料,存在着较大的火灾危险性,除应符合以上要求外,还应设置储油间,其总储量不应超过1.00 m³或8.00 h的需要量,储油间应采用防火墙和能自行关闭的甲级防火门与发电机房和其他部位分隔开,储油间的电气设施必须采用相应的防爆型电器。

4.3.4　隧道的消防给水与灭火系统

1）消防给水

除4类隧道和行人或通行非机动车辆的3类隧道,可不设置消防给水系统外,在进行城市交通隧道的规划与设计时,应同时设计消防给水系统。

消防用水可由市政管网或天然水源供给。隧道附近缺乏城市供水设施,消防用水主要靠天然水源供给。利用天然水源应确保枯水期消防用水的可靠性,并应设置可靠的净水、取水设施。

隧道消防给水分为常高压给水系统和临时高压给水系统两种。

（1）常高压给水系统

设置高位消防水池,利用消防水池与管网的高程差产生的势能保证隧道内的供水压力,管网经常保持满足灭火时所需的压力和流量,扑救火灾时,不需启动消防水泵加压而直接使用灭火设备灭火。

（2）临时高压给水系统

隧道管网最不利处消火栓周围平时水压和流量不能满足灭火的需要,在水泵房内设有消防水泵,火灾时启动消防水泵,使管网内的压力和流量满足灭火的需要。

隧道临时高压给水系统通常有3种方式:一是消防水池设置在消防水泵房附近,消防给水管网的压力和水量完全靠消防水泵启动获得,初期火灾的消防用水量靠高位消防水箱供给应设置高位消防水箱,其储水量应满足10 min消防用水量的要求,其高程应满足隧道内最不利点消火栓灭火时的压力要求。二是隧道外设有高位消防水池,但消防水池的高程不能满足隧道最不利点灭火压力的要求,水泵房设置隧道附近,水泵直接吸水加压,可不设置高位水箱。三是隧道由于受周围环境和地形、地质条件等限制,无法设置高位消防水箱和高位消防水池,隧道管网平时由稳压泵等增压设施来保持足够的压力,水泵房内的消防水泵只在火灾时启动,以满足灭火所需的水量和压力要求。应设置用水量不小于5 L/s的稳压泵。

①消防用水量。据国内外火灾统计资料显示,到目前为止,还没有同一隧道同一时间内发生两次火灾或同一公路沿线隧道群同一时间内发生两次火灾的记录。同一隧道或设置间距较近的隧道群,其消防给水系统应按同一时间内发生一次火灾进行设计。Ⅰ级长隧道和特长隧道的火灾延续时间不应低于3.00 h,其余隧道的火灾延续时间不应低于2.00 h。

隧道消防用水量应按隧道内、外消防用水量之和计算。隧道室外消火栓用水量和隧道内消火栓系统用水量不应小于表4.12和表4.13的值。隧道内设有消水栓和其他水系灭火系统时,其消防用水量应按需要同时开启的灭火系统用水量之和计算。

表4.12　室外消火栓用水量

隧道长度 L(m)	消火栓用水量(L/s)
$500 \leq L < 1\,000$	20
$1\,000 \leq L \leq 3\,000$	25
$L > 3\,000$	30

表4.13　隧道内消火栓系统的用水量

隧道长度 L(m)	消火栓用水量 (L/s)	每支水枪最小流量 (L/s)	同时使用水枪 数量(支)
$500 \leq L < 1\,000$	10	5	2
$1\,000 \leq L \leq 3\,000$	15	5	3
$L > 3\,000$	20	5	4

②消防水池。市政供水设施、天然水源不能满足隧道消防供水要求：

a.隧道周围没有市政供水设施；

b.市政供水管网为枝状或只有一条进水管；

c.市政供水、天然水源及其取水设施不能满足隧道一次灭火的水量、水压要求时，应设置消防水池。消防水池应设置在隧道外。

消防水池的有效容积应满足火灾延续时间内隧道消防用水量的要求。设置间距较近的隧道群，在确保可靠供水的前提下，可共用消防水池，消防水池有效容积应满足火灾延续时间内消防用水量最大的隧道的灭火要求；当消防用水与其他用水共用水池时，应采取确保消防用水量不被挪作他用的技术措施；应设置水位显示控制装置，消防水池的水位数据应能反馈到隧道消防控制中心；消防水池外应能进行现场水位观测；消防水池设置在山体上时，其选址和结构设计应考虑地震、山体滑坡等自然灾害和地质条件的影响，应确保其安全性和稳定性；严禁将消防水池设置在滑坡体和地震断裂带上。消防水池的补水时间不得超过48 h。寒冷地区的消防水池应有防冻措施。

由于地区、季节的差异，山泉水、山涧水的水量变化很大，枯水期甚至有断流的可能，取用山泉水、山涧水等天然水源的消防水池，还应对天然水源进行可靠性调查，确保水源不断流，并应设置要设拦水坝等取水设施和给水设施，根据水源的水质情况，设置气水分离井、沉淀池、澄清池等净化水处理设施。当消防水池与取水设施之间设置有中间水池和泵房时，其水池容积和水泵流量应能满足48 h内补足消防水池贮水量的要求。水泵应设置自动和手动控制装置，其启停信号应能反馈到消防控制室；自动控制装置应与消防水池的水位显示控制装置联锁。水泵和泵房的设置应符合消防水泵及其泵房的设置要求。

可供消防车取水的消防水池和天然水源应设置取水设施，其水深应保证消防车的消防水泵吸水高度不超过6 m。

③消防水泵。隧道火灾初期，由于消火栓启用数量少，消火栓流量远远小于消防水泵选定流量，管网压力会蓄积上升。为防止管网压力超过允许压力而造成事故，隧道设计时，消防给水系统应采取防超压措施。

消防水泵、稳压泵应具有降压启动的控制功能。消防水泵的选用应满足隧道内最不利点消火栓灭火时的流量和压力要求，并应设置备用消防水泵，其工作能力不应小于其中最大一台消防工作泵。消防水泵、稳压泵应采用自灌式吸水，其吸水管应设闸阀或带有锁定装置的蝶阀。出水管上应装设试验和检查用压力表和DN65 mm的放水阀门。一组消防水泵的吸水管不应少于2根，当其中一根损坏或检修时，其余吸水管应能通过全部水量。消防水泵与隧道给水管网相连的供水管不应少于2根。隧道群共用消防水泵时，消防水泵的供水压力和流量应按各隧道中的最大设计压力和最大设计流量确定。

消防水泵房的设置应符合下列规定：

a.宜与其他附属用房贴邻设置，确需设置在距隧道较远的地方时，其耐火等级不应低于二级，并应有人值守或能被控制室有效监控。

b.应设置直通室外的安全出口。

c.泵房内应设置消防水泵应急控制装置、火灾应急照明和消防对讲电话，配置移动式灭火器。

④消防给水管道。为保证隧道消防水系灭火系统的安全可靠性，隧道消防给水管道应布置

成环状,以便在某段管网维修或发生故障时,仍能保证火场用水。环状管网的进水管不应少于2根,当其中一根发生故障时,其余进水管应能保证消防用水量和水压的要求。

给水管道应采用阀门分成若干独立段,每段内消火栓的数量不宜超过5个,阀门宜采用有启闭信号反馈功能的信号阀门。以便管道局部损坏或检修时,关闭损坏或检修段管网两端的阀门,其他管段的消火栓仍能够正常使用。

隧道内给水管道应在最高部位设置自动排气阀,应根据需要设置管道伸缩器。泡沫灭火装置进水支管上,应设置管道过滤器。

消防给水管道应采用内外镀锌钢管、无缝钢管;管道连接应采用螺纹、沟槽式管接头或螺纹法兰连接。系统中直径大于或等于100 mm的管道,应分段采用螺纹法兰或沟槽式管接头连接。

⑤消火栓系统。隧道每个出入口外应设置室外消火栓;双向交通隧道宜在隧道中部的适当位置设置一个室外消火栓,且宜采用地上式,当采用地下式消火栓时,应有明显标志。

隧道内应采用双口双阀室内消火栓。隧道内的任何部位应有两个消火栓的水枪充实水柱同时到达。为方便隧道管理单位对消火栓的使用、维护和管理,距隧道出入口最近的消火栓应设置压力显示装置。消火栓应采用同一规格型号,消火栓栓口直径应为65 mm,水带长度不应超过30 m,水枪喷嘴直径不应小于19 mm,并应根据隧道火灾的多样性,选用多功能水枪。消火栓栓口距检修道地面高度宜为1.10 m,栓口出水方向宜与隧道侧壁垂直。消火栓栓口的出水压力应确保喷雾水枪充分雾化。消火栓栓口的出水压力大于0.50 MPa时,消火栓处应设减压装置;消火栓栓口的静水压力大于0.80 MPa时,应在给水管道的相应管段上设置静压减压装置。

消火栓箱应安装在隧道侧壁上,其箱底距路面高度应为1.5 m,应采用双开门暗装消火栓箱。消火栓箱设置间距不应大于50 m,应设置明显的电光标志;宜具有箱门启闭信号反馈功能。临时高压给水系统的每个消火栓箱内应设置一只直接启动消防水泵的按钮。

2)其他灭火设施

(1)水成膜泡沫灭火装置

水成膜泡沫灭火装置属于移动式低倍泡沫灭火装置,其设计应符合《低倍数泡沫灭火系统设计规范》(GB 50151—92)的规定,水成膜泡沫混合液供给强度不应小于5.0 L/min·m²,连续供水时间不应小于30 min。表4.14给出了水成膜泡沫灭火装置的主要设计参数。

表4.14 水成膜泡沫灭火装置主要设计参数

泡沫液型号	混合液量(L/min)	混合比	喷射距离(m)	喷射时间(min)	供水压力(MPa)	软管长度(m)
3%	≥25	6%	≥6	≥22	0.4~0.8	≥25

为便于管理和不影响火灾时的人员安全疏散,水成膜泡沫灭火装置应安装在隧道侧壁的箱体内,其箱体尺寸和安装高度应与消火栓箱协调。

(2)灭火器

灭火器主要用于扑救隧道初期火灾。隧道内发生A类、B类、C类火灾和E类火灾的可能性都存在,隧道内适合配置ABC干粉灭火器和其他适用于扑救A,B,C,E类火灾的通用灭火器。

根据《建筑灭火器配置设计规范》(GB 50140—2005)的危险等级和灭火器配置基准确定的原则,一般隧道的危险等级确定为中危险级,对于以油罐车、可燃气体运输车辆等为主的隧道,其危险等级可确定为严重危险级;隧道灭火器配置以扑救 B 类火灾为基准,确定为1.0 m²/B;每具灭火器的最小灭火级别在综合考虑配置数量、驾乘人员灭火技能水平、隧道车辆燃油火灾的初期火灾特点等因素,确定为55B。表4.15 给出了适合于隧道配置的不同充装量的 ABC 干粉灭火器所对应的每具灭火器的灭火级别。

表4.15 ABC 干粉灭火器的灭火级别

序 号	灭火剂充装量(kg)	灭火级别	
		A 类火灾	B 类火灾
1	4	2A	55B
2	5	3A	89B
3	6	3A	89B
4	8	4A	144B

灭火器应成组配置在灭火器箱内,每个灭火器箱内的灭火器数量不得少于 2 具,不宜多于 5 具。灭火器箱应安装在隧道侧壁上,应采用嵌墙型开门式灭火器箱,设置间距不应大于 50 m,应有明显的反光标志,宜具备箱门启闭信号反馈功能。

每个灭火器箱内的灭火器数量按照式(4.31)计算:

$$n = K_m \cdot K_L \frac{LW}{k_U R_m} \tag{4.31}$$

式中 n——每个灭火器材箱内的灭火器数量;

L——灭火器材箱的设置间距,m;

W——单孔隧道横断面的建筑限界净宽,m;

k_U——隧道灭火器的配置基准,m²/B;

R_m——拟选用灭火器所对应的配置灭火级别,B;

K_m——灭火设施修正系数。未设置灭火系统的,K_m 取1.0;设置消火栓系统或水成膜泡沫灭火装置的,K_m 取0.7。

K_L——隧道长度修正系数;特长隧道、双向交通长隧道,K_L 取1.3;其余隧道,K_L 取1.0。

4.3.5 隧道的通风排烟系统

通行机动车的一、二、三类隧道应设置机械排烟系统,通行机动车的四类隧道可采取自然排烟方式。隧道防烟、排烟方式的选择应综合考虑各通风方式的特点、排烟效果、工程造价、技术难度和运营维护等因素,可采用纵向式、半横向式、全横向式以及在这三种基本方式基础上的组合通风方式。

机械排烟系统可与隧道的通风系统合用,隧道通风系统与防烟、排烟系统合用时且通风系

统应符合机械排烟系统的有关要求,并应符合下列规定:

①采用全横向和半横向通风方式时,可通过排风管道排烟;采用纵向通风方式时,应能迅速组织气流、有效排烟。

②采用纵向通风方式的隧道,其排烟风速应根据隧道内的最不利火灾规模确定。

1)隧道内防烟、排烟系统及其风向、风速

(1)双向交通隧道纵向排烟系统及其风向、风速的规定

①隧道内排烟方向和排烟速度的确定,应考虑自然排烟、竖井设置情况等因素,不应在隧道内产生烟气回流现象,应尽量缩短烟气在行车道内的行程。

②安全疏散阶段,起火点附近的风机应停止工作,纵向排烟速度不应大于0.5 m/s。

③灭火救援阶段,纵向排烟速度不应小于火灾临界风速,烟气应能从离起火点最近的排烟竖(斜)井或隧道出入口排出。

④采用洞口集中送入式通风的隧道,当起火点距离送风竖(斜)井不大于700 m时,应停止喷口送风或转换为竖(斜)井排烟,以确保烟气就近从隧道口或竖(斜)井中排出。

(2)单向交通隧道纵向排烟系统及其风向、风速的规定

①不应改变起火隧道内的排烟方向,排烟方向应与隧道交通流向相同。

②起火隧道起火点附近的风机应停止运行,安全疏散阶段的纵向排烟速度应予以控制;灭火救援阶段的纵向排烟速度不应小于火灾临界风速。

③火灾情况下,起火点下风方向横洞的防火卷帘或防火门应关闭;设有防烟、排烟设施的横洞,其气流方向应流向起火隧道;未发生火灾的隧道的风机运行方向,应以能维持横洞内安全疏散所需的余压为设定原则。

(3)横向和半横向式防烟、排烟系统的设置

①横向、半横向防烟排烟系统应采用管道送风或排烟,送风、排烟管道必须采用不燃烧材料制作,设置在隧道拱顶附近的风道,其底部隔板的建筑耐火极限不应低于2.00 h。

②排烟分区按照长度划分,且不应大于1 000 m。排烟时,应能确保排烟分区内不出现烟气回流;烟气应能通过隧道顶部或侧壁上部设置的排烟口排出。

③单向交通隧道的送风系统宜在上游段以最大送风量送风,排烟系统宜在下游段以最大排烟量排烟,形成沿交通方向的纵向气流,洞内纵向风速不宜大于2 m/s。

④火灾时,起火点附近的横向或半横向通风系统转换为排烟系统时,不得从隧道顶部喷送新鲜空气;系统送风量应降至最大送风量的1/3~1/2。隧道送风半横向系统应转换为排风半横向系统进行排烟。

2)隧道排烟风机

由于隧道火灾烟气温度较高,起火区域内的风机容易被烧坏,因此,考虑到风机的损坏因素,设计时必须对直接暴露在火场中的风机留有一定的冗余,与高温烟气有直接接触的风机电动机、附属设备、零部件、外接配电线,应能满足在250 ℃的烟气中正常工作不少于60 min的要求。排烟管道的耐火极限不应低于1.00 h。排烟风机中使用的消音器,其隔板中使用的吸音材料应为不燃烧、无毒材料,且能在250 ℃的烟气中保持稳定。

合用风机在火灾发生时应能在60 s内从静止状态转换到火灾不同阶段排烟系统所要求的运行工作状态。可逆式风机应能在90 s内完成全速反向旋转。

隧道采用射流风机纵向排烟时,风机的运行数量、排烟速度应根据不同阶段的烟气流动速度以及隧道的自然风速、自然风阻力、交通通风力和通风阻抗力等经计算确定。不易发生严重交通堵塞、且自然风速变化不大、平均风速不大于 1 m/s 的单向交通隧道应采用单向风机;其他隧道应采用逆转风量大于正转风量的 95% 的可逆式风机。风机不应集中布置,应根据隧道长度、排烟和配电等要求,分散设置在隧道内的恰当位置。

3) 隧道相关场所的防烟、排烟和通风、空气调节

隧道内的下列场所应设置独立的机械正压送风系统:

- 专用避难疏散通道及其前室。
- 独立避难间。
- 火灾时暂时不能撤离的附属用房。
- 长度超过 20 m 的行车横洞。

隧道内设置的机械加压送风系统应分别独立设置,确需采用共用系统时,应在支风管上设置压差自动调节装置和防火阀。行车横洞内的机械正压送风系统可利用射流风机向起火隧道送风,在起火隧道通往横洞的入口处形成正压,其余压值不应小于 50 Pa。专用避难疏散通道应根据其长度和净空,选择合理适用的机械正压送风方式,其前室的余压值不应小于 30 Pa,避难疏散通道的余压值不应小于 50 Pa。其他部位的机械正压送风系统风机的全压除计算管道的最不利压头损失外,尚应有不小于 30 Pa 的送风余压。独立避难间和附属用房内的加压送风量应按地面面积每平方米不小于 30 m³/h 计算,新鲜空气供气时间不应小于火灾延续时间。专用避难疏散通道前室的加压送风量和送风口尺寸应按其入口门洞风速不小于1.2 m/s 计算确定。系统送风口应靠近入口或正对入口设置,其风速不应大于 7 m/s。设置机械正压送风系统的部位应设置排风措施或设施,其排风口或排风管上应设置余压阀,并应保证规定的送风余压值。

隧道内附属用房的专用疏散通道和火灾时无须有人值守的隧道附属用房应设置机械排烟系统。机械排烟系统应单独设置,确需与排风系统合并设置时,必须在火灾发生时能自动转换为排烟模式。排烟量应按地面面积每平方米不小于 60 m³/h 计算,且风机的最小排烟风量不应小于7 200 m³/h。排烟区内应设有补风措施,当补风通路的空气阻力不大于 50 Pa 时,可自然补风;当补风通路的空气阻力大于 50 Pa 时,应设置机械补风系统,补风量不应小于排烟风量的50%。排烟口的风速不应大于 10 m/s,应设置在顶棚或墙面上部,其侧边与安全出口的水平距离不应小于 2 m;疏散通道上设置的排烟口,其间距不应大于 30 m。

机械加压送风系统的风机应采用普通离心式、轴流式或斜流式风机。系统新风采气口应设置在隧道外,且应低于隧道外排烟口,其与隧道外排烟系统排烟口的水平距离不应小于 15 m,且应有防止烟气回流的措施。

排烟风机可采用离心式风机或排烟轴流风机,并应保证在 280 ℃ 时能连续工作 30 min。排烟风机必须采用不燃烧材料制作。排烟风机应与排烟口联锁。排烟风机入口处应设置排烟防火阀,排烟风机应能与排烟防火阀联动关闭。排烟风机的余压应按排烟系统最不利环路进行计算,排烟量应增加 10%。

机械加压送风系统、机械排烟系统的管道当采用金属风道或内表面光滑的其他材料风道时,其风速不宜大于 20 m/s;当采用内表面抹光的混凝土或砖砌风道时,其风速不宜大于 15 m/s。管道、送风口、排烟口及其相关附件必须采用不燃烧材料制作。当采用钢制风道时,钢板厚度不应小于1.0 mm。排烟管道与可燃物的距离不应小于0.15 m。管道穿过防火墙或设置了独立防烟、排烟设施的房间隔墙时,应在穿墙处设置防火阀或排烟防火阀。

防火阀和防火排烟阀是防止火灾通过风管扩散蔓延的防火分隔设施,防火阀的温度熔断器的动作温度为 70 ℃,排烟防火阀的温度熔断器的温度为 280 ℃。隧道内附属用房的通风风管穿越房间隔墙或顶(楼)板处、穿过防火墙处、水平干管与垂直总管的交接处,应设置防火阀。

隧道附属用房中设置有气体灭火系统的房间,应设置排风设施;与该房间连通的风管应设置能自动关闭的防火阀。通风、空气调节系统的风机及风管应采用不燃烧材料制作。风管和设备的保温材料应采用不燃烧材料;消声、过滤材料及黏结剂应采用不燃烧材料或难燃烧材料。

单独设置的排烟口,平时应处于关闭状态,其控制方式可采用自动或手动开启方式;手动开启装置的位置应便于操作。

排风口和排烟口合并设置时,应在排风口处设置电动排烟防火阀,并应与火灾自动报警系统自动联动;火灾时,着火区域内的阀门应处于开启状态,其他区域内的阀门应全部关闭。

4.3.6　隧道的电气控制系统

1)消防电源及其配电

(1)消防用电设备供电负荷

一、二类城市(水底)道路隧道以及公路隧道、城市(水底)铁路隧道的消防用电设备应按一级负荷要求供电;三类城市(水底)道路隧道、山岭铁路隧道的消防用电应按二级负荷要求供电。

(2)供电要求

①隧道消防用电设备应由两个独立电源供电。

②设置不间断电源或应急电源装置(UPS 或 EPS)对监控、消防和应急照明等设施进行供电时,其持续供电时间不应小于 30 min。

③隧道火灾自动报警系统应采用消防电源作为主电源,直流电源、不间断电源作为备用电源,应采用独立供电回路供电;光纤分布式感温报警系统的报警控制器的电流不应大于 2 A。

④消防备用电源应设置自动和手动启动装置,并应根据各消防用电设备的允许中断供电时间来确定启动方式。

⑤消防用电设备应设置专用供电回路,其配电设备应设有明显标志。

⑥重要的消防用电设备不宜设置过载保护装置;消防电源不应安装漏电保护装置。

(3)供(配)电线路要求

①消防用电设备的供电线路应采用耐火型铠装铜芯电缆或矿物质绝缘铜芯电缆。

②供(配)电线路线芯截面选择应满足电压降的要求,同时应满足机械强度的要求。当采用 220 V 电源供电时,末端电压降不应超过设备额定电压的 5%;当采用 380 V 电源供电时,末端电压降不应超过设备额定电压的 10%。

③UPS 或 EPS 出线柜至隧道内消防设备的供电电缆应沿隧道电缆沟敷设,电缆支架的设置间距宜为 1 m。

④隧道内的消防配电线路应采用绝缘和护套为不延燃材料的电缆或耐火型电缆,并应敷设在电缆沟或不燃电缆槽盒内;当消防配电线路明敷设时,应采用金属管或金属线槽保护,并应在金属管、金属线槽外涂刷防火涂料;消防配电线路采用矿物质绝缘电缆时,可不受此限制。

⑤电缆沟至消防设备的配电电缆应敷设在不燃烧结构体内的预埋钢管或金属套管内,其衬砌保护厚度不应小于 30 mm。

⑥电缆沟内敷设的消防用电设备电缆应按照信号电缆、控制电缆、电力电缆的顺序从上到下分层安装,层间距不应小于 150 mm。

(4)消防用电设备的防雷、接地要求

①消防用电设备采用交流供电时,设备的金属外壳和金属支架等应作保护接地,接地线应与其他电气设备的保护接地干线(PE 线)相连接。

②接地保护线应选用铜芯绝缘导线,其线芯截面面积不应小于 16 mm^2。

③消防用电设备采用专用接地装置时,其接地电阻值不应大于 4 Ω;采用共用接地装置时,接地电阻值不应大于 1 Ω。

④消防用电设备的防雷设计应符合《建筑物防雷设计规范》(GB 50057—2010)的有关要求。

2)火灾应急照明及相关指示标志

(1)火灾应急照明

隧道发生火灾,一旦照明中断,隧道内将发生重大交通事故和严重的交通堵塞,驾乘人员在黑暗中将不知所措,隧道管理单位及其消防部门将无法按照安全疏散、灭火救援预案有效地引导疏散和实施灭火救援;加上高温烟气熏烤,势必造成人员伤亡。隧道及其附属用房的下列部位应设置火灾应急照明:

①隧道及其横洞内。

②消防控制室、消防设备用房、水泵房、配电室等。

③隧道内附属用房的安全疏散通道。

④独立避难间、专用避难疏散通道及其前室。

隧道内照明中断时间不应大于0.3 s。起火点周围区域和隧道内附属建筑疏散通道的火灾应急照明供电时间不应少于 30 min,隧道其他区域的火灾应急照明供电时间不得少于火灾延续时间。

火灾应急照明在洞内路面亮度不应小于《公路隧道通风照明设计规范》((JTJ 026.1—1999))4.2.1规定的中间段亮度的 10%,且不得低于0.2 cd/m^2;行人横洞、独立避难间、专用避难疏散通道及其前室的路(地)面亮度不应低于 2 cd/m^2,行车横洞的路面亮度不应低于 7 cd/m^2。火灾时需要坚持工作的附属用房的火灾应急照明应保持正常照度;隧道内附属用房安全疏散通道的应急照明地面照度不应低于 5 lx。

(2)指示标志

①隧道横洞指示标志。横洞指示标志用于指示隧道行人横洞和行车横洞的位置,是在隧道发生紧急状况时,引导车辆、驾乘人员安全疏散的标志,应符合以下规定:

a.应采用双面显示的电光标志,其尺寸、样式和照明方式应符合《公路隧道交通工程设计规范》((JTG/T D71—2004))"附录"的要求。

b.标志应分别设置在行人横洞、行车横洞前 10 m 的隧道侧壁上,标志中心距路面高度应为 2.0~2.5 m。

c.标志照度不应小于100 lx,应能在 5 s 中内自动切换应急照明电源。

d.标志面板及箱体应采用耐腐蚀的不燃烧材料制作,防护等级不应低于现行国家标准《低压电器外壳防护等级》中规定的 IP65(以下简称"IP65")的要求。

②紧急停车带、紧急电话、消防设备指示标志。紧急停车带标志用于指示隧道内紧急停车带的位置,供事故车辆(如起火车辆)在险情发生后停驻,以保证行车道安全畅通。紧急停车带、紧急电话、消防设备指示标志,应采用双面显示的电光标志,分别设置在紧急停车带前5 m、紧急电话洞室前和消防设备上方的隧道侧壁上,标志中心距路面高度应为2.0~2.5 m。标志照度不应小于100 lx,应能在5 s内自动切换应急照明电源。标志面板及箱体应采用耐腐蚀的不燃烧材料制作,防护等级不应低于IP65。

③疏散指示标志。疏散标志用于指示安全出口、安全通道入口的位置,以及疏散标志设置点通往隧道出(入)口、横洞、专用避难疏散通道前室入口的方向,是隧道发生紧急状况时,指示车辆及其驾乘人员迅速、安全撤离事故现场的重要指示标志,分为安全出口标志和疏散指示标志两类。应符合下列设置要求:

a.长度超过1 000 m的隧道、隧道内附属用房的疏散通道上应设置疏散指示标志。

b.行人横洞入口、专用避难疏散通道前室、隧道内附属用房及其疏散通道通往横洞的门上应设置安全出口标志。

c.隧道内疏散指示标志应设置在行车方向左侧隧道侧壁上,标志中心距路面高度应为2.0~2.5 m,隧道内的设置间距宜为150~200 m。

d.隧道内标志照度不应小于100 lx。

e.标志面板及箱体应采用耐腐蚀的不燃烧材料制作,防护等级不应低于IP65。

3)火灾自动报警系统

隧道火灾自动报警系统应由触发装置、火灾报警控制器和消防联动控制设备、火灾警报装置、电源和传输介质等组成。每孔隧道和隧道内附属用房均应设置为独立的报警区域;隧道探测区域宜为50~100 m。

一、二类通行机动车辆的三类城市隧道、水底隧道应设置火灾自动报警系统;通行机动车辆的三类城市隧道、水底隧道宜设置火灾自动报警系统;公路隧道按照表4.9确定的标准设置火灾自动报警系统;铁路隧道的火灾特点、通风维护难度,确定了山岭铁路隧道可不设置火灾自动报警系统。城市(水底)调速铁路隧道、Ⅰ级特长隧道宜设置火灾自动报警系统;隧道用电缆通道和主要附属用房内应设置火灾自动报警系统。

(1)火灾探测器

隧道内的火灾探测器应具备抗烟尘、尾气、汽车灯光、自然光等干扰的能力,有较强的机械强度和抗腐蚀能力,在被尘埃等污染、或在自然风速、环境温度发生突然变化等情况下,不应影响其探测灵敏度。对1 m²的汽油油盆火,响应时间不应超过60 s。

隧道内探测器宜根据其类型,合理设置在隧道建筑限界外。隧道内探测器的安装位置、设置间距和安装要求应以满足隧道内最不利点的响应时间为设计原则,探测器在探测区域内应没有探测盲点。

(2)手动报警按钮

手动报警按钮应安装在隧道侧壁上或安装在附属用房疏散通道墙面上,其底边距人员所能到达的地面高度宜为1.3~1.5 m。隧道内附属用房的疏散通道上应设置手动报警按钮,其设置间距不应大于30 m。隧道内设置的手动报警按钮,其设置间距不应大于50 m。

(3)火灾报警控制器和消防联动设备

隧道群的火灾报警控制器和消防联动控制设备宜由隧道中央控制室统一管理;当隧道距离

中央控制室较远时,应在其附属用房内设置消防控制室或现场控制室。隧道内设置的火灾报警控制器、区域报警控制器等,其布置间距应能满足隧道火灾报警和控制信号的传输要求,并应设有可靠的保护措施和明显的标志。火灾报警控制器安装在墙上或隧道侧壁上时,其底边距人员所能到达的地面高度宜为1.3～1.5 m,其靠近门轴的侧面距墙或其他设备不应小于0.5 m,正面操作距离不小于1.2 m。火灾报警控制器的容量和每一总线回路所连接的火灾探测器、控制模块、信号模块等的地址编码总数,都应留有余量。火灾报警控制器应留有足够的接口与中央控制室的监视设备相连,并实现通信。

(4)火灾应急广播系统

隧道出入口处、隧道内、横洞入口处、专用避难疏散通道前室外、隧道内附属用房疏散通道上应设置扬声器火灾应急广播系统(有线广播控制器、扩音设备、扬声器和传输介质等)。消防控制室或中央控制室内应设置扩音设备和有线广播控制器,并宜与中央控制室计算机和显示设备相连接。

火灾应急广播系统扬声器功率应为5～50 W,频率范围应为80～10 000 Hz。当扬声器的频率为400 Hz时,其频率特性应为0 dB,当其频率为200～5 000 Hz时,其频率特性应为±2 dB,当其频率为150～10 000 Hz时,其频率特性应为±3 dB。当扬声器的频率为400 Hz时,其非线性失真应小于4%。

(5)火灾声光警报装置

隧道火灾声光警报装置内有人值守的附属用房的疏散通道上、双向交通隧道内应设置火灾声光警报装置。扬声器应设置在行车方向左侧横洞前的侧壁上,宜安装在横洞指示标志上方;专用避难疏散通道前室外的扬声器应设置在安全出口标志上方。当环境噪声大于60 dB时,火灾警报装置和扬声器的声压级应高于背景噪声15 dB。

(6)可变信息情报板

火灾时,隧道入口处的可变信息情报板应作为显示火灾以及相应交通控制信息的文字提示警报装置使用,应能显示火灾信息、禁止通行以及为配合车辆疏散和灭火救援确定的相应交通控制措施等信息。隧道内的可变信息情报板应能显示火灾信息和相应位置的疏散要求。

(7)紧急电话

隧道出入口宜再各设置一台紧急电话分机;隧道内紧急电话分机的设置间距不宜大于200 m。消防水泵房、变电所、风机房等与消防联动控制相关的设备用房,以及消防站等部位应设置紧急电话分机;消防设施、系统控制装置处应设置对讲电话插孔。消防控制室、中央控制室或企业消防站等处,应设置可直接报警的外线电话。

4.3.7 隧道的消防控制

隧道发生火灾后,及时准确地了解火灾发展状况具有十分重要的意义。对于设有独立管理机构的隧道,应当设置消防控制室,并且宜与隧道监控室合并设置;对于大规模的隧道或隧道群,除应在每条隧道设置现场控制室外,还应在中央控制室设置集中监控管理系统,主要包括消防管理计算机、紧急电话控制器、火灾应急广播控制台等设备,以实现对隧道群的统一调度和管理。

1）消防控制室

每条隧道的消防控制室主要管理本隧道的火灾问题,应当设置火灾报警控制设备及相应消防系统的联动控制器。一旦隧道内发生火灾,控制室应及时了解情况,包括起火点的位置、火灾发展情况,联动控制其他相应的消防设施,对相关的火灾数据实施存储、分析等,并保持与上级管理或中央控制室的联系。所用消防系统的复杂程度可根据隧道的规模和使用情况酌情配置。

2）中央控制室

中央控制室是公路沿线及其隧道(群)的监控与管理中枢,为对隧道的运行与紧急情况实施有效监控,中央控制室应具备下列基本功能:

①接受各系统传输的各种信息,包括数据信息、视频信息和语音信息等。

②对各系统传输的数据信息进行处理。

③以自动或手动控制方式执行计算机内的控制预案。

④以图形、图像等方式显示隧道内、外的交通情况及设备的运行状况。

⑤自动完成数据备份和文件存储。

⑥全面地进行查询、统计和报表生成。

⑦不间断地定时检测各类设备的工作状态。

⑧中央控制室计算机网络应设有与所属公路通信网进行数据交换的接口。

中央控制室的火灾自动报警系统是隧道监控系统中一个重要的、独立的子系统,主要实施全面掌握火灾监控信息,以使消防控制系统能与所属公路通信网进行数据存储、分析和交换。

3）相关系统的联动控制

在火灾情况下,中央控制管理系统应能有效实现与消防设施和其他相关设施的自动联动,并对相关数据信息进行分析和处理,主要包括:

（1）闭路电视的联动控制

发出火灾报警后,闭路电视画面应能自动切换到报警地址点附近,将现场图像在显示屏上放大,以确认是否是火灾,并能在火灾确认后进行自动录像。

（2）消防水泵的联动控制

在消防控制中心应能实现消防水泵的自动联动控制和远程启动,其远程控制电路设计以简单、快捷、合理为原则。火灾报警信号输入系统后,值班人员通过闭路电视予以确认,并通过消防水泵手动或自动控制直接启动消防水泵,同时接收水泵启动后的反馈信号。

（3）防火卷帘的联动控制

火灾确认后,行人横洞入口的防火卷帘应能自动、手动开启。起火点排烟方向上游行车横洞入口的防火卷帘全部开启。起火点排烟方向下游行车横洞入口的防火卷帘,当横洞内无正压送风系统时,全部关闭;当横洞内有正压送风系统时,起火点附近的关闭,远离起火点的可开启。相邻未起火隧道横洞入口的防火卷帘全部开启,以便于空气流入横洞,在起火隧道横洞口形成正压。车辆、人员安全疏散后,根据现场指令,关闭或开启防火卷帘,以实现横洞及其防火卷帘在火灾不同阶段的安全疏散、灭火救援、防烟防火、防止火灾扩大蔓延的作用。

（4）防烟、排烟系统的联动控制

针对火灾发生地点的不同,制定相应的通风及防烟、排烟预案。当火灾确认后,自动执行通风及防烟、排烟预案。值班人员可根据现场实际情况,对预案进行调整。

在火灾期间,及时依据火灾发展情况采取合理的烟气控制措施具有重要意义。一般应注意以下三个方面:

①在起火现场对火灾情况的了解比远端更详细,采取的通风情况更能切合实际,因此要求现场控制优于远程控制。

②手动控制的可靠度优于自动控制,且简单明了,因此通风系统中必须设置手动控制操作系统。

③为了避免风机的驱动、控制设备因高温烟气而造成损坏,应当合理确定风机启动时机。

(5)交通信号系统的联动控制

火灾确认后,隧道外信号灯应自动转变为红灯,并在隧道的信息情报板上发布火灾信息,引导未进入隧道的车辆有序地停驻在隧道外的右侧行车道上。

对于单向交通隧道,其起火点行车方向下游的信号灯应维持绿灯,以引导车辆迅速疏散出隧道;起火点行车方向上游行车道上的信号灯应变为红灯,行车横洞入口前的车道指示标志灯变为左转信号;隧道内的可变信息情报板发布疏散信息,引导车辆利用行车横洞向相邻隧道进行安全疏散。同时,未起火隧道的行车道变成双向交通,车道指示灯与交通信号灯随之进行调整。

对于双向交通的隧道,交通信号灯应根据隧道内的交通堵塞情况,以不发生新的交通堵塞和次生灾害为前提进行适时调整。

习　题

4.1 隧道火灾的特点是什么?

4.2 隧道建筑的防火安全布局应考虑哪些方面?

4.3 什么是常高压给水和临时高压给水系统?隧道临时高压给水系统通常有哪些方式?

4.4 什么情况下隧道应设置消防水池?消防水池的水效容积如何确定?

4.5 隧道内的排烟风机有什么要求?

参考文献

[1] 霍然,胡源,李元洲.建筑火灾安全工程导论[M].北京:中国科学技术大学出版社,2010.

[2] 王明年,杨其新,郭春.高速公路隧道及隧道群防灾救援技术[M].北京:人民交通出版社,2010.

[3] 中华人民共和国交通部.公路隧道设计规范(JTG D70——2004)[M].北京:人民交通出版社,2004.

[4] 中华人民共和国交通部.公路工程技术标准(JTG B01—2003)[M].北京:人民交通出版社,2004.

[5] 云南省建设厅.公路隧道消防技术规程(DBJ 53-12—2004)[M].昆明:云南科技出版社,2004.

[6] 陈宜吉.隧道列车火灾案例及预防[M].北京:中国铁道出版社,1998.

[7] 戴国平.英法海峡隧道火灾事故剖析及其启示[J].铁道建筑,2001(3):6-9.

［8］钟喆.阿尔卑斯山的地下惨剧——法国与意大利的勃朗峰公路隧道发生特大火灾［J］.上海消防,1999(5):34-35.

［9］Won hwa,Hong,The progress and controlling situation of Daegu Subway fire disaster. 6th Asia-Oceania Symposium on Fire Science and Technology ［C］. 17-20,March,2004,Daegu,Korea:28-46.

［10］杨瑞新,陈雪峰.高等级公路长隧道火灾特点及消防设计初探［J］.消防科学与技术,2002(5):50-52.

［11］周旭,赵明华,刘义虎.长大隧道火灾与防治设计研究［J］.中南公路工程,2002,27(4):87-90.

［12］杨其新,阎治国.秦岭终南山特长公路隧道火灾模型试验研究［J］.广西交通科技,2003,28(3):18-25.

［13］George B.Grant and Dougal Drysdale,Estimating heat release rates from large-scale tunnel fires. Fire Safety Science-Proceedings of the fifth international symposium ［C］.1213-1224.

［14］PIARC. Fire and Smoke Control in Road Tunnels. 05.05.B.Paris,1999.

［15］Haack A. Fire Protection in Traffic Tunnels-Initial Findings from Large-Sclae Tests. Tunnelling and Underground Space Technology,1992,7(4):363-375.

［16］U.S.Department of Transportation,Federal Highway Administration (FHWA) Prevention and Control of Highway Tunnel Fires. FHWA-RD-83-032,1983.

［17］彭伟,霍然,胡隆华,等.隧道火灾的全尺寸试验研究［J］.火灾科学,2006,15(4):212-218.

［18］彭伟,霍然,胡隆华,等.隧道内纵向风速对火源上方烟气温度影响的试验［J］.中国科学技术大学学报,2006,36(10):1063-1068.

［19］胡隆华,霍然,王浩波,等.公路隧道内火灾烟气温度及层化高度分布特征试验［J］.中国公路学报,2006,19(6):79-82.

［20］闫治国,杨其新.秦岭特长公路隧道火灾温度场分布试验研究［J］.地下空间,2003,23(2):285-289.

5 隧道火灾预防与扑救

由于隧道空间的结构具有特殊性,在其内火灾事故经常发生,且危害巨大。本章结合隧道火灾安全事故的基本特征,有针对性地提出预防对策,并结合隧道行车火灾安全事故应急施救的实践,总结火灾安全事故应急施救经验,为隧道车辆火灾事故的预防及救援提供借鉴。

5.1 隧道火灾场景及火灾发展

(1)隧道火灾场景

近20年来,国际上已经进行了大量的研究来确定可能发生在隧道以及其他地下建筑中的火灾场景和火灾类型,其中有些是在真正的、废弃的隧道中和实验室条件下进行的。研究表明,隧道火灾场景主要取决于交通工具的类型,火灾时隧道内部可达到的温度及火灾荷载,如表5.1所示。

表5.1　典型车辆起火后的隧道内部最高温度及火灾功率

车辆类型	最高温度(℃)	最大热释放速率(MW)
小汽车	400~500	3~5
公共汽车	700~800	15~20
载货卡车(油槽车除外)	1 000~1 200	50~100

我国的《公路隧道通风照明设计规范》(JTJ 026.1—1999)规定,隧道火灾的消防通风设计应针对中型火灾(20 MW),主要原因是,如需要针对大型火灾设置隧道消防设备,必然导致隧道造价高昂,而大型火灾的频率却较低。而且,我们还可以采取一些措施消除和减少发生大型火灾的概率,如油罐车通过隧道必须有引导,双向行驶的隧道必须限速并加大车辆间距等。

(2)隧道火灾发展

火灾的热量输出以热辐射为主,并决定温度;而烟气层的热散失则以对流为主,对温度影响很小,因此在高温时得到的热量总是超过散失的热量。由于隧道是一种相对封闭的地下结构,大多数热量被隧道顶、壁吸收。同时,热的烟气层和顶壁通过辐射将热传递给火焰而加剧火灾的发展速率。所以隧道火灾如果不能在引燃阶段扑灭,会很迅速地形成完全发展火,并伴随着急速升温。

一般的隧道火灾场景中不同车辆类型为其火灾持续时间、热释放速率等情况因对象不同而有较大差异。对于多辆小汽车火灾(以 4 辆车为例),一般 30 s 后即可达到 12 MW 的最大值,持续约 60 min。公共汽车火灾在 10 min 后可达到 25 MW 的最大值,持续约 90 min。载货卡车火灾在 5 min 左右可达到 180 MW 的最大值,持续约 60 min,火焰传播可达到 40~60 min。

在悉尼港口隧道的研究中,研究人员将小轿车火灾定义为 3 MW($\alpha = 0.011\ 5$),卡车火灾为 10 MW($\alpha = 0.18$),公路槽车为 50 MW($\alpha = 0.18$)。不同的火灾增长参数对危险温度场和烟气扩散区的影响较大。比如,普通轿车($0.1\ kW/s^2$)、小型卡车($0.3\ kW/s^2$)对危险区域的温度场和烟气扩散区的变化影响较小,但石油罐车、液化石油气槽车($1.54~10.5\ kW/s^2$)等则能使危险区域的温度场很快升高、烟气扩散蔓延极快。

5.2 隧道火灾情况下的烟气流动与温度场分布

火灾时高温烟流流过隧道,其内部自然风压将发生变化,这种因火灾而产生的自然风压变化量称之为火风压。目前我国交通隧道大都采用纵向式通风,在火灾工况下火风压是影响纵向通风效果的重要参数。火灾高温导致的火风压可能引起高温有毒烟雾发生回流,妨碍人员逃生和车辆疏散。为了掌握隧道内的火灾行为并制订有效的防灾救援策略,国内外开展了一系列的理论及试验研究。研究内容包括火灾时隧道内烟流流动状态、火灾临界风速、火灾通风模式以及压力场的发展变化规律等。

5.2.1 浮力效应

隧道内着火后,其与露天火灾的重大区别在于有浮力效应(图 5.1),热气流上升,在拱顶附近的隧洞上部形成一定厚度的热烟气流,由于着火点源源不断产生烟气,隧道顶部热的烟气流得以迅速扩散,向两侧扩充,同时隧道下部冷空气流向着火点进行补充,此时火场两侧有对称的循环风流。

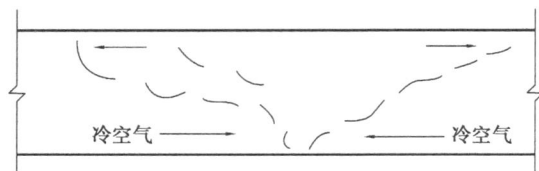

图 5.1 无纵向风流时的浮力效应

5.2.2 节流效应

公路隧道火灾过程中,由于着火区域内火焰的存在减小了火区段隧道内风流的有效过流断面面积,而且风流在火区受热膨胀,使风流流过火区的阻力比前一段隧道内的风流阻力明显增加,火区形成了一个局部阻力,这个局部阻力就像一个节流阀作用于流过火区的烟流。这种由于燃烧火焰阻碍烟流在隧道内流动以及由于风流体积流量变化而产生的阻碍风流流动的现象,称为火灾烟流的节流效应。由节流效应产生的阻力,称为烟流节流效应阻力。

若忽略火灾烟流摩尔质量的变化,节流效应烟流阻力为:

$$\Delta P = 0.5\rho_1 \left[v_1^2 \left(\frac{1}{M_k} - 1 \right) + gh_m \cos \beta (1 - M_k) \right] \tag{5.1}$$

式中　v_1——火灾前风流的密度,kg/m^3;

　　　ρ_1——火灾前风流的速度,m/s;

　　　M_k——火灾燃烧生成物的相对变化量,$M_k = T_1/T_0$;

　　　h_m——隧道的高度,m;

　　　β——隧道的坡度角。

节流效应烟流阻力由两部分组成:

第一部分为 $0.5\rho_1 v_1^2 \left(\frac{1}{M_k} - 1 \right)$,它是烟流的温度变化和质量流量的变化引起的,形式与节流阀的局部阻力计算式相同,该部分是火焰对烟流的节流效应,即火焰占用了过流断面,使过流断面减小,烟流阻力增大,其大小与燃烧状态有关,与隧道形状无关;第二部分为 $0.5\rho_1 gh_m \cos \beta (1 - M_k)$,它是由于烟流流动过程中的温度变化引起的。该部分说明:由于隧道本身具有一定的高度,当烟流温度变化时断面内的流束受力不均,使烟流受力,它是火灾烟流的湍流节流效应,其大小与隧道特性、燃烧状态和烟流的流动状态等有关。

5.2.3　回流现象

当有纵向通风时,火点两侧的烟气流不对称(图5.2),如纵向风速 v 较小,不足以克服反向的上层热烟气流时将产生回流现象,即火点上部的烟气会逆着风向朝上风方向流动,这对于防止火灾蔓延和消防队员从上风方向接近起火点进行救火是很不利的。因此,最好使人工风的速度大于临界风速,使隧道火场烟流如图5.3所示,此时火场上风方向完全无烟,仅下风方向有烟,有助于火灾扑救。

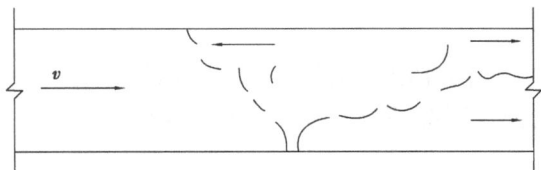

图 5.2　较小的纵向风产生回流

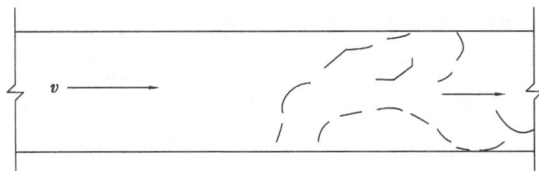

图 5.3　纵向风速大于临界风速时的烟流

隧道火灾时的临界风速是指在隧道火灾发生时为避免产生烟气逆流现象,使火灾烟气向下游方向扩散的最小纵向风速。

　　隧道内的火灾临界风速一般宜采用两辆载重车/公共车燃烧时的空气流动速度。有特殊规定的隧道,其火灾临界风速应符合有关规定。以油罐车等易燃易爆危险物品运输为主,且交通得不到有效管制的隧道,其火灾临界风速宜采用两辆油罐车燃烧时的空气流动速度。

　　各种火灾临界风速可按照表5.2查表确定或由式(5.2)计算确定。

表5.2　火灾临界风速表

起火车辆	载人小汽车	载重车/公共汽车	油罐车
最高温度(℃)	400~500	700~800	1 000~1 200
最大热释放量(MW)	3~5	15~20	50~100
火灾临界风速(m/s)	1~2	2~3	5~8

$$v_c = K_1 K_2 \left[\frac{gZ\dot{Q}}{\rho_0 c_P A \left(\dfrac{\dot{Q}}{\rho_0 c_P A v_c} + T_0 \right)} \right]^{\frac{1}{3}} \tag{5.2}$$

式中　v_c——临界风速,m/s;

　　　K_1——临界查德森系数的 1/3 次幂,取0.61;

　　　K_2——坡度修正系数,$K_2 = 1 + 0.037\ 4i^{0.8}$;

　　　i——隧道纵坡,%;

　　　g——重力加速度,取9.8 m/s^2;

　　　Z——隧道高度,m;

　　　$\dot{Q}$——火灾时热释放速率,kW;

　　　A——隧道横断面积,m^2;

　　　ρ_0——流向火灾区的空气密度,kg/m^3;

　　　T_0——环境空气温度,K;

　　　c_p——空气比热,kJ/kg·K。

　　例:已知隧道面积为 63 m^2,净高7.03 m,纵坡3%,洞内气温25 ℃,火灾功率20MW(中型火灾),$K_2 = 1.09$。代入上面的公式可得:临界风速 $v_c = 1.55$ m/s。

5.2.4　风速与烟气分布关系

　　隧道内纵向风速与烟气形态和分布关系极大,当风速小于0.5 m/s时,洞内烟气如图 5.4 所示(该图取自日本在 20 世纪 80 年代的试验),相当于两辆小轿车相撞后燃烧,烟气从着火点向下风方向扩散。在开始燃烧的 8 min 内,距火场 700 m 范围内隧道的上半部完全是层状的烟雾,下半部则是由洞口流向火场的新鲜气流,这对于人员避难逃生是很有好处的。只在 8 min 以后,隧道下风方向才形成烟雾全断面推进。一般人员逃生撤离速度以 5 km/h(或1.5 m/s)计,则 8 min 时间可行走 720 m。当隧道设置供人员避难的横通道时,其间距要求不宜大于720 m。我国公路隧道设计规范规定为 200~300 m,说明只要有横通道,纵向风速不大于0.5 m/s时,人员逃生是没有问题的。

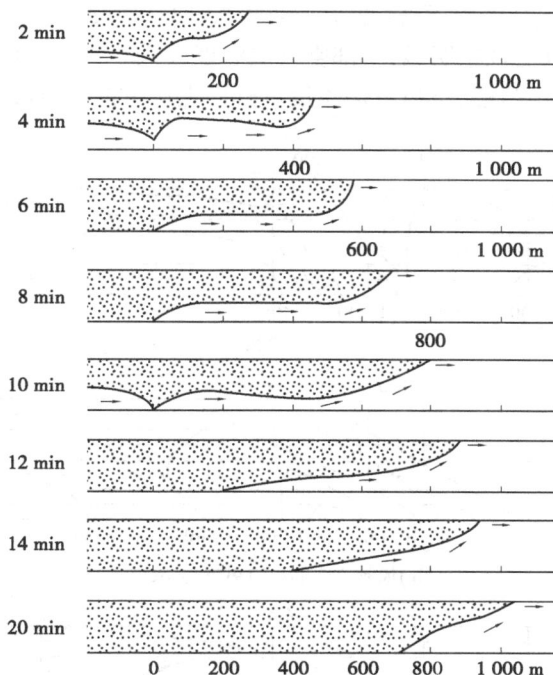

图 5.4 纵向风速小于0.5 m/s 时的火灾烟气分布

如果洞内风速大于1.5 m/s,则下风方向由于涡流作用整个隧道将烟雾弥漫。据相关研究表明,即使烟雾浓度在5%以下,能见度也只有几米,这会使人慌乱、迷失方向,而且烟气中所含大量有毒成分(主要是一氧化碳),会致人死亡。1999年3月到5月,欧洲两座著名隧道(勃朗峰隧道,长11.6 km;陶恩隧道,长6.4 km)相继发生火灾,前者死亡41 人,后者死亡13 人,火灾烟气没能及时排出是造成大量人员死亡的主要原因。事故带来的教训很多,教训之一就是:单洞双向行车时,纵向风速不得大于1.5 m/s,否则会对人员逃生十分不利。

5.2.5 隧道内温度场分布

隧道内温度场与风速有很大关系,在讨论温度场时,我们首先要了解隧道内一旦发生火灾时人员的存活条件:

- 人体高度处温度不高于 80 ℃。
- 烟雾浓度低,最小能见度不低于 20 m。
- 空气中含氧量不低于 15%。
- CO_2 含量不大于 5%。
- 一氧化碳及碳氢化合物浓度不大于 1 500 ppm。
- 氮氧化合物浓度不大于 100 ppm。

20 世纪 80 年代,英国的防火研究所(Fire Research Station)采用流体动力学,用有限差分法解湍流方程,针对中型火灾计算出隧道内温度曲线(图 5.5),可以看出:当纵向风速很小时(<0.5 m/s),火点两侧温度场基本对称,最高温度为 1 500 K,如图 5.5(a)所示。值得注意的是

距火点 10 m 以外,在 2 m 高度以下,温度小于 400 K(127 ℃);在 2 m 高度以上,温度为 800~900 K,隧道内火灾烟气分层现象明显,下部空气层温度较低。当纵向风速为 2 m/s[图 5.5(b)]及 4 m/s[图 5.5(c)]时,很显然,下风方向温度上升而上风方向温度降低。

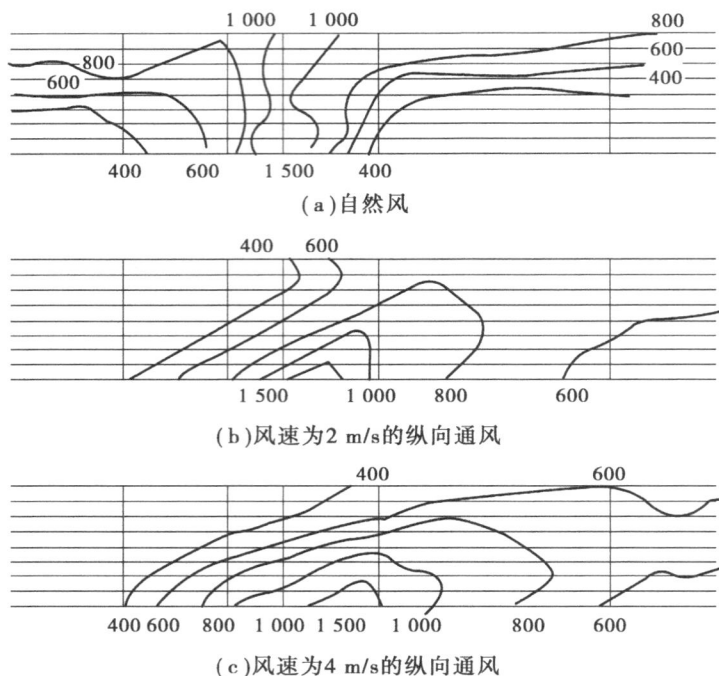

(a)自然风

(b)风速为 2 m/s 的纵向通风

(c)风速为 4 m/s 的纵向通风

图 5.5　强制通风情况下的隧道温度场分布

就火灾对人的伤害而言,纵向风速小时燃烧不完全,温度低,较小的风流带来的热量也少;纵向风速很大时,火场热量被风送得很远,每单位面积的热量也较低,只有当风速为 2~4 m/s 时,风助火势热负荷最高。图 5.6 表示人体表面的热负荷与风速的关系。一般认为,人体表面的热负荷达到 1 400~3 000 W/m² 时,将会发生一度烧伤,可知隧道内风速为 2~4 m/s 时对人员

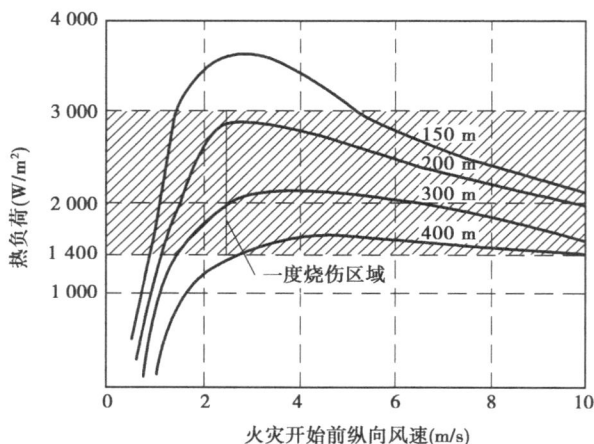

图 5.6　不同风速、不同火场距离时的热负荷

安全最不利。

由以上分析可知,隧道着火后纵向风速不得过大,否则将有如下三个缺点:

下风方向高温区范围大;过高的热负荷可造成一度烧伤;下风方向烟雾弥漫使人员迷失方向及中毒。因此,为有利于人员逃生,纵向风速宜控制在 2 m/s 以内。

5.3　隧道火灾期间的排烟

5.3.1　隧道火灾期间排烟设计要求

①通风设计时必须考虑火灾对策,长度大于1 500 m且交通量较大的隧道应考虑排烟措施。

②火灾时排烟风速可按 2~3 m/s 取值。

③火灾时排烟应按长度分区,分区长度可取1 000 m,各分区应有相应的火灾排烟要求及人车逃离方案。

④火灾时半横向和全横向通风方式应通过主风道排烟;纵向通风应视隧道内火灾点的位置确定风机的正反转,应尽量缩短火灾烟雾在车道内的行程。

⑤运送易燃易爆危险品的车辆通过长或特长隧道时,应有引导车在规定时间内引导通过。

⑥设置横洞的隧道,横洞门应有防烟功能。

5.3.2　事故通风原则

隧道内一旦发生火灾,正常通风应立即改变为事故通风,此时的通风应达到以下目的:

①通风必须有利于人员逃生避难,风速的大小应尽量减少传到人体上的热负荷,还要避免因纵向风流的湍流和涡流作用而使洞内烟雾弥漫,最大程度地给人员避难创造条件。

②通风应避免和尽量减少火场高温气体的扩散,防止炽热气流引燃火场以外的车辆,使火场扩大。

③通风应有利于消防队员救火,使消防队能从上风方向接近火场,开展灭火工作。

④当人员通过人行横通道进入另一个平行隧道或平行导洞时,事故通风应能防止着火隧道的烟气进入人行横通道及相邻隧道(或避难平行导洞)。

5.3.3　事故通风方式及风速要求

自从采用电集尘器竖井分段式纵向通风的日本关越隧道一线(长10.885 km)在1985年投入营运,以及1991年二线隧道(长11.055 km,仍采用纵向通风)竣工以后,纵向式通风的隧道长度早已突破原有2.5 km 以内的限制。近年来纵向式通风节省投资的优点早已深入人心,1994年我国中梁山隧道(长3.2 km)也采用纵向式通风。我国目前设计的长大公路隧道绝大多数均采用纵向式通风。下面主要介绍采用纵向式通风的隧道的事故通风问题。

目前的高速公路及一级公路隧道多为双洞单向行车,低等级公路则为单洞双向行车。事故通风应分为两个阶段:人员疏散阶段及消防灭火阶段。行车方式不同以及通风的阶段不同,对通风的要求均不同。

1)双洞(单向行驶)

(1)人员撤离阶段

由于是单向行驶,洞内发生火灾后前方车辆可以向前继续行驶撤出洞外,少量破损车辆上的人员可下车向后方(即通风的上风方向)撤离。但如火场不能通过,则只有向前方逃生,通过最近的横通道撤向相邻隧道;火场后方车辆及人员应尽可能通过人行及车行横通道撤离。此时通风应如图5.7所示,两洞的风机均应由正常通风转为事故通风。

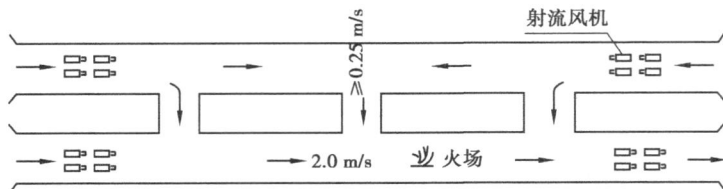

图 5.7 双洞火灾事故通风(人员撤离阶段)

火灾隧道:进出口风机均向出口方向吹风,隧道内形成纵向风流,风机开动台数应以要求风速控制。由于洞内人员较少,本阶段通风的主要目的是防止火灾扩大,兼顾少量火场前方人员避难。该风速应略大于中型火灾的回流临界风速(1.55 m/s 左右),但又不能过大,以利于人员逃生,一般可取为2.0 m/s。

相邻隧道:进出口射流风机均应向洞内吹风,使洞内形成正压,要求在所有开放的人行及车行横通道中形成吹向火灾隧道的新鲜风流,以免火灾隧道的烟气窜入。此风速必须保证能在隧道中形成稳定的紊流,其值可取为0.25 m/s。当隧道较长、横通道较多、致使中部的横通道风速小于规定值时,可在该横道中加设射流风机。

(2)消防灭火阶段

当火场下风方向的人员和车辆全部撤离之后(除损坏不能行驶者外),关闭所有横通道门,通风应进入消防灭火阶段。

火灾隧道:开动所有射流风机向隧道出口方向吹风,使洞内纵向风速在2.5 m/s 以上,消防队员从上风方向到达火场救灾,如图5.8 所示。

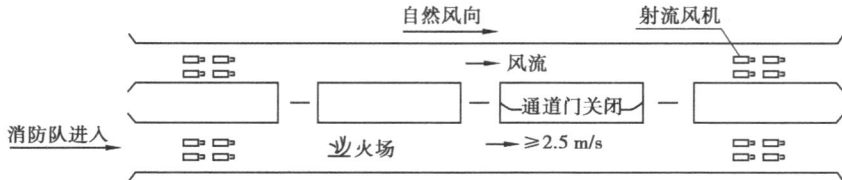

图 5.8 双洞火灾事故通风(消防灭火阶段)

相邻隧道:此时该隧道已改为双向行车,原按单向行驶而布置的风机台数已不再需要,此时一方面应进行交通管制,控制交通量和车速;另一方面应开动全部风机,吹风方向应与自然风方向一致。

2）单洞（双向行驶）

有的长隧道由于近期交通量小或建设资金困难,开始时只修建单洞(如我国已建成的二郎山公路隧道、鹧鸪山公路隧道),但考虑火灾避难均设置了与主洞等长的平行导洞(避难隧道)。对于单洞长隧道,其火灾事故通风方式如下:

（1）人员撤离阶段

火灾发生后洞内大量车辆受阻,有众多人员需撤离,此时的通风应以保证人员安全避离为主要目的。主洞内进出口段的风机均应开动,并分别向最近洞口吹风,从而在主洞内形成负压,新鲜空气由平行导洞经横通道流向主洞。这样的通风方式可保证人员、车辆向平行导洞转移时始终有新鲜风迎面吹来,而隧道里的烟气不会窜入横通道及平行导洞。如靠近隧道中部的横通道风速太小,可在这些横通道拱部设置射流风机,如图5.9所示。

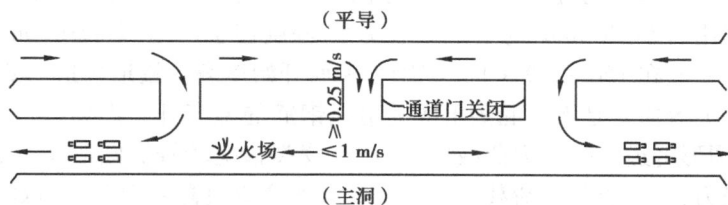

图5.9 单洞火灾事故通风(人员撤离阶段)

风速要求:本阶段火场前后均有大量人员和车辆,风速过大对防止火灾扩大不利,对人员避难更不利,故应采用1.0 m/s的较小风速,车行及人行横通道风速不应小于0.25 m/s。

（2）防灭火阶段

在洞内人员全部撤离后,关闭所有通道门,进出口主洞风机开动,以不小于2.5 m/s的风速向离火场较远洞口吹风,消防队员从距火场较近洞口由上风方向进洞灭火,如图5.10所示。

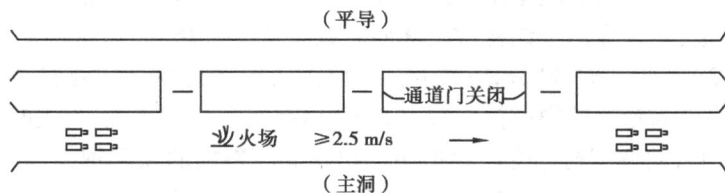

图5.10 单洞火灾事故通风(消防灭火阶段)

5.4 隧道结构的耐火保护

隧道内的火灾往往持续时间较长,如发生在意法边界勃朗峰隧道火灾持续55小时,36辆车被卷入火灾。大量的火灾实例也表明,一旦发生火灾,大火除了对隧道内的人员造成巨大伤害外,还会由于高温导致混凝土爆裂和力学性能的劣化,对衬砌结构产生不同程度的损坏,大大降低结构的承载力和安全性。研究表明,混凝土结构表面受热后,会产生爆裂现象,且在混凝土底层冷却之后,还将会出现深裂纹。混凝土发生爆裂后,不仅直接威胁救援与逃生,还会使增强钢筋直接暴露在火灾中,减少承载结构的横截面面积。因此,隧道结构耐火设计应考虑其内部可能达到的最高温度、升温特性以及结构体的火灾行为,确定相适应的设定火灾规模与时间-温度曲线,能保证隧道结构在所规定类型火灾条件下的完整性与稳定性。

5.4.1 隧道火灾对其结构的巨大破坏

火灾时,隧道内空气迅速升温,大量可燃物燃烧后产生大量热量。这些热量通过对流、辐射传递到衬砌结构表面,再通过热传导方式,向衬砌内部传递,导致衬砌结构内温度升高不均匀。

隧道衬砌主要以混凝土为主,混凝土在高温作用下将发生脱水,其结果会导致水泥石收缩。然而骨料则随着温度升高产生不均匀膨胀,两者变形不协调致使混凝土产生裂缝,其强度降低。此外,由于材料脱水,将导致混凝土的孔隙率增大,密实度减小。随着温度的升高,这种作用也越剧烈。由于随着温度升高,混凝土出现裂缝,孔隙率增大,组织松弛,空隙失水而导致失去吸附力,造成变形增大,弹性模量降低。结构的荷载压力和混凝土含水率(包括物理水含量和分子结合水)越高,产生爆裂的可能性越大。未经保护的混凝土,如果其质量含水率超过3%,在遇到高温或火焰作用后5~30 min,内就会产生爆裂,深度甚至可达40~50 mm。这是造成隧道垮塌的主要原因。一般在150~200 ℃时,混凝土表面开始爆裂。隧道构造形式有圆形、矩形或拱形。矩形结构的失效通常是由于混凝土或其增强钢筋的温度升高而导致过早产生下垂塑性弯矩,矩形隧道较圆形隧道所受压力荷载较小,产生爆裂情况较轻。圆形隧道的增强钢筋在下垂弯矩下不承受张力,只承受压力荷载。盾构式的圆形隧道通常采用等级为C50的高标号混凝土,在火灾中爆裂的可能性和深度都较高。

火灾对隧道衬砌结构的损害不仅影响人员疏散和灭火救援工作的开展(如爆裂的混凝土会炸伤消防救援队员和逃生人员,而且阻塞安全疏散线路);同时也会由于隧道衬砌结构的永久变形对上部建筑以及临近构筑物(隧道、管道等)产生极大的影响,甚至影响这些构筑物正常使用功能的发挥(如2001年美国霍华德城市隧道火灾造成隧道上方直径1 m的铸铁水管破裂)。其次,火灾对隧道衬砌的损害也会降低衬砌结构的安全性,威胁隧道日后的安全运营,甚至造成隧道坍塌。最后,火灾后隧道结构的修复和重新组织交通需要花费大量的人力和物力,特别是对于水下隧道,还存在由于结构被破坏而导致隧道无法修复的可能。

2006年03月22日晨7时30分,京珠高速公路韶关段南行84 km处温泉隧道内发生交通事故,一辆半挂大货车因轮胎爆裂摩擦引起自燃,并引起车上货物燃烧,火灾时隧道内最高温度达到了800~1 000 ℃,使隧道衬砌受高温损伤,约60 m范围内的顶部钢筋混凝土受损,损伤严重部位管片钢筋出露并屈曲、坍塌,如图5.11和图5.12所示。

图5.11 混凝土剥落

图5.12 钢筋裸露并有下挠变形

5.4.2 隧道结构防火保护的相关对策

隧道结构防火保护的目的是:采取一定措施,使隧道的钢筋混凝土结构在火灾发生时保持完整性与稳定性,从而大大减少维修费用,缩短工程修复时间。我国对隧道结构进行防火保护工作始于 20 世纪 80 年代中期,但限于当时的技术、经济状况,除了上海延安东路越江隧道等有限的几个隧道喷涂了防火涂料外,其他隧道的结构都没有采取防火措施。随着隧道消防理论、隧道消防技术研究的深入及相关设计规范的不断完善,我国对隧道结构普遍地进行防火保护还是从 21 世纪初开始的。归纳相关文献,可以将隧道结构的防火保护分为六大类,即提供不计入结构剖面的额外混凝土厚度、在混凝土中添加聚丙烯纤维、安装喷淋灭火系统、在隧道衬体上粘贴隧道专用防火板材、在隧道衬体上喷射无机纤维、在隧道衬体上喷涂防火涂料等。

(1)不计入结构剖面的额外混凝土厚度

该方法假定用附加的混凝土作为牺牲层,以维持隧道结构的整体性,从而阻止其在火灾中倒塌。在烈火中,随着混凝土内结合水变成蒸汽,混凝土内压力上升,由于混凝土结构致密,水蒸气不能有效散发,当压力超过其强度时,表层便出现爆裂,同时新裸露的混凝土又暴露于高温之中,从而引发进一步的爆裂,而当钢筋表面的温度超过 250 ℃ 时,钢筋的强度也开始下降。混凝土牺牲层厚度在 50 mm 以上,耐火极限可达 210 h。

(2)在混凝土中添加聚丙烯纤维

在混凝土中添加聚丙烯纤维(一般为 1 m^3 混凝土加 3 kg 聚丙烯纤维),可以增强混凝土的耐火性能,其原理为:火灾时,聚丙烯纤维熔化,形成连通的微小孔洞,混凝土内的水蒸气顺着这些小孔排出,减小了混凝土内的压力,从而在一定程度上避免混凝土的爆裂。

(3)安装喷淋灭火系统

喷淋灭火系统主要包括消火栓系统、水成膜泡沫灭火系统、水喷淋系统及泡沫—水联用喷淋系统。消火栓系统及水成膜泡沫灭火系统较为常用。

水成膜泡沫灭火系统是 20 世纪 60 年代发展起来的一种高效泡沫灭火系统,灭火剂中含有氟碳表面活性剂及碳氢表面活性剂,它依靠泡沫和水沫双重作用来达到灭火的目的,我国在京福高速公路美菰林隧道等工程中已经采用。

水喷淋系统又称为自动喷水灭火系统,已在日本、美国等发达国家的隧道中得到广泛应用,而目前在我国尚无隧道设置该系统。

(4)在隧道衬体上粘贴防火板材

该法是将隧道防火板材按预定形状和截面特性粘贴在隧道表面,由于隧道防火板自身热导率低、隔热性好、耐久性强,高温时将脱去一部分结晶水,减缓了隧道的温升,提高了隧道的耐火极限。板材厚度为 10~50 mm,耐火极限可达1.0~4.0 h,有良好的装饰效果。

(5)在隧道衬体上喷射无机纤维

喷射无机纤维是无机纤维(硅酸铝棉、矿棉、岩棉和玻璃棉等)应用的另一种形式,在国外已是比较成熟的技术,在国内还是一种新的施工作业技术。喷射无机纤维就是将粒状无机纤维通过喷射施工方式,喷打在被附着隧道衬体(表面)上,粒状棉与粒状棉再相互聚集形成附着在表面上有一定形状的纤维层材料。火灾发生时具有良好的保温隔热性能,减缓了隧道的温升,提高了隧道的耐火极限。喷射的无机纤维层厚度为 10~50 mm,耐火极限可达1.0~4.0 h。

（6）在隧道衬体上喷涂防火涂料

由于隧道内是由混凝土或钢筋混凝土建成的,因而借鉴预应力混凝土楼板防火涂料防火保护的原理,我国从 20 世纪 90 年代末逐步研究和生产隧道防火涂料,并应用于隧道的防火保护。

隧道防火涂料在火灾中涂层不膨胀,依靠材料的不燃性、低导热性及涂层中材料的吸热性,延缓钢筋的温升。隧道防火涂料体系中硼化物在高温时可以在被保护基材的表面形成玻璃状薄片,起到隔绝空气、隔断火焰和隔热的作用。硼化物含结晶水,受热时分解形成水蒸气,水蒸气一方面作为稀释剂降低了可燃气体的浓度;另一方面覆盖在被保护基材的表面也起到隔绝氧气、阻止燃烧的作用,这样可使涂层有效地阻隔火焰和热量,降低热量向混凝土及其衬内钢筋的传递速度,推迟其温升和温度变弱的时间,从而提高其耐火极限,达到防火保护的目的。隧道防火涂料涂层厚度为 7~10 mm,耐火极限可达1.0~1.5 h。

5.4.3　隧道火灾升温曲线

为了定量地评定隧道衬砌结构的耐火性能,基于火灾试验成果,国外建立了一系列不同类型的火灾曲线,用来反应隧道火灾时温度随时间的变化历程。这些曲线除了在建筑中广泛使用的 ISO834 标准温度-时间曲线外,考虑到隧道火灾的特点:空间较为封闭,热量不易散失,燃料主要为油类或者其他易燃物品,燃烧速率快,火灾荷载大。一些能够反应隧道火灾特点的曲线如 RwS、RABT、Runehamar 等被建立了起来。如图 5.13 所示,这些曲线尽管形状各不相同,但都体现了隧道火灾升温速度快、达到的最高温度高、持续时间长的特点,且都远严格于 ISO834 曲线。这种火灾曲线上的明显差异,也导致了隧道衬砌结构与上部结构不同的火灾行为和耐火性能。

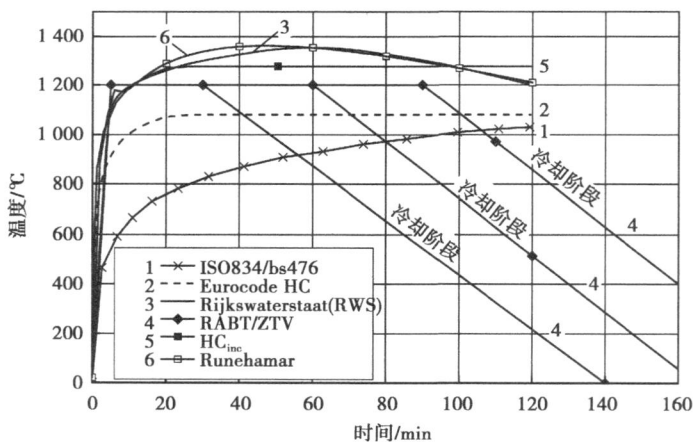

图 5.13　火灾增长曲线

ISO834 曲线用来描述一次典型的建筑物火灾,燃料为纤维质材料(如木材、纸、织物等)。该曲线只反映了火灾的增长和完全发展阶段,没有反映火灾的衰减阶段。尽管各国在测试建筑构件的耐火极限方面一直采用 ISO834 国际标准规定的温度-时间曲线,但研究表明,像汽车燃料和车辆所运载的石油化工产品、液化石油气等碳氢化合物或其他化学物质的燃烧释放率、火场温度梯度与可能达到的最高环境温度与该升温曲线所描述的情况有很大差异。因此隧道内的结构设计与耐火保护就需要与这种情况相适应。为此,欧洲各国发展了一系列不同隧道火灾类型的时间/温度曲线。

RWS 曲线是在1979年荷兰 TNO 实验室的研究结果基础上研究出来的。它假设在最不利的火灾情况下,潜热值为 300 MW 燃油或油罐车持续燃烧 120 min,并假设 120 min 后消防人员已经将火势控制,接近火源并开始熄灭火源。该曲线主要模拟油罐车在隧道中的燃烧情况,最初温度迅速上升,接着随着燃料的减少而逐步下降。在瑞士,由于山岭隧道更长而且远离消防队,采用 RWS 曲线时,设计时间则延长到 180 min。此外法国采用的隧道升温曲线与 RWS 类似,只是其最高点温度为1 300 ℃。

碳氢化合物燃烧曲线(HC 曲线)建立于 20 世纪 80 年代,起初用于石化工程和海洋工程,后被应用到隧道工程中。HC 曲线用来描述发生小型石油火灾(如汽油箱、汽油罐以及某些化学品运输罐)的燃烧特征:主要模拟火灾发生在较为开放的地带,热量可以散发的情况。

RABT 曲线是在德国通过一系列的实验研究结果发展而来的,如尤里卡(EUREKA)项目。该曲线假设火场温度在 5 min 之内快速升高到1 200 ℃,并在持续较短时间后冷却 110 min。该曲线模拟一场简单的卡车火灾的升温状况,但针对一些特殊的火灾类型,最高温度的持续时间也可延长到 60 min 或更长时间,然后冷却 110 min。

5.4.4 隧道结构受火后的性能变化分析

长隧道近似于封闭空间,火灾发生后,散热慢,温度较高,起火点附近未进行防火保护的隧道承重结构体的混凝土容易发生崩落。由于隧道火灾发生前,隧道衬砌和地层已存在着因挖掘和设置支撑等引起的应力和变形场,根据国内外隧道混凝土衬砌火灾试验研究可知,混凝土衬砌在 300~400 ℃时强度开始降低,表面开始产生裂纹,在 400 ℃ 以上时强度急剧降低,600 ℃时试件表面裂纹贯通,800 ℃以上时出现崩裂。此外,由于衬砌内含有水分,当火灾发生时,衬砌中的水变成蒸汽,在衬砌内成千倍地膨胀,从而产生巨大的压力;由此导致隧道衬砌发生崩裂的温度大大降低。国外针对钻孔隧道衬砌火灾试验研究表明,混凝土表面温度达到 200 ℃时,10~15 min内混凝土衬砌就会发生爆裂、崩落。

在高温下,隧道衬砌内钢材的力学性能也将显著下降,这是由于钢结构耐火性能差的缘故。根据已有的试验数据,温度达到 250 ℃时,钢材抗拉强度提高,而塑性和冲击韧性降低,出现"蓝脆"现象;温度达 300 ℃时,钢材的弹性模量、弹性极限急剧降低,屈服平台消失;温度达 400 ℃时,钢材的屈服应力开始急剧下降;温度达到 600 ℃时,钢材的屈服应力和极限应力降到常温下钢材屈服应力和极限应力的 1/3 以下,此时结构已遭破坏。

包括隧道混凝土衬砌发生爆裂、崩落等在内,隧道衬砌结构内部温度不均匀升高将产生 4 个不利因素:

①火灾高温使衬砌结构材料的变形模量降低,结构刚度下降,承受正常荷载的衬砌结构会产生更大的变形。

②火灾高温使衬砌结构混凝土和钢筋的强度降低,钢筋与混凝土的共同作用效应下降,导致隧道结构的承载能力下降。

③由于衬砌结构内部的不均匀升温,使局部衬砌内部及整个衬砌结构体系中产生不均匀热膨胀,使局部衬砌及衬砌结构体系中产生很大的附加应力。

④由于隧道的衬砌混凝土具有高致密性、高强的特点,火灾高温有可能导致混凝土的爆裂、

剥落,削弱结构的有效受力截面,使结构的承载力进一步下降,变形进一步增大。

在这4方面负面影响的共同作用下,结果是衬砌结构变形增大、开裂、屈曲、破坏,甚至局部或整体倒塌,影响隧道的安全性、适用性和耐久性。

5.5　隧道火灾自动探测报警系统

公路隧道的长管状空间造成隧道内空气污染严重、洞内外亮度差悬殊、交通空间狭小和隧道内火灾消防困难等问题,给隧道的交通运行带来安全隐患。而其中更为危险的是,隧道火灾的救护十分困难,一旦发生将给司乘人员带来生命威胁,其后果是严重的。一般来说,隧道火灾主要缘于交通事故、车辆电气事故、隧道设备故障和隧道内线缆过流等,因此,尽快发现火灾是将火灾事故造成的损失降到最小的关键。隧道内的火灾报警系统一般由手动报警按钮、火灾检测器和火灾处理器构成。由于火灾检测器对火灾响应的快慢程度直接关系到火灾造成的损失程度,所以隧道管理者对隧道火灾探测器的选用非常重视。

5.5.1　火灾探测报警概述

物质在燃烧过程中,通常会产生烟雾,同时释放出称之为气溶胶的燃烧气体,他们与空气中的氧发生化学反应,形成含有大量红外线和紫外线的火焰,导致周围环境温度逐渐升高。这些烟雾、温度、火焰和燃烧气体称之为火灾参量。火灾探测器的基本原理就是对烟雾、温度火焰和燃烧气体等火灾参量作出有效反应,通过敏感元件,将表征火灾参量的物理量转化为电信号,送到火灾报警控制器。根据对火灾参量不同的响应方法,分为若干种不同类型的火灾探测器,如图5.14所示。

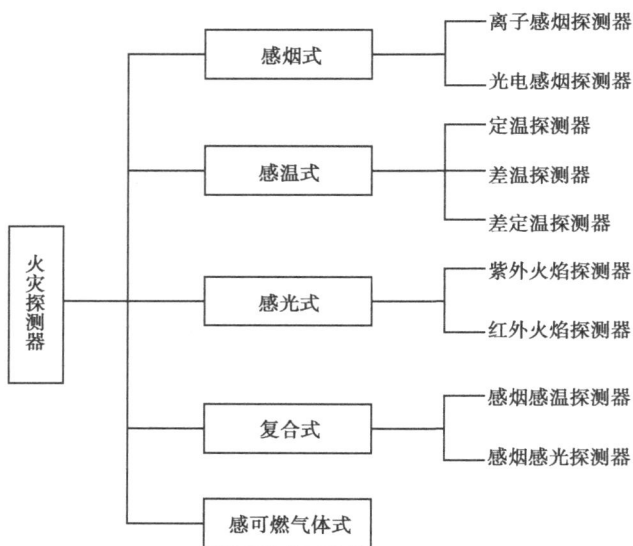

图5.14　火灾探测器分类

在火灾探测器选用过程中,应该遵循如下原则:

①火灾初期有阴燃(固体可燃物无火焰的燃烧)阶段,产生大量的烟和少量热,火焰辐射小或没有,应选用感烟探测器。

②火灾发展迅速,产生大量的热、烟和火焰辐射,可选用感烟探测器、感温控测器、火焰探测器或其组合。

③火灾发展迅速,有强烈的火焰辐射和相对少量的烟与热,应选用火焰探测器。

④火灾形成特点不可预料,可进行模拟试验,根据试验结果选择探测器。

⑤对使用、生产或聚集可燃气体或可燃液体蒸气的场所,应选择可燃气体探测器。

除此之外,在选择火灾探测器时还应考虑安装场所的环境:

①相对湿度长期大于95%,气流速度大于5 m/s,有大量粉尘、水雾滞留,又能产生腐蚀性气体,在正常情况下有烟滞留,产生醇类、醚类、醛类等有机物质的场所,不宜选用离子感烟探测器。

②可能产生阴燃或者发生火灾不及早报警将造成重大损失的场所,不宜选用感温探测器;温度在0 ℃以下的场所,不宜选用定温探测器;正常情况下温度变化大的场所,不宜选用差温探测器。

5.5.2　隧道火灾探测报警系统选型

公路隧道内来往车辆较多,排放的汽车尾气中含有大量的 CO,NO_x,SO_2 及固体颗粒,因此不适宜使用感烟火灾探测器,而应以感温探测器和火焰探测器为主。根据目前国内的隧道工程实例,隧道常用火灾探测器主要包括线型缆式定温火灾探测器、线型缆式差(定)温火灾探测器、线型空气管差温火灾探测器、线型光纤感温探测器和双波长火焰探测器等。

(1)线型缆式定温探测器

线型缆式定温探测器是一种能够在警戒区域内响应环境温度额定值的探测器,一般由两根载流导线(或铜芯电缆)绞结在一起,芯线间采用热敏绝缘材料分隔(或线芯采用热敏合金线制作)。当环境温度升高达到或超过额定动作温度时,热敏绝缘材料融化,造成导线短路(或热敏合金阻抗变化引起探测回路阻抗变化),从而发出火灾报警信号。该类探测器的额定动作温度分为70 ℃以下、71~85 ℃、86~100 ℃、100 ℃以上4个等级。

该类火灾探测器造价最便宜,但由于需安装在隧道顶部,施工维护较困难;隧道内交通量大,风速大,污染严重,这种探测器反应时间长,报警点与实际着火点位置有误差。

(2)线型缆式差(定)温火灾探测器

该类探测器一般采用热敏合金线制成,通过探测回路的阻抗变化,差温探测器能够适时检测到探测区域内的升温速率变化;差定温探测器同时还能响应环境温度额定值,具有差温和定温双重报警功能。探测器外一般包有防潮、防腐蚀的保护层。差(定)温探测器按照灵敏度分为3个等级,分别以10 ℃/min,20 ℃/min 和30 ℃/min 作为额定升温速率。

该类火灾探测器造价较便宜;由于同样需安装在隧道顶部,施工维护较困难;热敏电阻测温灵敏度高,不容易误报、漏报。

(3)线型空气管差温火灾探测器

该类火灾探测器利用火灾时的高温使铜管内空气膨胀产生推力,压力变送器将该推力转化为开关量电信号报警。这种探测器虽然有不少优点,但它的缺点还是不容忽视:灵敏度调节难以稳定、误报、报警滞后。

（4）线型光纤感温探测器

光纤感温探测器是一种较为先进的技术，依据光纤的光时域反射（OTDR：Optical Time Domain Reflectometry）原理以及光纤的后向拉曼散射（Raman Scattering）温度效应进行测温。它是一个线性感温探测器，属于最新一代光纤传感器，其最大优点归功于它的精确测量特性，因此特别适合用于公路（铁路）隧道以及类似场合的火灾危险监视装置。光纤感温探测系统已经多年成功地应用于许多领域，尤其是公路（铁路）隧道领域。

虽然光纤受环境的干扰较少，但它与感温电缆存在同样的缺点：维护困难，而且造价较高。

（5）双波长火焰探测器

双波长火焰探测器利用火灾中辐射光的特定波长，以及火焰闪烁频率判定火灾。其设计的基本结构如下：

①捕捉火焰特有的燃烧变化频率。火灾的火焰一边燃烧一边放射的光，是按周期变化的。利用这种现象，通过探测器的电带状过滤器检测火焰特有的频率（1~15 Hz），这是判断发生火灾的因素之一。

②捕捉火灾特有的光谱分布特性。火灾的火焰放射光的光谱分布情况与自然光或各种人工照明灯光（环境光）的光谱分布情况不同。探测器可对一般照明用环境光的光学输入相对光谱同车辆火灾或汽油火灾时检测器的相对光谱进行比较，利用这个特性，通过对于不同波长带域各具灵敏度的两个检测元件，比较辐射光的输入值，以此作为检测火灾的判断因素之一。

探测器探测出火灾并发出信号，必须要满足上述①、②两个判断因素。图 5.15 是双波长火灾探测器的探测原理图。

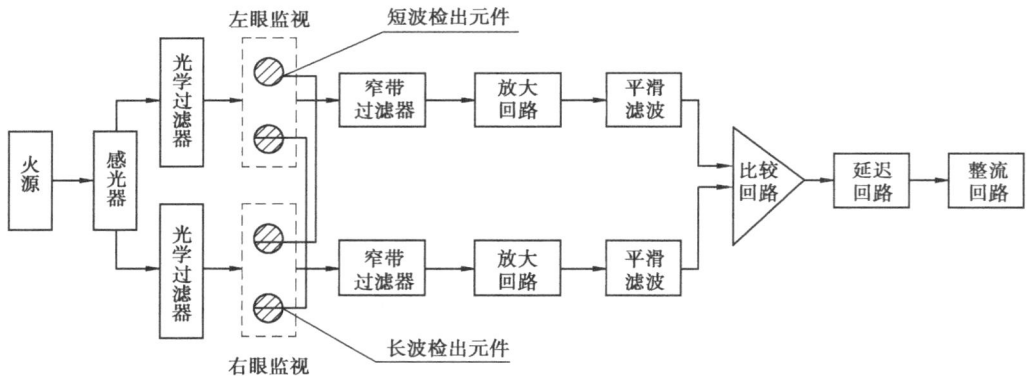

图 5.15　双波长火灾探测器探测原理图

双波长火焰探测器利用火的特定波长及火焰闪烁频率判定火灾，不受隧道内风速影响，响应速度快；它安装在隧道侧壁，易维护；并且它是一种抗高污损的火焰探测器，能屏蔽行驶的车辆的头灯和尾灯。其不足之处主要是：该探测器为点式探测器，安装在隧道侧壁，存在探测盲区；隧道中有物体遮住火焰，可能产生漏报；因雷电原因可能引起火灾误报。不易进行灵活的防火分区划分，不能很好地与其他隧道系统配合使用。

目前上述 5 种类型的线型感温火灾探测器在隧道车行道区域均有应用，设计时需要考虑保护半径和安装高度，动作类型宜采用差定温方式，一般沿拱顶架空敷设。而火焰探测器一般安装在隧道的侧壁，安装高度按照产品的视场角、保护面积、安装维护等因素综合考虑。

隧道的地下设备区、管理区以及电缆隧道区域的可燃物主要是固体物质,火灾早期具有阴燃产生的烟雾,火灾探测产品可以选用感烟探测器。

5.6　隧道火灾灭火设施

根据隧道火灾的起因和物质燃烧的特性分析,隧道可能发生的火灾种类大致有 A,B,C,D,E 共 5 类。

- A 类:可燃固体燃烧的火灾或常温下呈半凝固状态的重油燃烧的火灾;
- B 类:可燃液体燃烧的火灾或汽车本身的油箱燃烧的火灾;
- C 类:可燃气体燃烧的火灾;
- D 类:可燃金属,如钾、钠、镁、钛、锆、锂、铝镁合金等燃烧的火灾;
- E 类:带电物体燃烧的火灾。

以上 5 类火灾中,以汽车相撞引发的 A,B 类火灾最为常见。这些火灾由于受隧道空间的限制,火焰和烟雾无法向上发展,迫使其往纵向扩散,并且很快充满隧道。据资料报道,两辆货车或公共汽车相撞酿成的火灾,在起火 25 s 后就充分发展,3 min 左右火源上方顶部温度已达到 1 000 ℃ 左右。如此迅猛的火势给人员疏散和灭火造成很大的困难。

按照燃烧原理,一切灭火方法的原理是将灭火剂直接喷射到燃烧的物体上,或者是将灭火剂喷洒在火源附近的物质上,使其不因火焰热辐射作用而形成新的火点。

（1）冷却灭火法

冷却灭火法的原理是将灭火剂直接喷射到燃烧的物体上,以降低燃烧的温度于燃点之下,使燃烧停止;或将灭火剂喷洒在火源附近的物质上,使其不因火焰热辐射作用而形成新的火点。冷却灭火法是灭火的一种主要方法,常用水和二氧化碳作灭火剂冷却降温灭火。灭火剂在灭火过程中不参与燃烧过程中的化学反应。这种方法属于物理灭火法。

（2）隔离灭火法

隔离灭火法是将正在燃烧的物质和周围未燃烧的可燃物质隔离或移开,中断可燃物质的供给,使燃烧因缺少可燃物而停止。具体方法有:

①把火源附近的可燃、易燃、易爆和助燃物品搬走。

②关闭可燃气体、液体管道的阀门,以减少和阻止可燃物质进入燃烧区。

③设法阻拦流散的易燃、可燃液体。

④拆除与火源相毗连的易燃建筑物,形成防止火势蔓延的空间地带。

（3）窒息灭火法

窒息灭火法是阻止空气流入燃烧区,或用不燃烧区,或用不燃物质冲淡空气,使燃烧物得不到足够的氧气而熄灭的灭火方法。具体方法有:

①用沙土、水泥、湿麻袋、湿棉被等不燃或难燃物质覆盖燃烧物。

②喷洒雾状水、干粉、泡沫等灭火剂覆盖燃烧物。

③用水蒸气或氮气、二氧化碳等惰性气体灌注发生火灾的容器、设备。

④密闭起火建筑、设备和孔洞。

⑤把不燃的气体或不燃液体(如二氧化碳、氮气、四氯化碳等)喷洒到燃烧物区域内或燃烧物上。

隧道灭火设施的种类很多,主要包括灭火器、消火栓、固定式水成膜泡沫灭火装置和消防车等。隧道内的火灾情况既不属于露天场所,也不属于密闭房间类型,是一种介于两者之间的特殊场所。所以在选择灭火剂时,不能像露天场所那样无所顾忌,也不必像密封房间那样担心二氧化碳会使消防人员窒息。由于建筑上要求隧道横断面必须尽可能小,以减少土木工程费用,所以隧道里面空间相对狭小。大多数高等级道路隧道和某些城市道路隧道都是全封闭交通方式,不设人行道,即使有维修道也是窄小的,这就限制了诸如推车式灭火器的运送能力。这些使用环境上的特点,也是选用灭火设备时必须要考虑的。

5.6.1 灭火剂

一旦发生火灾,就必须使用各种灭火器材和设备进行灭火,其中灭火剂是必不可少的。灭火剂可通过各种途径有效地破坏燃烧条件,使燃烧中止。灭火剂的种类很多,根据灭火机理不同,灭火剂大体可分为两大类:物理灭火剂和化学灭火剂。

物理灭火剂不参与燃烧反应,它在灭火过程中起到窒息、冷却和隔离火焰的作用,在降低燃烧混合物温度的同时,稀释氧气,隔离可燃物,从而达到灭火的效果。物理灭火剂包括水、泡沫、二氧化碳、氮气、氩气及其他惰性气体。

化学灭火剂在燃烧过程中是通过抑制火焰中的自由基连锁反应而抑制燃烧的。化学灭火剂主要有卤代烷灭火剂、干粉灭火剂等。按照它们的物理状态,也可分为气体灭火剂(卤代烷、二氧化碳等)、液体灭火剂(水、泡沫等)和固体灭火剂(干粉、烟雾等)。

随着科学技术的发展,以及对环保的要求越来越高,灭火剂也在不断改进更新。目前已研制成功了许多的新型灭火剂,使灭火剂灭火性能进一步提离,逐步消除了一些灭火剂对环境的不良影响。

对于隧道火灾,灭火剂应选用满足对汽油火灾灭火能力强、不产生有害气体、不因温度和湿度的影响而变质、储存期长以及容易管理等要求的品种。

常用的灭火剂主要有水、润湿剂、泡沫、卤代烷干粉和二氧化碳等。

(1)水

水是消防上最普遍应用的灭火剂,因为水在自然界广泛存在,供应量大,取用方便,成本低廉,对人体及物体基本无害。水有很好的灭火效能,主要有以下方面:

①热容量大。水是一种吸热性很强的物质,具有很大的热容量。1 kg 水温度升高 1 ℃,需要 4.2 kJ 的热量;而当 1 kg 水蒸发汽化时,又需要吸收 2 257 kJ 的热量。因此,水就可以从燃烧物上吸收掉很多的热量,使燃烧物的温度迅速降低以致熄灭。

②隔离空气。当水喷入燃烧区以后,便立即受热汽化成为水蒸气。1 kg 水全部蒸发时,能够形成 1 700 L 的水蒸气,当大量的水蒸气笼罩于燃烧物周围时,可以阻止空气进入燃烧区,从而大大减少了空气中氧的百分比含量,使燃烧因缺氧窒息而熄灭。

③机械冲击作用。加压的水流(密集水流)能喷射到较远的地方,具有机械冲击作用,能冲进燃烧表面而进入内部,破坏燃烧分解的产物,使未着火的部分隔离燃烧区,防止燃烧物质继续分解而熄灭。

水适用于扑救初起之火,又常用来扑救大面积的火灾。水作为灭火剂是以水、水柱、雾状水和水蒸气 4 种形态出现的,由于形态不同,其灭火效果也不同,且都各有特点,因此需要根据燃烧物的性质和燃烧时的实际情况采用不同形态。

水能扑救闪点在 60 ℃以上的可燃液体（如重油、润滑油等）贮罐的火灾，以及直径较小的（1~3 m）易燃液体贮罐的火灾、铁路槽车的火灾等；能扑救流散在地上、面积不大、厚度不超过 3 cm 的易燃液体火灾；扑救少量可燃气体、某些易燃固体（如赤磷）的火灾。水还能吸收和湿润某些气体、蒸气和烟雾，对消除火场上有毒气体及烟雾起到一定的作用。

水蒸气的灭火作用是使火场的氧气量减少，以阻碍燃烧，并且能造成汽幕使火焰和空气隔离，油类和气体着火都可以用水蒸气扑灭。特别是用于扑灭气体着火效果最大。空气中所含水蒸气的浓度越大，灭火的效果也越大。空气中含水蒸气 35% 时可以有效灭火，到 65% 时可以使已燃物质熄灭。

凡具有下列性质的物品不能用水扑救：

①遇水燃烧物品不能用水及含水的泡沫灭火。因为有的遇水燃烧物品性质活泼，能置换水中的氢，产生可燃气体，同时放出热量（如金属钾、钠等）；有的遇水产生可燃的碳氢化合物，同时放出热量引起燃烧、爆炸（如碳化钙、三丁基硼等）。此类火灾主要用干砂土扑救。

②比水轻、且不溶于水的易燃液体，如苯、甲苯等。某些芳香族烃类以及溶解或稍溶于水的液体，如醇类（甲醇、乙醇等）、醚类（乙醚等）、酮类（丙酮等）、酯类（乙酸乙酯、乙酸丁酯等）及丙烯腈等大容量贮罐，如用水扑救，因水会沉在液体下面形成喷溅、漂流而扩大火灾，此时可用泡沫、干粉、二氧化碳、1211 等扑救。但如这些液体着火的数量不多，可用雾状水扑灭。

又如硫酸、硝酸等遇加压水流，会立刻沸腾，使酸液四处飞溅，故宜用干砂土、二氧化碳扑救，少量时可用雾状水扑救。

③有些化学物品遇水能生成有毒或腐蚀性的气体（如磷化锌、磷化铝、硒化镉等），也不能用水，宜用砂土或二氧化碳扑救。

④电气火灾未切断电源前不能用水扑救。高温状态的化工设备不能用水扑救，因为水的突然冷却会使设备爆裂，只能用水蒸气灭火或让其自然冷却。

水的灭火效率取决于水滴的大小（密集水流还是喷雾水流）、水的消耗量、各种添加剂的影响和燃烧介质的性质。灭火时最有效的水滴直径为 100~1 000 μm，效果最差的水滴直径为 1~10 μm。水滴的大小在很大程度上取决于水枪喷嘴的结构，水枪喷嘴通常能使水雾化成 5 040~15 000 μm 的水滴。

（2）润湿剂

润湿剂是一种表面活性物质，可以分成阴离子表面活性剂，如肥皂、洗涤剂、有机硫酸盐、有机碳酸盐；阳离子表面活性剂，如高分子含氮有机化合物的盐；非离子表面活性剂，如多氧化物、普通的聚酯和聚酰胺等；两性表面活性剂，如三甲基胺内酯和硫酸三甲基胺内酯。

润湿剂水溶液最重要的物理性质是能降低表面张力，提高水的润湿能力。由于表面张力作用，水总是力图缩小自己的表面，所以水滴呈球形。如果在水中添加了润湿剂，水的表面张力被减小了，水滴便不再呈球形，润湿剂的分子在水表面被吸附，并在形成单一分子层的同时发生收缩。即一部分被水排斥的分子，分布在水的表面并形成单分子层，另一部分分子被水吸引，这样就降低了表面张力。

润湿剂极易与水混合并变为液态、浆糊状或固系（呈鳞状）。润湿剂和无机盐类都含有腐蚀性强的氯化物，因而具有强腐蚀性。阳离子润湿剂是高毒物，不能用来灭火，在灭火作业中必须使用无害的阴离子活性润湿剂和非离子润湿剂。

对于橡胶、炭灰、锯末、纤维织物、泥煤等物质,如果不使用含润湿剂的水灭火,即使消耗大量的水,也难以灭火或者根本不能灭火。含有润湿剂的水溶液只有渗透到火焰中去,才能生效。所以只有在火焰已被冷却时,含有润湿剂的水才不会被蒸发掉,否则其灭火效率与纯水没有什么不同。

（3）泡沫

泡沫是泡沫剂的水溶液与空气或二氧化碳混合后的产物,其质量取决于泡沫剂的性能和泡沫设备的技术特性。按制取的方法可以分为化学泡沫、空气机械泡沫。

①化学泡沫:常用的化学泡沫灭火剂,主要是酸性盐(硫酸铝)和碱性盐(碳酸氢钠)与少量的发泡剂(如动植物的水解蛋白质或甘草粉),少量的稳定剂(如三氯化铁等)溶液混合后互相作用而生成的膜状气泡群。

②空气机械泡沫:用空气泡沫管枪制取。其过程是利用喷射方法把浓缩的泡沫剂与水混合,同时通过泡沫管枪吸孔,用水流把发泡所需空气吸进。由于水流压力、发泡剂种类、泡沫管枪种类不同,形成的泡沫种类也不同,强制鼓风时便可获取高倍数泡沫,高倍数泡沫的发泡倍数为 20~1 000 倍。在没有强制鼓风的设备上,可制取发泡倍数为 20~200 倍的泡沫,在有强制鼓风的设备上,可制取发泡倍数为 200~1 000 倍的轻质泡沫,蛋白泡沫剂被用来制取低倍数泡沫。

重质泡沫(低倍数泡沫)的灭火能力取决于冷却作用和隔绝作用。按火灾的发生条件的不同,可能是二者之一起主导作用,他们并非同时发挥同样程度的作用。例如扑救阴燃火灾(木材、纸张、纺织品等没有火焰的燃烧)和石油等可燃液体火灾时,冷却作用占优势。一旦形成泡沫层,即可起隔绝作用。

高倍数泡沫对于火灾主要起抑制作用,能迅速扑灭阴燃火灾,原因是它能覆盖整个火焰区,造成一个贫氧层,从而使燃烧变慢并使其停止。高倍数泡沫还有隔热性能和阻止火灾向邻近可燃物蔓延的性能。高倍数泡沫的冷却作用是很小的。

③抗溶性泡沫灭火剂:水溶性易燃液体(如醇类、酮类、酯类等)有机溶剂发生火灾,普通蛋白泡沫是难以扑救的,需要用抗溶性空气泡沫。在蛋白质水解液中添加有机酸金属络合盐就可以制成蛋白型的抗溶性泡沫液。这种有机金属络合盐与水接触,析出不溶于水的有机酸金属皂。当产生泡沫时,析出的有机酸金属皂在泡沫壁上形成连续的固体薄膜;这层薄膜能有效地防止水溶性有机溶剂吸收泡沫水分而保护泡沫,使泡沫能持久地覆盖在溶剂液面上,起到灭火作用。

这种泡沫不仅可以扑救一般烃类液体火灾,还可以有效地扑灭水溶性有机溶剂火灾。

对沸点很低的水溶性有机溶剂[如乙醛(沸点20.2 ℃)、乙醚(沸点34.6 ℃)]的火灾,此种泡沫虽能覆盖其整个液面,由于燃烧后液面温度不能很快降下来,溶剂仍然大量气化,蒸气穿过泡沫层继续燃烧,形成泡沫层上的气体火灾。在此情况下,如没有很好的冷却措施,火势虽可控制,但扑灭是比较困难的。

④氟蛋白泡沫灭火剂:普通蛋白泡沫通过油层时,由于不能抵抗油类的污染,上升到油面后泡沫本身所含的油足以使其燃烧,导致泡沫全部破坏,这就要求有一种能够抵抗油类污染的泡沫。氟蛋白泡沫就有这种效能。在空气泡沫液中加入氟碳表面活性剂即生成氟蛋白泡沫。

氟碳表面活性剂具有良好的表面活性,较高的热稳定性,较优的润湿性和流动性及防油防水的能力。当泡沫通过油层时使油不能在泡沫内扩散,而被分隔成小油滴,这些小油滴被未污染的泡沫包裹,并在油罐液面上封闭油品蒸气,形成一个包含有小油滴的、不燃烧的泡沫层,即使泡沫层内含汽油量达到 25% 也不燃烧。而普通空气泡沫层内含有 10% 的汽油时即开始燃烧。因此这种泡沫灭火剂有较高的灭火性能,适用于液下喷射灭火。

⑤水成膜泡沫灭火剂:又称"轻水"泡沫,英文简称 AFFF,主要由氟碳表面活性剂组成,并添加泡沫稳定剂、防腐剂等成分。水成膜泡沫灭火剂除含有普通水成膜泡沫液的成分外,还添加有高分子聚合物。氟碳表面活性剂具有显著降低表面张力的能力,具有高耐热、耐化学制剂的性能,与碳氢表面活性剂复配使用,表现出良好的协同效应,既能有效降低溶液的表面张力,也能降低油的界面张力。

水成膜在水溶液中能起泡,其水溶液比水轻,所以能浮在燃液表面,因此被称作"轻水"。它对石油类和 B 类火灾的灭火作用优于蛋白泡沫和氟蛋白泡沫。它的灭火原理为:除具有一般泡沫灭火剂的作用外,它在燃烧液表面流散的同时还析出液体冷却燃液表面,并在燃烧液面上形成一层水膜与泡沫层共同封闭燃液表面,隔绝空气,形成隔热屏障,吸收热量后的液体汽化稀释燃液面上空气的含氧量,对燃烧液体产生窒息作用,阻止燃液的继续升温、汽化和燃烧。它和其他灭火剂的根本区别是"轻水"泡沫具有泡沫和水膜的双层灭火作用,这是它灭火效率高、时间短的原因。由水成膜泡沫组成的灭火系统具有如下显著特点:

a.水成膜泡沫灭火剂有成膜性和膜自越性,抗复燃能力强。

b.水成膜泡沫液可储存 10 年以上不变质,而一般消防泡沫液只能储存 2 年。

c.灭火效力高,是一般泡沫灭火剂的 2~3 倍。

d.水成膜泡沫灭火剂适用于非吸气型泡沫喷射装置。

e.适用的泡沫混合液流量范围大,混合比准确,适用于 3% 型和 6% 型泡沫灭火剂。

f.泡沫液储罐内置胶囊,使水和泡沫液隔离,可连续多次使用。

g.可与自动喷水灭火系统联用,并可实现自动。

h.借助水源压力来实现泡沫液供给,不需另设泡沫动力源。

i.适于自动喷水灭火系统的改造,仅需增加泡沫比例混合器和泡沫液储罐。

(4)卤代烷灭火剂

饱和碳氢化物中的氢原子,完全或部分被卤族元素取代,生成的化合物即为卤代烷。在灭火技术上使用的卤族元素只有氟(F)、氯(Cl)、溴(Br)。

卤代烷灭火剂主要用来扑灭易燃物质(如汽油、石油、油漆等)、电气设备等。卤代烷灭火剂的优点是灭火后能全部汽化,这就避免了灭火剂本身参与燃烧的可能性。另外,由于卤代烷灭火剂的沸点较低,所以能在低温条件下使用。卤代烷灭火剂的重大缺点是毒性较高,在狭窄的、通风条件不好的环境中使用时很危险。道路隧道内,视通风条件好坏,可慎重选择那些被视为无毒的卤代烷灭火剂。通风条件不好的情况下,建议使用诸如泡沫、干粉等无毒灭火剂。

(5)干粉灭火剂

干粉是微细的固体颗粒,具有不导电、不腐蚀、扑救火灾迅速等特点,能扑救流散的易燃(或可燃)液体、气体火灾和电气火灾。干粉灭火剂的灭火原理主要是:干粉在高温作用下可以分解,分解时能吸收大量的热,从而起到冷却和稀释可燃气体的作用;反应中还有抑制燃烧的作用,加上喷洒时的机械冲击作用等,使火焰熄灭。我国目前常用的干粉按用途可分为两类,即碳酸氢钠(或钾)干粉(又称 BCE 干粉)、磷酸二氢铵干粉(又称 ABCDE 干粉)。

(6)二氧化碳灭火剂

二氧化碳是无色无味的气体,是一种很好的灭火剂,能用于移动式和固定式灭火设备。它不导电、化学上是中性、无腐蚀性的惰性气体,但二氧化碳对人体有窒息作用。通常二氧化碳是以液态灌进钢瓶内作灭火剂用,喷射在燃烧区内的二氧化碳能稀释空气而使氧或可燃气体的百分含量降低,当空气中二氧化碳浓度达到29.2%时,燃烧着的火焰就会熄灭。二氧化碳除了具有窒息作用外,还有一定的冷却作用,喷射出来的干冰(固态二氧化碳)温度可达-78.5 ℃。

由于二氧化碳不含水分,不导电,可用来扑灭精密仪器及一般电气火灾,以及不能用水扑灭的火灾。但其不能扑灭金属钾、钠、镁、铝等的火灾,也不宜用于扑灭棉花、硝酸纤维等火灾,因为这类物质能在含有大量的二氧化碳气体中继续燃烧。

5.6.2　灭火器

1)灭火器的分类

灭火器是火灾扑救中常用的灭火工具,在火灾初起之时,由于范围小、火势弱,是扑救火灾的最有利时机,正确及时使用灭火器,可以挽回巨大的损失。灭火器结构简单、轻便灵活,稍经学习和训练就能掌握其操作方法。目前道路隧道内经常使用的灭火器,主要包括以下几种类型:

(1)泡沫灭火器

泡沫灭火器的灭火作用表现在:在燃烧物表面形成的泡沫覆盖层,使燃烧物表面与空气隔绝,起到窒息灭火的作用。由于泡沫层能阻止燃烧区的热量作用于燃烧物质的表面,因此可防止可燃物本身和附近可燃物的蒸发。泡沫析出的水对燃烧物表面进行冷却,泡沫受热蒸发产生的水蒸气可以降低燃烧物附近的氧的浓度。

泡沫灭火器的灭火范围:适用于扑救 A 类火灾,如木材、棉、麻、纸张等火灾;也能扑救一般 B 类火灾,如石油制品、油脂等火灾;但不能扑救 B 类火灾中的水溶性可燃、易燃液体的火灾,如醇、酯、醚、酮等物质的火灾。

(2)干粉灭火器

干粉灭火器的作用表现在:一是消除燃烧物产生的活性游离子,使燃烧的连锁反应中断;二是干粉遇到高温分解时吸收大量的热,并放出蒸汽和二氧化碳,达到冷却和稀释燃烧区空气中氧的作用。

干粉灭火器的灭火范围:适用于扑救可燃液体、气体、电气火灾以及不宜于用水扑救的火灾。ABC 干粉灭火器可以扑救带电物质火灾和 A,B,C,D 类物质燃烧的火灾。

(3)二氧化碳灭火器

二氧化碳灭火器的灭火作用表现在:当燃烧区二氧化碳在空气的含量达到 30% ~ 50%时,能使燃烧熄灭,主要起窒息作用。同时二氧化碳在喷射灭火过程中能吸收一定的热能,也就有一定的冷却作用。

二氧化碳的灭火范围:适用于扑救 600 V 以下的电气设备、精密仪器、图书、档案的火灾,以及范围不大的油类、气体和一些不能用水扑救的物质的火灾。

(4)1211灭火器

1211灭火器的灭火作用表现在:抑制燃烧的连锁反应,中止燃烧。同时兼有一定的冷却和窒息作用。

1211灭火器的灭火范围:适用于扑救易燃、可燃液体、气体以及带电设备的火灾,也能对周体物质表面火灾进行扑救(如竹、纸、织物等),但由于1211灭火剂对大气臭氧层有强烈的破坏作用,因此,各国相继采取了措施,逐步限制1211灭火器的使用。

国家标准规定,灭火器型号应以汉语拼音大写字母和阿拉伯数字标为简体,如"MF2"等。

其中第1个字母M代表灭火器,第2个字母代表灭火剂类型(F是干粉灭火剂、FL是磷铵干粉、T是二氧化碳灭火剂、Y是卤代烷灭火剂、P是泡沫、QP是轻水泡沫灭火剂、SQ是清水灭火剂),后面的阿拉伯数字代表灭火剂质量或容积,一般单位为kg或L。

2)灭火器的选用

灭火器类型的选择应符合下列规定:

①扑救A类火灾应选用水、泡沫、磷酸铵盐干粉、卤代烷型灭火器。

②扑救B类火灾应选用干粉、泡沫、卤代烷、二氧化碳型灭火器,扑救极性溶剂B类火灾不得选用化学泡沫灭火器。

③扑救C类火灾应选用干粉、卤代烷、二氧化碳型灭火器。

④扑救带电火灾应选用卤代烷、二氧化碳、干粉型灭火器。

⑤扑救A,B,C类火灾和带电火灾应选用磷酸铵盐干粉、卤代烷型灭火器。

⑥扑救D类火灾的灭火器材应由设计单位和当地公安消防监督部门协商解决。

中短隧道中多数情况下只需设置手提式灭火器,重要的是设置密度要大、取用速度快、使用方便。灭火器对扑灭可燃液体、可燃气体火灾有很好的效果。隧道灭火器一般可按下列条件选用:

①要针对隧道火灾的特殊性,尤其对B类火灾的灭火能力要大,并能适应其他类型火灾。

②搬运、操作容易。

③不产生有害气体。

④灭火剂不能因温、湿度而变质,且存放期长。

灭火器充装量各国规定不一,美国规定不大于9.0 kg,日本为6.0 kg,考虑到我国成年人的身材及隧道火灾的特点,《公路隧道交通工程设计规范》(JTG/T D71—2004)规定最大为8.0 kg(实际总重达到12.0 kg以上)。因为太重手提搬运不便,但太轻充装量少,喷射时间短,会影响灭火效果,一般可选择5.0~8.0 kg,以6.0 kg为宜。

从国内外隧道使用情况来看,多数选用干粉灭火器,且以磷酸铵盐干粉灭火器为首选,它能够适用于A,B,C类火灾及电气火灾。

灭火器的设置间距关系到灭火人员能否及时地取用灭火器,考虑到隧道与地面建筑物内有所不同,隧道内取用灭火器可以直线到达,参考日本规定,所以灭火器洞室间距最大取为50 m。每个洞室宜设置3~4具灭火器。灭火器洞室可以和消火栓洞室合并,也可单独设置。

灭火器箱门上:应注明"灭火器"字样。

灭火器的其他配置要求应按《建筑灭火器配置设计规范》的规定执行。

3)灭火器的使用方法

(1)手提式灭火器的使用

①机械泡沫、1211、二氧化碳、干粉灭火器。上述灭火器一般由一人操作,使用时将灭火器

迅速提到火场,在距起火点5 m处,放下灭火器,先撕掉安全铅封,拔掉保险销,然后右手紧握压把,左手握住喷射软管前端的喷嘴(没有喷射软管的,左手可扶住灭火器底圈)对准燃烧处喷射。

灭火时,应把喷嘴对准火焰根部,由近而远,左右扫射,并迅速向前推进,直至火焰全部扑灭。

②化学泡沫灭火器。将灭火器直立提到距起火点10 m处,使用者的一只手握住提环,另一只手抓住筒体的底圈。将灭火器颠倒过来,泡沫即可喷出,在喷射泡沫的过程中,灭火器应一直保持颠倒和垂直状态,不能横放或直立起来,否则会中断喷射。

(2)推车灭火器的使用

①机械泡沫、1211、二氧化碳、干粉灭火器。推车灭火器一般由两人操作,使用时,将灭火器迅速拉到或推到火场,在离起火点10 m处停下。一人将灭火器放稳,然后撕下铅封,拔下保险销,迅速打开气体阀门或开启机构;另一人迅速展开喷射软管,一手握住喷射枪枪管,另一只手扣动扳机,将喷嘴对准燃烧场,扑灭火灾。

②化学泡沫灭火器。使用时两人将灭火器迅速拉到或推到火场,在离起火点10 m处停下,一人逆时针方向转动手轮,使药液混合,产生化学泡沫;另一人迅速展开喷射软管,双手握住喷枪,喷嘴对准燃烧位置,扑灭火灾。

5.6.3　消火栓

消火栓是为了在初期火灾时灭火和防止火灾扩大的设备。消火栓实际上是一种截止阀的阀门,是一种固定式消防供水设备。消火栓分室内消火栓和室外消火栓两种,室内消火栓可设在隧道边墙上,室外地下消火栓可设在隧道侧沟内。

室内消火栓主要由阀体、密封垫、阀门、阀杆、阀盖、手轮、进出水接口等部件组成。

室内消火栓配合水带、水枪使用。水带是连接消火栓或消防泵与水枪等喷射装置的输水管线。按材料可分为麻织、棉织涂胶、尼龙涂胶3种;按口径可分为50,65,80,90 mm 4种;按承受压力可分为甲、乙、丙、丁4级,承受最大工作水压分别为≥1,0.8~0.9,0.6~0.7,≤0.6 MPa。选择水带时要注意到各种接口的型号、规格与性能,以便配套使用。

水枪是增加水流速度、射程和改变水流形状的射水灭火工具,按喷射水流不同,可分为直流水枪、开关直流水枪、开花直流水枪、喷雾水枪、带架水枪等。直流水枪是用来喷射密集充实水流的水枪;开关直流水枪是在直流水枪上安装控制开关,能控制水流大小和增加水流射程的水枪;开花直流水枪是一种既可喷射充实水流,又可喷射伞形开花水流的水枪,开花水流能隔离辐射热,能掩护消防员以充实水流进行灭火,喷雾水枪是在直流水枪的枪口上安装一个双级离心雾头,使水流在离心力作用下,将压力水变成雾状水流,可适用于扑救油类火灾及电器设备火灾。雾状水流能吸收大量辐射热,可以掩护消防员接近火源,提高灭火效率;带架水枪由枪管、旋转盘、操纵杆、底架等主要部件构成,适用于大面积火场及高层建筑等。

隧道内消火栓设置时,可参考以下参数:设置间隔为单侧50 m成交错100 m;放水压力≥0.3 MPa,放水量为130 L/min;水带形式为鼓轮式橡胶水带或架式帆布水带,水带长度为30 m;水枪采用喷雾水枪;水库容量能确保3个消火栓同时放水40 min以上。

5.6.4　隧道内喷水灭火系统

喷水灭火系统可用于高层建筑、地下工程、工厂、仓库、化工装置等场所。由于水喷雾头的改进,一些电器设备、油类贮存场所也被采用。喷水灭火系统具有工作性能稳定、灭火效率高、使用寿命长、不污染环境、维护保养方便等特点。按使用要求和环境不同可分为湿式、干式、预作用式3种类型。水喷雾设备的基本作用是把水喷洒在保护对象表面上,使温度降低到燃点以下,从而阻止火势蔓延,属于阻火、防火设备。

湿式喷水灭火系统主要由水喷雾头、配水管、灭火水泵、重力水箱、报警阀、水轮报警器,控制盘等组成。在供水管网中经常充满保持一定压力的水,在保护区内发生火灾后,报警装置即产生相应动作,水喷雾头被打开自动喷水。湿式喷水系统具有灭火迅速和防止火灾蔓延的特点。由于供水管网中经常充满水,在严寒地区水冻结后不但失去灭火功能,而且可能使管网胀裂,所以不适用于严寒地区。

水喷雾灭火系统在隧道内以50 m范围内同时放水为标准。一个火灾区间的火灾影响范围按20~30 m考虑,即一个大型车的全长(如CQ662型绞结式公共汽车的全长为14.55 m),加上两端的余量。放水区间的放水控制方式,应考虑隧道长度、隧道构造、水源容量、通风方式、交通方式、检测器种类等,应针对具体场合采用适宜的方式。如果条件许可,按两区段同时放水设计更为可靠。设计时可以考虑以下几种方案:

①50 m区间同时放水,该方式在放水区间每隔50 m设一自动控制阀,开启自动控制阀后可在50 m区间同时放水。这种方式对两区段交接处附近的火灾效果差。

②25 m区间两区段同时放水,该方式在放水区间每隔25 m设一自动控制阀。能按火灾探测器信号自动选择两区段同时放水。虽然自动控制阀数量增加一倍,但是能准确选择防水区间,比50 m区间放水优越。

此外,还有75 m区间同时放水,这种方式在相邻区间为重叠放水。另一种是50 m区间两区段同时放水,它比25 m区间两区段同时放水控制范围大,但耗水量也相应增大。

水喷雾头有两类:一类是易熔合金锁封喷淋头,喷口压力为0.07~0.703 MPa,相应流量为1.13~3.65 L/s。另一类是玻璃球喷淋头,喷头压力为0.035~0.7 MPa,相应流量为0.78~3.37 L/s。水喷雾应当使被保护面积均匀分布,所以喷头的数量和间距应很好地选择。

控制方式有全自动和半自动之分。完全根据火灾探测器的信号工作的为全自动型。半自动的放水控制是由控制室工作人员手控启动放水的。一般先得到探测器的报警信号、应急电话的报警信号、或由闭路电视监视获得的火灾信息之后,经过工作人员的分析判断、确定放水区间。

干式喷水灭火系统供水管网内平时不充水,而是充压缩空气,压缩空气通过空气阀把水阻止在环境温度低于0 ℃的管网之外,可防止系统结冰。主要缺点是水来得迟缓,要等压缩空气先从开放的喷头排净,水才能透过空气阀进入管网。当然增加压缩空气系统后,也相应增加了投资。

预作用式喷水灭火系统是干式系统的改进型,它在干式系统上附加一套报警装置。喷淋头和探测器都是感温元件。探测器的控制温度应选择低一些,发生火灾时先行动作,发出警报并打开进水阀使水充满管网。若火场温度继续上升,有感温元件的喷淋头也达到动作温度时开始喷水。该系统省去了压缩空气系统,克服了干式系统喷水迟缓的缺点,也克服了湿式系统不可避免的渗漏弊病。

喷水灭火系统在隧道内安装使用的工程实例不多,这一方面由于其造价昂贵,在偌大的隧道内安装和维护费用都很高;另一方面也由于在长度很长(有的隧道延长达数千米)的隧道内使用,在技术上也随之变得复杂起来。

其他各类自动灭火系统(如干粉灭火系统、1211灭火系统等),在隧道内,尤其在长大隧道内实际使用的工程实例就更少了。

5.7 隧道火灾的扑救

5.7.1 隧道火灾扑救的基本方法

隧道火灾扑救的基本方法包括直接灭火法、转移处置法、封洞灭火法、泡沫灌注法、注水排险法等。

(1)直接灭火法

利用隧道内安装的灭火器、室内消火栓、水成膜泡沫灭火装置,以及室外消火栓等直接进行火灾扑救。该方法用于火势较小或阴燃阶段,且隧道内无爆炸、爆燃、塌洞危险的状况。

(2)转移处置法

利用救援器械、装备、车辆等将隧道内燃烧的车辆、物品等转移到隧道以外,然后进行扑救。该方法用于着火车辆位于隧道纵深处,灭火救援行动无法展开,且有爆炸、爆燃、塌洞等潜在危险的状况。

(3)封洞窒息法

利用砂石、黄土等将起火隧道两端的洞口封闭,待隧道内燃烧过程将洞内剩余氧气消耗完后,由于窒息作用,火灾自然熄灭。该方法用于人员已疏散完毕,且无法采取直接灭火或转移处置的状况。

(4)泡沫灌注法

先将起火隧道下风方向、低洼处洞口封堵住,随后在上风方向、高端处往洞口灌注高倍泡沫覆盖灭火。该方法适用于人员已疏散完毕,且起火隧道空间较小的情况。

(5)注水排险法

在隧道已采取封洞措施的情况下,为降低隧道内部的温度、可燃气体浓度、可燃液体的残留量和洞体、轨道等设施的毁坏程度,缩短灭火救援时间,在高端洞口注水、低端洞口开口或插管(用于排水),以加快封洞窒息灭火。该方法通常与封洞窒息法配合使用。

5.7.2 火灾扑救基本原则

鉴于隧道火灾燃烧速度快、烟雾流动蔓延快的特点,一旦发生隧道火灾,应该按照"现场自救""有序疏散""外部救援,强攻救人"的原则进行火灾扑救,并同时做到"三快两到位"的原则。"三快"就是:现场人员报警快;现场人员自救行动快;隧道管理部门应急反应快(迅速封闭隧道口要快,以及引导疏散后序车辆要快)。"两到位"就是:发生火灾时,平时的隧道消防安全管理人员要迅速到位,组织大家扑灭初期火灾,抢救被困人员;启动应急设备要迅速到位(应急广播要及时地播放,引导人员及车辆有序地疏散,应急警示标志要迅速在隧道口的电子屏上打出,无电子屏的要立即使用警示标志,封闭隧道口要迅速)。

(1)初起阶段火灾扑救

此类火灾一般火势不大,烟雾较弱,隧道内部能见度较好,便于救人和灭火,可以将消防车直接开至火灾现场,从较近一侧进入现场,按照"速战速决"的原则,集中兵力,一举扑灭火灾。

(2)发展和猛烈阶段火灾扑救

①在单孔洞(双向行驶在一个洞口里),在长距离的隧道深入内部抢险救援就非常困难,鉴于此,在第一现场的隧道管理人员以及消防人员救援人员,在确保"救人第一,防护第一"的原则下,利用隧道上部的排烟风机进行排烟,排烟方向为隧道车辆行驶方向,同时利用烟雾摄像仪等设备搜寻被困人员或昏迷倒地人员,在水枪掩护下将被困人员(昏迷人员)从被困区域救出。如果隧道内燃烧车辆多并且有爆炸和剧毒物质时,现场消防力量无法控制局面时,应紧急启动"城市应急救援预案"调集增援力量(包括专家组、灭火组、后勤保障组),并及时、不间断提供火灾现场的信息。

②在双孔洞中一侧达到猛烈阶段时,可以利用不着火的一侧隧道的人行横洞靠近火点灭火。

a.发生火灾后,迅速截断两侧入口车辆,将着火一侧的车辆从入口处逐渐向外疏散,最大限度地减少着火侧隧道内的车辆数量。禁止隧道另一侧车辆通行,迅速将隧道内所有车辆清空,为消防车进入创造条件。

b.加大火情侦察力度,到达现场后及时与最先发现情况的相关人员了解发生火灾的具体情况,并迅速组织侦察人员沿着着火另一侧隧道进入着火点附近、沿隧道的横向疏散通道,通过防火门进入着火点附近,如果内部烟雾很大,能见度很低,则利用烟雾摄像仪确定着火点的位置、着火物周围有无被困或受伤昏迷人员。

c.迅速成立疏散和救人小组,到场后要迅速成立救人小组利用烟雾摄像仪寻找被困者,再利用隧道的横向疏散通道将被困人员转移至另一侧隧道,同时沿着火隧道的入口方向,向隧道深处推进式搜寻转移被困人员。

d.增加排烟的力度,除紧急启动射流风机外,在着火点的附近迅速设置大功率排烟机、开花喷雾水枪,沿隧道车辆行驶方向辅助排烟,驱散下部烟雾,冷却火场周围温度,为灭火、救人创造条件。

e.设置移动水炮,加大射水距离,增强灭火力度,一般情况有隧道一侧发生火灾,在其另一侧直线距离小于50 m的前后地方有两个横向的疏散通道,通过一道防火门就可以进入着火的隧道,而着火点通常在两门之间或一侧,此时,着火点均在移动水炮的射击范围内,因此从不着火的隧道进入,通过人行横洞在着火点附近架设移动水炮直接攻击火点,灭火效果十分明显。

f.利用灭火机器人(图5.16)灭火,在烟雾很大,人员无法靠近灭火时,可以利用灭火机器人,配合烟雾摄像仪进行灭火。

图 5.16 灭火机器人

5.7.3 隧道防火救灾对策

1)隧道防火救灾的指导思想

隧道防火救灾应该遵循以防为主、防救结合的原则。救灾的基本理念应该是以人员逃生为主、保护财产为辅,救灾队伍以隧道管理部门为主、外援为辅。

2)确定隧道火灾安全等级

隧道火灾安全等级是指根据隧道在区域交通网中的重要性和火灾对隧道的危害程度,将隧道按一定的安全标准进行划分的等级。不同安全等级的公路隧道,其防火救灾对策和防火设施也不同。日本将隧道划分为 5 个防火设施技术等级,以单洞交通量4 000辆车/天为控制指标,小于它则以隧道长度 500 m,1 000 m,3 000 m,10 000 m 为分级点;大于它则按隧道长度和交通量的乘积大小分级。

除本书4.3.1小节中介绍的隧道防火等级分类方法外,长安大学夏永旭等学者根据目前我国公路隧道建设的实际状况和技术水平,给出了我国公路隧道防火安全等级的划分原则,防火安全等级从高到低分为 I,II,III,IV,V 5 个等级;依据我国的公路隧道长度分类,确定隧道防火等级的最低长度为0.5 km,不同等级划分的特征长度为1.0 km,3.0 km,5.0 km,10.0 km;断面交通量按照高速公路的最低要求为10 000辆/天,如图 5.17 所示。

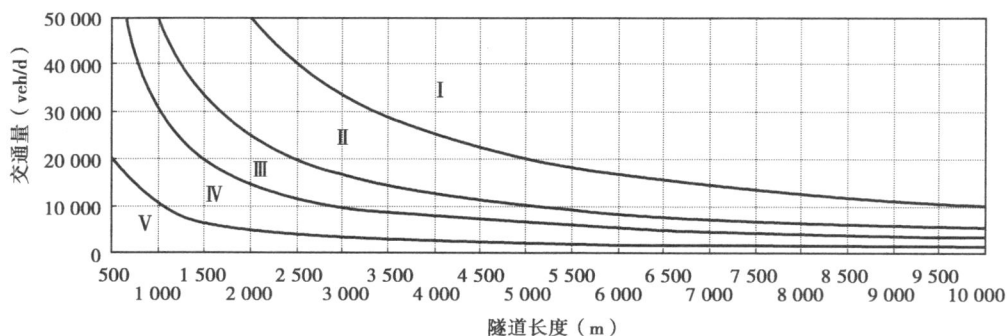

图 5.17 我国公路隧道的火灾安全等级

图 5.17 中,隧道长度只是一个等级划分的基础,而交通量的大小起着决定性的作用。如某隧道,虽然长度可能超过10.0 km,但如果交通量不足1 000辆/天,那么它的安全等级只能是 V 级。如果某一个隧道长度仅有1.0 km,但交通量高达50 000辆/天,那么它的安全等级应该划定为 Ⅱ 级。又如某一个隧道虽然很长,开通之初如果交通量不大,安全等级可以定得低一些,随着后续交通量的上升,安全等级必须相应提高。

3)隧道防火救灾的宣传教育

隧道防火救灾应该遵循以防为主、防救结合的原则。关于火灾的预防首先是做好宣传和教育工作。教育的对象主要是司乘人员、隧道维修和管理人员。通过教育,提高民众的自救能力,使得火灾受困人员能及时采取措施自救,将火灾的危害降低到最小。

4)隧道的交通管理

(1)隧道正常运营管理

公路隧道正常的运营管理,主要是控制隧道内的交通量,限制行车的最小间距和最大行车速度,防止阻塞和交通事故。当然,对于公路隧道必须要建立一套控制车速、车流密度以及超常运输的管理法规。关于这一点,国外研究得比较多,但国内仍然是空白。

(2)通行车辆的防火等级

车辆防火等级是车辆具有耐火能力的标志。如法国按消防程度将车辆划分为 A1,A2,B 3 种。有关标准规定,只准防火等级高的 A1 类车辆通过隧道。日本运输部门给出运输车辆的 A-A,A 和 B 3 种结构标准,对于地下隧道通行的车辆、卧铺车和新干线动力车,均采用防火等级高的 A-A 标准车辆。因此从公路隧道防火的因素考虑,我国也在制定类似的车辆防火等级。在隧道的运营管理中,限制防火等级不高的车辆通过,或者采取一些控制措施(如护送、允许其晚间通过),这样将会大大减少公路隧道火灾发生的概率。

(3)公路隧道危险物品运营管理

目前,我国的公路隧道关于危险货物的运输还没有相应的标准,缺乏相关的管理制度,随着我国公路隧道的不断增多,这些问题亟待解决。在制定公路隧道危险货物运输管理标准时,要针对我国交通隧道关于危险品运输的现状,制定严格的易燃、易爆物品运输规程制度,明确装载哪些危险物品的车辆允许通过隧道、装载哪些危险物品的车辆限制通过隧道、装载哪些危险物品的车辆禁止通过隧道,并在隧道实际运营中严格执行。运营单位也可以从经济、安全、社会等方面综合权衡装载易燃、易爆物品的车辆通过隧道和绕行两种方案的风险,通过研究分析,采用风险最小的方案。

结合我国公路隧道的具体情况,根据图 5.17 所示的隧道火灾安全等级的划分,长安大学王永东等学者建议按照表 5.3 要求对包括危险品在内的公路隧道运输进行交通控制。

表 5.3　公路隧道交通控制

交通控制项目	隧道防火安全等级				
	Ⅰ	Ⅱ	Ⅲ	Ⅳ	Ⅴ
车速	低于设计车速 20 km/h	低于设计车速 20 km/h	设计车速	设计车速	设计车速

续表

交通控制项目	隧道防火安全等级				
	I	II	III	IV	V
车距	500~1 000 m	400 m	300 m	300 m	300 m
超高	禁止通过	禁止通过	禁止通过	禁止通过	禁止通过
超重	禁止通过	禁止通过	禁止通过	禁止通过	禁止通过
超长	晚间护送通过	护送通过	护送通过	护送通过	护送通过
易燃、可燃液体	晚间护送通过	护送通过	护送通过	护送通过	护送通过
液化石油气体	晚间护送通过	护送通过	护送通过	护送通过	护送通过
危险化学物品	晚间护送通过	护送通过	护送通过	护送通过	护送通过
爆炸物品	禁止通过	晚间护送通过	晚间护送通过	晚间护送通过	晚间护送通过

注:如果是危险物品的运输车队,应控制其间距为 1~2 km 或者仅允许单车通过。

(4)公路隧道发生火灾时的通风控制

通风控制在公路隧道的灭火救灾过程中尤为重要。隧道火灾时通风系统必须达到的主要目的是:

①提供防止烟流逆流的最小风速。

②尽快排出隧道内的烟雾。

③降低隧道内的温度。

④为逃生通道和避难洞提供新鲜的空气。

⑤为消防人员灭火提供新鲜空气。

对于隧道火灾时风机控制、部分风机损坏时的风机调配、横通道的开启与关闭、烟流排出的路径与速度、逃生通道的空气补给、避难洞的新风需求、隔温安全段的长度和降温措施等,要根据隧道的具体情况,通过数值模拟或者物理模拟确定。

5.7.4　隧道火灾扑救典型实例

从隧道火灾处置战术上讲,目前通常采用灌注灭火、深入隧道内攻灭火、封堵灭火等方法。封堵灭火是采用沙袋、砖石等对隧道燃烧空间进行封闭,达到窒息灭火的战术方法,也是较常用的一种隧道火灾扑救方法。下面介绍典型隧道火灾扑救的过程。

● 四川梨子园隧道火灾

1990 年 7 月 3 日 14 时 55 分,46 节航空汽油槽车(槽车容量 60 t,实际装载 40 t)和 9 节货车(装运大蒜)行至四川万源县境内的梨子园隧道内时发生爆炸燃烧,造成 4 人死亡,14 人受伤,18 节油槽车和 5 节货车遭到不同程度损坏,并造成襄渝铁路停运 24 天,是我国铁路史上一次罕见的特大事故。

爆炸燃烧发生时,大量油品喷出,火势迅速向公路、河滩蔓延。首先到场的万源县、宣汉县消防科和随后赶到的达县市消防中队,在 30 min 内消灭了流淌火焰,并掩护到场的铁路职工、民兵和公安干警,在洞口堆起 1m 多高的沙袋堤坎,阻止油液溢流,控制火势向洞外蔓延。7月4日凌晨2时,随着洞内燃烧时间的延续,又相继发生槽车爆炸。在火场总指挥部的统一指挥下,实施封洞灭火,并于 7 月 5 日 17 时 15 分将北洞口封死。南洞口于 7 月 4 日 16 时由解放军某部负责实施封堵。因封堵不严实,大量高温油蒸气从沙袋缝隙冲出,在 7 月 6 日凌晨 6 时 30 分左右发生猛烈燃烧,封堵沙袋倾斜。参战消防部队接到总指挥部命令后,火速由北口开赴南口,堵洞部队在泡沫和喷雾水流的掩护下,从下至上加固封堵沙袋堤坝。到 7 月 6 日 14 时 25 分,南洞口被加固封死,共堵垒沙袋逾 500 m³。7 月 10 日,通过检测洞内气体成分及温度,确定其内部火焰完全熄灭。随后隧道南、北洞口于 7 月 12 日全部开启。

- 宝成铁路 109 隧道火灾

2008 年 5 月 12 日 14 时 28 分,汶川发生里氏8.0级特大地震,导致宝成铁路甘肃省徽县境内 109 隧道南口山体滑坡。14 时 33 分,由宝鸡开往成都方向的21043次货运列车行驶至该处时,列车与滚落的巨石发生碰撞引发火灾。陕西省消防总队根据灭火抢险实际需要,成立了灭火抢险指挥部,并制定了《“5·12”宝成铁路 109 隧道火灾事故处置方案》,确立了火灾事故处置的指导思想,坚持控制燃烧、防止爆炸、适时封堵、有效排险的原则,形成了:“封堵窒息、注水降温、启封灭火、起覆排险”的灭火抢险整体思路。14 日 8 时,总指挥部组织力量开始对隧道和棚洞实施封堵。隧道北口利用沙袋封堵,中部棚洞顶部孔洞利用石棉被封堵,南部根据火情变化进行相应处置,至 15 时,隧道北口完全封堵。中部棚洞孔洞由于隧道内燃烧猛烈,火风压大,洞口多次封堵多次爆开,终因条件限制,中间棚洞孔洞未能完全封堵。隧道南口山体滑坡和棚洞坍塌形成两处自然封堵,未完全封闭。因火大、烟浓、温度高、辐射热强,作业人员不能靠近,也无法实施封堵,封堵灭火失败。

1)隧道火灾封堵实效分析

以上两起火灾,均为典型的铁路隧道货运列车火灾,在实战中都运用了封堵战法,但封堵效果不一样。梨子园隧道火灾是铁路隧道火灾中封堵战术运用最成功的一起。宝成线 109 隧道火灾是由地震引发的一场特殊的灭火救援,现场受多种因素影响,实施封堵难度大,没有完全封闭,总体上形成半封堵,效果不理想。

(1)梨子园隧道火灾成功封堵原因分析

①现场客观情况为实施封堵提供了一定的可能性。梨子园隧道长1 776 m,宽5.6 m,总高6.5 m,总容积约54 000 m³。南口坡度为 4‰,北口坡度为 2‰,变坡点约在距北洞口 700 m 处,且此处有 14° 弯度。此隧道建造于 20 世纪六七十年代,无排气孔之类的安全设施。启洞后查明,该列车发生爆炸燃烧时,车尾距北洞口 35 m,车辆基本集中在北半段。隧道情况如图 5.18所示。

②宏观决策为实施封堵提供了强有力的理论支撑。根据现场实际情况,消防指挥组向总指挥部提出了封洞灭火的方案。理论根据是:1 kg 汽油完全燃烧需消耗空气11.1 m³,如果封堵住洞口,54 000 m³ 容积的隧道只能使4.9 t 汽油完全燃烧。洞内有 46 节油槽车,共装汽油1 840 t。而且,只要封洞成功,一旦洞内空气中氧含量低于14%,燃烧将自行终止。因此,封洞窒息灭火损失最小,是最佳方案。

③周密的部署为实施封堵提供了强有力保障。火场指挥部从封洞的组织指挥、火场供水、灭火车辆的选配、沙袋的需求量、封洞的步骤等方面进行了周密部署和安排,为成功实施封堵提

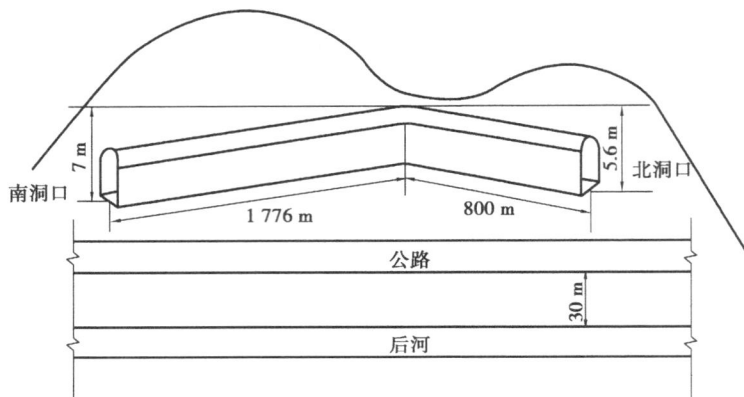

图 5.18　梨子园隧道结构

供了强有力的技术和物质保障。

（2）宝成线 109 隧道火灾半封堵原因分析

①109 隧道自身特点导致封堵实施困难。109 隧道位于甘肃徽县南部嘉陵江峡谷西侧半山腰,南口位于宝成线 K150+835 m 处,全长 726 m,由 5 部分组成,由南至北依次为:109 m 棚洞、286 m 隧道、26 m 棚洞、192 m 隧道、113 m 棚洞,三段棚洞的下方各有一个 1.0 m×1.8 m 的通风口,上方各有一排 0.5 m×0.5 m 的孔洞。整个隧道既有直墙棚洞,又有直曲墙隧道,棚洞顶部孔洞距地面 10 多米高,封堵困难。109 隧道总平面图如图 5.19 所示。

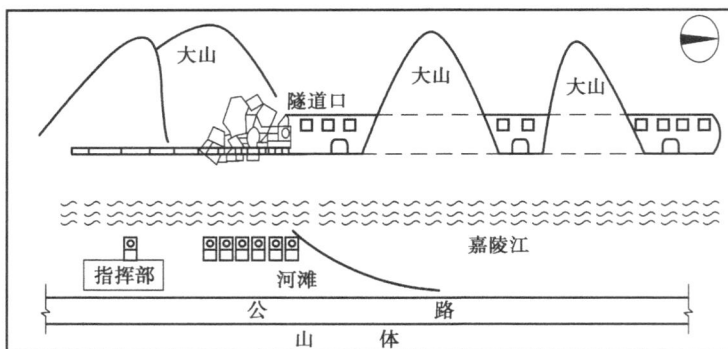

图 5.19　宝成线 109 隧道总平面图

②特殊的火场环境导致封堵实施困难。列车与滑坡的巨石相撞发生火灾,机车在隧道南口部分外露,隧道南部棚洞顶部燃烧猛烈,火焰高达 30 余米,半个山体被浓烟熏黑,中部棚洞顶部浓烟笼罩并伴有明火,隧道北口也有烟雾排出。事故现场环境险恶:余震不断、滚石坠落、堰塞湖高悬,对处于峡谷中堰塞湖下游的作战官兵和车辆装备造成多重威胁。

③特殊灾害环境导致封堵实施困难。此次事故因地震引发,隧道南口、中部和北口 3 处塌方,总量逾 20 000 m³。隧道裂缝,路基变形开裂,无法完全密封,实施封堵难度很大。

2）封堵战术方法实战运用启示

（1）综合权衡多种因素,科学运用封堵战法

①充分了解隧道的特点。由于隧道受线路走向和自然环境条件的影响,大多数长隧道坡度

呈"人"字坡或线路平面是"S"形,如青藏线岳家村 18 号隧道平面呈连续"S"形,蔺家川隧道平面呈"S"形。由于隧道呈"S"形或"人"字坡,易使挥发、泄漏的碳氢化合物集中在隧道的某一个空间,很容易形成一个低扩散区,并使易燃气体积累达到爆炸极限。

②把握隧道火灾特点。铁路隧道列车火灾是近几年铁路多发性火灾之一,其中又以货运列车在隧道内发生火灾的几率最高,1976—2008年,我国发生的铁路隧道重大火灾事故有近10 起。常见的油罐列车火灾,通常是因为油罐列车在隧道内颠覆、槽车碰撞起火或在隧道内发生爆炸燃烧引起车辆颠覆等。这些火灾往往使隧道内充满浓烟,火场温度高,可达1 200 ℃以上,大量有毒、高温烟雾向外喷出或滞留在隧道盲区内,还会出现间断性爆炸或油蒸气团爆燃。

③综合权衡,科学施救。封堵战法的运用,要考虑到具体的时间、地点、环境、火情等多种因素。从理论上讲,隧道火灾都可以进行封堵,关键是看封堵后会不会产生更大的险情,实施封堵能不能从根本上解决问题,能不能以最短的时间、最小的代价获取最优的灭火作战效益。封堵战术方法是消防部队长期火场实践经验的总结提炼,但在实战运用中,一定要灵活,避免教条和僵化,指挥员在决策上必须综合考虑,多方权衡,科学选取和运用封堵战术方法。

(2)把握封堵战法实施的关键环节

①封堵前的准备工作主要有:

a.封洞的组织指挥。在灭火与应急救援总指挥部的领导下,成立消防前沿指挥部,组织实施封洞方案。

b.出水掩护封堵作业。通常用一部大功率泡沫炮车架在铁路平板车上,由机车推进至洞口,并配备 2~3 支水枪,掩护封堵作业。

c.组织好供水保障。可利用就近水源铺设临时干线供水,也可以利用铁路槽车运水。为防止供水中断,可临时组织人员在公路边开挖蓄水池,在灭火进攻前蓄满水,以备灭火进攻时使用。

d.备足沙袋。根据洞口情况,计算沙袋的需求量。用于封堵的材料要求密不透气、耐高温,可用编织袋等就近取土或运土充装。

e.组织足够的封洞力量。封洞需要大量的人员,如四川梨子园隧道火灾现场人员最多时达到5 000人。封洞前要组织部队、武警官兵、铁路员工、民工等编成梯队,作好战前动员。

②封堵的方法和步骤如下:

a.先利用水炮射水,降低洞口周围的燃烧强度,利用泡沫扑灭洞口附近溢流火焰。再将载有大功率泡沫炮车的平板车往前推进至洞口合适位置,改用水炮射水,尽量将火焰压进洞口。

b.再封堵进风口,待进风口封住后再封堵出风口和排烟口等通气的部位,这样可以大大减小出风口火风压的威胁。

c.组织突击力量,在水炮和喷雾水流的掩护下,轮番运送沙袋堵洞。

(3)实施封堵战法要把握的几个技术问题

①封堵墙的设置。沙袋必须逐层垒压,砌筑成堤坝状封堵墙,墙底厚度不得小于 4~5 m。当沙袋砌筑高度达洞口 2/3 时,应用水枪射水形成人工水幕,阻止烟火外窜,掩护上部堵洞作业。

②钢管的设置。封堵中应在封堵墙的上、中、下 3 个部位插入直径为 35~50 mm 的钢管,作

采取气样、检查温度之用,钢管外口用木塞堵住。钢管设置如图 5.20 所示。

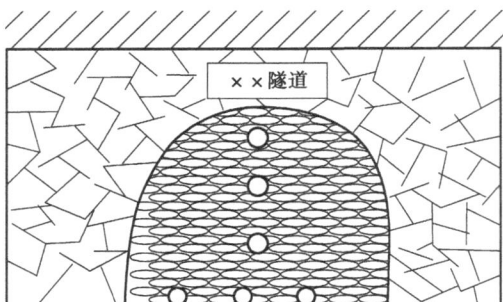

图 5.20　隧道封堵墙上钢管的设置

③对封堵墙的冷却。通常每隔 30 min 用开花水枪向沙袋外表面喷水 1 次,以降低沙袋堤坝外表面温度。

④注水冷却。封堵作业完成后,应利用预先埋设的管道向洞内注水冷却。注水深度要求漫过道床,以便冲出渗入道床的油液。如果事故发生在变坡点附近,注水深度应漫过变坡点。

⑤封堵后的监测。封闭后应加强管理,要经常观测内部情况。定时测试从洞内流出的水温,对洞内气体采样分析,得出温度和各种气体变化曲线图,以便分析洞内情况。当洞内氧气含量低于 12%、油蒸气含量大于 60%、二氧化碳含量为 30%~35%、洞内温度低于 15 ℃时,可判定隧道内火已熄灭,但复燃的危险性依然存在。

3) 封堵战术方法运用注意事项

①封堵灭火时,必须对火灾现场的所有通风孔洞进行清查,并对燃烧物质进行理化分析,确定无助燃物质产生的可能后,封闭所有的通风孔洞。

②必须在查明内部情况的前提下才能实施封堵,确认隧道内部无人员被困。

③实施封堵作业时,要用雾状水枪射流对进行封堵作业的人员实施冷却保护,用排烟机往洞内顶吹烟火,防止造成人员烧伤或中毒。

④封洞过程中要随时观察洞口烟雾变化,如果出现爆炸征兆时,必须立即停止封洞作业,撤出作业人员,加强射水,避免人员伤亡。

⑤必须保证火场供水连续不间断。

习　题

5.1　常用的隧道火灾灭火剂有哪几类?

5.2　按照灭火原理的不同,灭火方法分为哪几种?

5.3　常用的火灾曲线有哪几种? 各有什么特征?

5.4　哪些火灾探测报警系统适合于隧道火灾监测?

5.5　隧道火灾常用的扑救方法是什么? 适合于哪些火灾场合使用?

5.6　隧道火灾对隧道内的气体流动有哪几个方面的影响?

参考文献

[1] 张祉道. 公路隧道的火灾事故通风[J].现代隧道技术,2003(1):34-49.

[2] 熊火耀. 道路隧道防灾技术[M]. 成都:西南交通大学出版社,1989.

[3] 吉田幸信. 公路隧道的防火设备[J]. 隧道译丛,1989(8).

[4] 李强. 公路隧道衬砌结构火灾损伤及检测评估技术研究[D]. 重庆:重庆交通大学,2011.

[5] 王新钢,毛朝军,叶诗茂,等. 浅谈公路隧道火灾及其结构防火保护措施[J]. 消防技术与产品信息,2005(3):65-67.

[6] 吴龙标,袁宏永. 火灾探测与控制工程[M]. 合肥:中国科学技术大学出版社,1999.

[7] 尤三伟,孙玉红. 隧道常用火灾探测器原理及性能分析[J]. 现代隧道技术,2008,45(4):83-86.

[8] 王永东,夏永旭,邓念兵. 长大公路隧道的防火救灾对策[J]. 现代隧道技术,2007,44(4):56-60.

[9] 夏永旭,王永东,赵峰. 秦岭终南山公路隧道通风方案探讨[J].长安大学学报:自然科学版,2002,22(5):48-50.

[10] 李来保,王永西,张益民. 封堵战术在铁路隧道火灾扑救中的运用[J].消防科学与技术,2011,30(10):955-959.

[11] 程远平,李增华. 消防工程学[M]. 徐州:中国矿业大学出版社,2002.

6 隧道照明

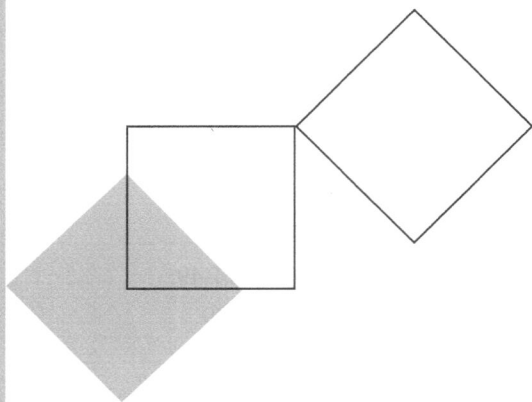

照明与视觉是密切相关的,人的视觉器官是眼。道路隧道的照明是为了把必要的视觉信息传递给司机,防止因视觉信息不足而出现的交通事故,从而提高驾驶的安全性。

本章将着重阐述隧道照明常用术语,电光源,照明灯的选择及照明供电,照明设计以及灯具的维修等方面内容。

6.1 常用照明术语

6.1.1 光通量

光通量是指人眼产生光感觉的能量,它是光源在单位时间内向周围空间辐射的能量。它等于单位时间内某一波段的辐射能量和该波段的相对视见率的乘积。由于人眼对不同波长光的相对视见率不同,所以,不同波长光的辐射功率相等时其光通量并不相等。光通量用符号 Φ 表示,单位为流明(lm)。

光源在单位时间内向四周空间辐射的能量称为辐射通量,它由各种不同波长的辐射通量组成,各种波长的辐射通量相加为总辐射通量,即图 6.1 曲线 1 下所包围的总面积 S。该面积下只有可见光区的辐射功率才能转变为光通量,其大小决定于:

①辐射功率的大小。

②光谱光效率的影响。

只有波长为 555 nm 的辐射通量能够完全转变为光通量,而其波长(380 nm<λ<780 nm)的辐射通量都要乘以一个小于 1 的系数。光通量 Φ 为辐射功率 E_λ 与光效率 $V(\lambda)$ 的乘积,在可见光区内,对于波长的积分,即图 6.1 曲线 2 下面的面积,可由下式表示:

$$\Phi = K_m \int_{380}^{780} E_\lambda V(\lambda)\,\mathrm{d}\lambda \tag{6.1}$$

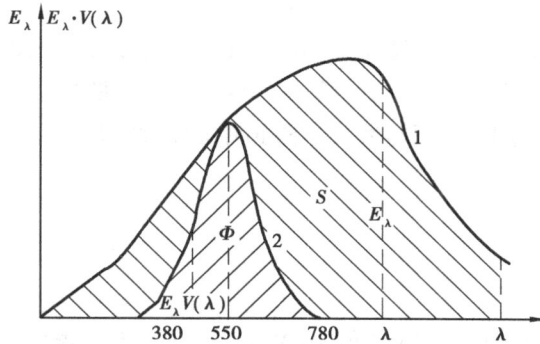

图 6.1 辐射通量表示图

式中 $V(\lambda)$——光谱光效率；

E_λ——辐射功率，W；

K_m——680 lm/W，称为最大光谱效率，是表示波长为 555 nm 的单色光通量与对应的辐射通量之比。

1 lm 就相当于波长为 555 nm 的单色光辐射，功率为 1/680 W 时的光通量。

6.1.2 发光强度

光源在某一特定方向上单位立体角内辐射的光通量，称为光源在该方向上的发光强度或光通量的空间密度，符号为 I，单位为坎得拉（cd）。

对于向各方向均匀辐射光通量的光源，各方向的光源相等，其值为

$$I = \frac{\Phi}{\omega} \tag{6.2}$$

式中 Φ——光源在 ω 立体角内所辐射出的总光通量，lm；

ω——光源发光范围的立体角，单位为球面度，sr。

6.1.3 亮度

表示发光面明亮程度的，指发光表面在指定方向的发光强度与垂直指定方向的发光面的面积之比。亮度 B 是一个具有方向性的物理量，单位为 cd/m^2（坎得拉/平方米），它是物体在视网膜成像引起视觉的基本条件。物体表面亮度大，视网膜上像的照度就高，就看得清楚，视觉与亮度的对数成正比关系。通过试验知道，人眼可以感觉到亮度为 $1/\pi \times 10^{-5} cd/m^2$ 的物体，称为"最低亮度阈"。当亮度为 $1/\pi \times 10^4 cd/m^2$ 时，人眼识别物体的灵敏度最高，超过此值后，灵敏度开始下降。当亮度超过 $10^5 cd/m^2$ 时，这种刺眼的视觉状态称为眩光，可以引起视觉损伤。当人眼从不同的方向观察同一对象时，能感觉到对象的亮暗程度是不同的。决定亮暗程度的并不是对象在发光面上的发光强度，而是垂直于视线方向上的单位投影面积（$dA \cdot \cos\theta$）的发光强度 I_θ，其值为：

$$B = I_\theta / \mathrm{d}A \cdot \cos\theta \tag{6.3}$$

同时,在入射光线的照射下也能感觉到,在不同的观察方向背景的亮暗程度是不同的。一般情况下它是入射光方向与观察方向的函数。在不同入射光照射下,对象或背景亮度的变化,称为亮度特性。在隧道照明中,路面与墙面是隧道中的背景,改善路面与墙面材料的反射率在照明效果上是有益的。

6.1.4 照度

单位面积上接收到的光通量称为照度,用 E 表示,单位为勒克斯(lx)。被光源均匀照射的平面的照度为

$$E = \frac{\Phi}{A} \tag{6.4}$$

式中 Φ——S 面上接收到的总光通量,lm;

　　A——被照面积,m^2。

1 lx 相当于 1 m^2 被照面上光通量为 1 lm 时的照度,在夏季阳光强烈的中午,地面照度约为 100 000 lx,在冬季的晴天,地面照度约为2 000 lx,而在晴朗的月夜,地面照度约为0.2 lx。

平均亮度与平均照度换算:对于隧道照明,按不同路面(沥青、水泥混凝土)平均亮度与平均照度之间的换算按沥青路面(15~22) $lx/(cd \cdot m^{-2})$,水泥混凝土路面(10~13) $lx/(cd \cdot m^{-2})$ 取值。

6.1.5 发光效率

照明灯的发光效率是指光源所发出的全部光通量 Φ 与其全部输入功率 N 之比:

$$\eta = \frac{\Phi}{N} \tag{6.5}$$

6.1.6 显色性和显色指数

光源对被照物体颜色显现的性质称为光源的显色性。光源的显色指数是指在待测光源照射下,物体的颜色与在一相近日光参照光源照射下相比,物体颜色相符合的程度,颜色失真越小,显色指数越高。国际上规定参照光源的显色指数为 100。

显色指数分为一般显色指数和特殊显色指数两种。

6.2 电光源

隧道照明对照明灯具要求较高,不同的光源对有色表面的照射效果不同,对于能否正确识别隧道内的信号标志等有很大的影响,它关系到能否保证交通安全,特别是在隧道内有烟雾存在的情况下应该充分注意。电光源按其发光原理分为两类:

- 热辐射光源,如白炽灯、卤钨灯、碘钨灯和溴钨灯。
- 气体放电光源,如荧光灯、高压汞灯、金属卤化物灯。

电光源按其诞生年代分为4类:

(1)第一代电光源

从1879年第一只白炽灯出现,到现在已有百年历史,它的特点是使用方便,价格便宜并且显色好和便于调光,灯泡功率范围大等特点,具有瞬时启动和启动后立即稳定的优点。目前别的任何光源都无法取代。但白炽灯的发光效率很低,一般为7~19 lm/W,以100 W的灯泡为例,约为12.5 lm/W,即只有2%~3%的电能变为可见光,其他电能都以热辐射形式损失了,平均寿命为1 000 h,经不起震动。图6.2所示为电源电压变化对白炽灯电参数的影响曲线。由图6.2可以看出,电压升高5%,寿命将缩短50%。故电源电压波动不能超过±2.5%。

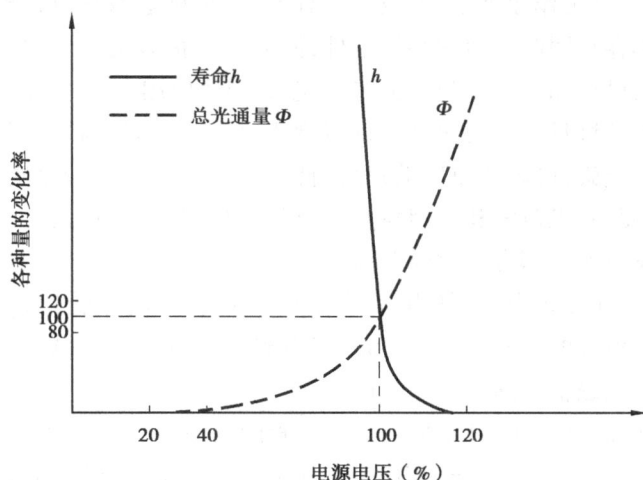

图6.2 电源电压变化对白炽灯光通量与寿命的影响

(2)第二代电光源

第二代电光源的代表是低压水银荧光灯,简称荧光灯。21世纪30年代出现的光源,其工作原理是通电加热灯丝后使涂有氧化钍的螺旋形钨丝发射电子,冲击汞原子使之电离,电离时发射紫外线刺激管壁上的荧光粉发出可见光。荧光粉的成分不同,获得的可见光光谱也不同。一般荧光灯有四种色,即日光色、冷白色、白色和暖白色,统称日光灯。

荧光灯的发光效率取决于电源电压和频率,在工频电压下,发光效率一般为25~55 lm/W。荧光灯的平均寿命为其光通量降到70%额定值的工作小时数,一般为2 000~3 000 h,热阴极荧光灯的寿命受启动次数的影响,因此在使用时不要频繁启动。荧光灯的优点表现为:显色性能好;表面亮度低;表面温度低;产生光线的均匀度好和价格较低,光效较高。缺点是:存在频闪效应。高压水银荧光灯是另一种光源,简称高压水银灯。因管内充有1~2个工作大气压,它是强点光源,发光效率高。但存在着耀眼和频闪、显色性差等缺点,所以在均匀度和眩光等方面不能满足要求。高压水银灯在低压下启动,通电后经4~8 min灯管才能进入正常工作状态。关闭后再次启动必须等5~10 min以后灯管冷却,灯管内气压下降才能重新启动。

（3）第三代电光源

第三代电光源的种类很多，如金属卤化物灯，显色指数可以达到 65~85。它光色好，接近天然色，是很理想的光源。高压钠灯与低压钠灯，从光效看高压钠灯为 90~100 lm/W，低压钠灯为 100~160 lm/W。透雾性好，寿命也长，但光色差，尤其是低压钠灯，发出 589 nm 的线光谱，接近人眼最敏感的 555 nm 黄绿色，这种光穿透烟雾的能力强，但显色性很差，视觉效果不好。钠灯的灯光颜色与自然光明显不同，钠灯属于强点光源，在隧道照明中从节能角度考虑，选择高（低）压钠灯是合适的，但如果设置不合理，也易造成司机视觉疲劳，导致安全问题。

（4）第四代电光源

第四代电光源是一些正在发展的新兴电光源，如无极感应荧光灯（简称无极灯），分高频（2.65 MHz）和低频（140 kHz）无级灯。这些新型光源有一些共同特点：绿色环保、节能，理论寿命长和现阶段价格高。其工作原理是：无极灯没有电极，是靠电磁感应原理与荧光放电原理相结合而发光，所以它不存在限制寿命的必然组件，同时也不怕震动。使用寿命仅决定于电子元器件的质量等级、电路设计和泡体的制造工艺，一般其理论使用寿命可达 6 万 h，无频闪。由于它的工作频率高，一般的灯具工频为 50 Hz，所以视为"完全没有频闪效应"，长时间使用不会造成眼睛疲劳，保护眼睛健康；可以快速启动；显色性好。三基色荧光粉涂层，显色指数 70 左右，比高压钠灯和汞灯都要高，光色柔和，被照物体呈现出自然色泽；寿命长。一般的白炽灯、日光灯、节能灯及其他气体放电灯都有灯丝或电极，而这些恰恰是限制灯使用寿命的必然组件。缺点是：由于灯的组件（电子镇流器、电解电容等元件）在高温环境下受到影响，整灯的寿命远达不到理论使用寿命，无极灯的光效（65~80 lm/W）与钠灯光效相比较低。大功率无极灯的散热问题、电磁干扰和空间电磁辐射问题还须改进。

LED 灯（LED 是 Light Emitting Diode 发光二极管的缩写），是一种固态的半导体器件，它可以直接把电转化为光。LED 灯由直流低压驱动，通过将电压加在 LED 的 PN 结两端，使 PN 结本身形成一个能级（实际上，是一系列的能级），使电子在这个能级上跃变并产生光子来发光的。单一芯片的 LED 光源可以做到 3 W；光效可以达到 100 lm/W 以上。集成模块 LED 光源，用 100 个芯片做阵列，可以做到上百瓦电功率；一盏灯可以使用多个集成模块。它的特点有：一般理论使用寿命可达 5 万 h 以上，可以快速启动，无频闪，显色性好，色彩可变，但大功率的 LED 灯存在散热等问题，实际上 LED 灯具的散热体系严重制约了芯片可以承载的功率，同时光效也下降很多，未形成完备的标准体系。但同时，LED 光源也是发展最快的新兴光源，应用广泛。随着 LED 灯具的不断完善，它将是逐渐替换传统光源的主要新兴电光源。

6.3 隧道照明灯的选择及隧道照明供电

隧道照明对照明质量要求高，一般应先考虑光效高，寿命长。不仅要有足够的亮度，还要根据隧道的特点，选择穿透烟雾能力强的光源。同时对光源的颜色也有要求。由于隧道一般都是 24 h 不间断照明，所以隧道照明的能耗在整个隧道运营能耗中的比例高达 40%~50%，因此节约隧道照明能耗也是要考虑的内容。隧道照明常用电光源种类和特性如表 6.1 所示。

表6.1　常用电光源的主要特性

光源名称	白炽灯	荧光灯	荧光高压汞灯	卤钨灯	金属卤化物灯	高压钠灯	低压钠灯
额定功率范围(W)	10~1 000	6~125	50~1 000	500~2 000	400~1 000	100~400	18~180
光效*	6.9~19	25~67	30~50	19.5~21	60~80	80~100	90~175
平均寿命(h)	1 000	2 000~3 000	2 500~5 000	1 500	2 000	3 000	3 000
一般显色指数(R)	95~99	70~80	30~40	95~99	65~85	20~25	
启动标定时间(s)	瞬时	1~3	240~480	瞬时	240~320	240~480	420~900
再启动时间(min)	瞬时	瞬时	5~10	瞬时	10~15	10~20	>15
功率因数 cos φ	1	0.33~0.7	0.44~0.67	1	0.4~0.61	0.44	
频闪效应	不明显	明显	明显	不明显	明显	明显	明显
表面亮度	大	小	较大	较大	较大	较大	较大
电压偏移允许±%	2.5	5	5	2.5	5	5	5
耐震性能	较差	较好	好	差	好	较好	较好
所需附件	无	镇流器、启辉器	镇流器		镇流器	镇流器	漏磁变压器
主要特色	安装使用简单，面积小，能瞬时启动，显色指数高，便于光控。缺点是光效低，寿命短，与荧光灯或汞灯配合使用可以得到良好的照明效果	光效较常用白炽灯高，寿命较长，可作为经济光源。缺点是受环境温度、湿度影响大，需要装镇流器，功率因数低	分为外镇流式和自镇流式，光效较常用白炽灯高，寿命长，可与白炽灯混合使用。缺点是显色性差，启动慢	光效较常用白炽灯高，但由于其温度高达600~700℃，灯具背面的温度也达到250℃以上。缺点是寿命短、耐震差	它的特点是光效高，光色较好，但需要镇流器及触发器、启动触发电压高是其缺点	光效高，寿命长，透雾性好，耗电量相当于白炽灯的1/6，可以在洞内使用，也可在需要的洞外较高亮度的广场使用，光色为单色光	光效高，寿命长，透雾性好，是隧道照明中可选的一种光源。光色为单色光，显色性差，部件昂贵

注：* 光效是发光效率的简称，指光源每消耗1 W所发出的光通量，单位:lm/W(流明/瓦)。

隧道在行车视觉特性上要比其他照明复杂得多,隧道照明必须不分昼夜地连续进行,而且白天照明比夜间照明要复杂。在隧道整个区域的照明中体现在点灯率上的变化。主要在隧道的入口段或出口段,日光环境进入隧道的黑暗环境或隧道的黑暗环境进入日光环境,就要加强照明,增加照明灯具。隧道照明目前多采用高效率及透雾性能比较好的高压钠灯,在一些特殊地段及显色性要求较高的地段采用荧光灯。随着科技的进步,一些新兴电光源逐渐替代传统的高耗能的光源,隧道运营成本的降低成为可能。

随着隧道外部亮度的不断变化,如晴天、雨天、早晨、中午及夏天、冬天等,隧道入口各段的亮度、照度均要变化,因此要设置自动调光装置,通过增减灯数的方法来调整入口各段的照明亮度。

白天和晚上是完全不同的。晚上照明相对简单,在隧道内提供至少等于外面照明的亮度等级。白天照明的设计则由于人的视觉系统而特别关键,对于长度很短的隧道(小于 100 m),从进口可以看到白色的出口亮影,进出口的自然光通过反射和散射等途径在路面产生一定的微弱亮度,视觉适应不严重,不需要设置照明。但如果是大于 100 m 的隧道,在接近隧道时可以看到隧道的出口,这样就出现了黑框现象。

在隧道洞内外设置亮度检测器,一般以两种方式控制:一是检测洞内外亮度值,自动控制隧道内的照明情况;二是按时间区段预先设定程序,根据时间区段控制隧道内照明。为了使照明可靠,确保连续性,供电电源必须保证有两个以上独立电源供电,并要求它能有效地自动转换。同时,照明控制设施应具备在正常照明工况下和应急工况条件下的照明控制。为了避免瞬间停电或转换电源时发生短暂的黑暗,应当设置瞬时启动的电源电池组作为瞬时照明设备。供电故障对正常行驶在隧道内的驾驶员是危险的,因此在长度超过 200 m 的隧道内应建立紧急照明系统以及避灾引导灯,当正常照明因故障熄灭后,事故电源应最好由另一台变压器供电,当仅有一台变压器时,可在母线处或隧道进出线处与正常照明分开。因为应急供电系统的容量一般比较小,应急照明时洞内路面亮度不小于中间亮度的 10%。

6.4 隧道内不同区段的照明设计

根据《公路隧道通风照明设计规范》(JTJ 026.1—1999),长度超过 100 m 的隧道必须设立洞内照明,隧道照明按接近段、入口段、过渡段、中间段和出口段进行照明设计。隧道中的区域划分如图 6.3 所示。

在双向交通隧道中不考虑出口段照明,重点考虑接近段、入口段、过渡段、中间段的亮度与长度,如图 6.4 所示。

6.4.1 洞外亮度 $B_{20}(S)$

洞外亮度 $B_{20}(S)$ 是指在接近段起点 S 处,距地面 1.5 m 高正对洞口方向 20°视场测得的平均亮度。

洞外亮度 $B_{20}(S)$ 一般与隧道洞口的地形地貌有关(如洞口朝向,洞口附近视野情况,植被条件,气象条件等),还与交通状况(如交通量、行车速度)有关,这是通过实测或查表取得的。它的取值大小可以直接影响隧道安全运营的行车环境,确保车辆安全地通过隧道。同时,它的

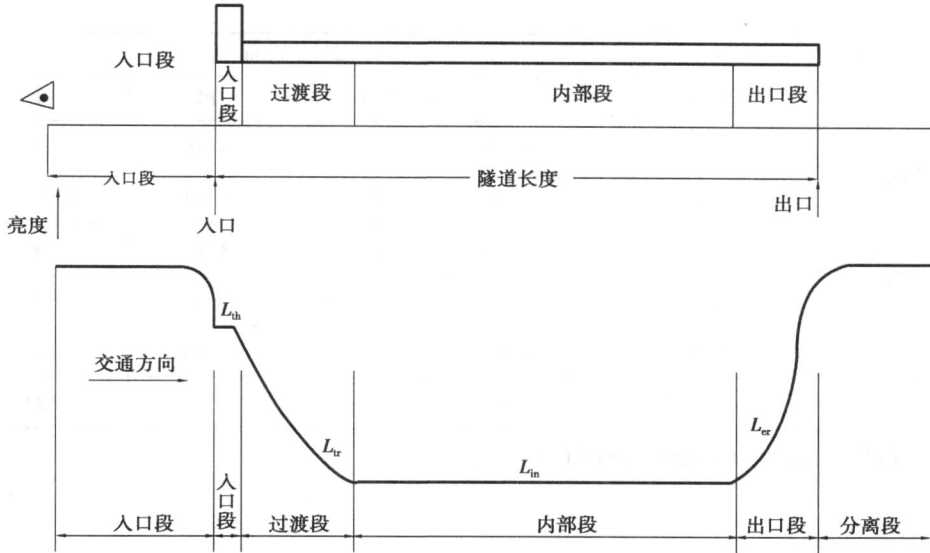

图 6.3　单向隧道照明区域划分

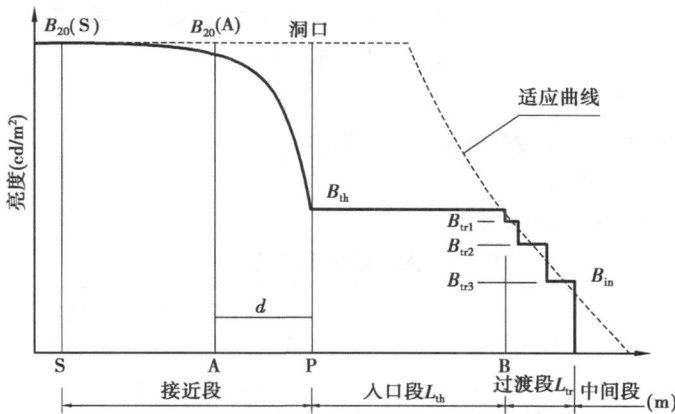

图 6.4　各照明段亮度与长度

P—洞口(或棚口);S—接近段起点;A—适应点;d—适应长度;$B_{20}(S)$—洞外亮度;

$B_{20}(A)$—适应点亮度;B_{th}—入口段亮度;B_{tr1},B_{tr2},B_{tr3}—过渡段亮度;

B_{in}—中间段亮度;L_{tr1},L_{tr2},L_{tr3}—过渡段1,2,3分段长度

合理取值也直接影响隧道运营经济指标。

洞外亮度的设计可按表 6.2 取值。

表 6.2　洞外亮度 $B_{20}(S)$　　　　　　　　　单位:cd/m²

天空面积 百分比	洞口朝向或 洞外环境	车速 v_t(km/h)			
		40	60	80	100
35%~50%	南洞口	—	—	4 000	4 500
	北洞口	—	—	5 500	6 000

续表

天空面积百分比	洞口朝向或洞外环境	车速 v_t(km/h)			
		40	60	80	100
25%	南洞口	3 000	3 500	4 000	4 500
	北洞口	3 500	4 000	5 000	5 500
10%	暗环境	2 000	2 500	3 000	3 500
	亮环境	3 000	3 500	4 000	4 500
0%	暗环境	1 000	1 500	2 000	2 500
	亮环境	2 500	3 000	3 500	4 000

注:天空面积百分比是指 20° 视场中天空面积百分比。

6.4.2 入口段照明亮度 B_{th}

入口段(境界区)前半部分路段中的一段,该段的道路亮度为常数,称为入口段亮度 B_{th}。

$$B_{th} = K \cdot B_{20}(S) \tag{6.6}$$

式中 B_{th}——入口段亮度,cd/m²;

K——入口段亮度折减系数,可按表6.3取值;

$B_{20}(S)$——洞外亮度,cd/m²。

表 6.3 是不同车速情况下的 K 值。

表 6.3 入口段亮度折减系数 K

设计交通量 N(辆/h)		计算行车速度 v_t(km/h)			
双车道单向交通	双车道双向交通	K			
		100	80	60	40
≥2 400	≥1 300	0.045	0.035	0.022	0.012
≤700	≤360	0.035	0.025	0.015	0.01

注:当交通量在其中间值时,按内插值考虑 K 值。

入口段照明灯具由两部分组成,即基本照明和加强照明。前者灯具布置按中间段考虑,后者采用功率较大的灯具加强照明,从距洞口 10 m 处开始布设。入口段长度按下式计算:

$$L_{th} = 1.154L_s - \frac{\Delta Z - 1.5}{\tan 10^0} \tag{6.7}$$

式中 L_{th}——入口段长度,m;

L_s——照明停车视距,m,按表6.4取值;

ΔZ——洞口内净空高度,m。

表 6.4　照明停车视距 L_s 表　　　　　　　　　　　　　　单位:m

纵坡(%)　　v_t(km/h)	-4	-3	-2	-1	0	1	2	3	4
100	179	173	168	163	158	154	149	145	142
80	112	110	106	103	100	98	95	93	90
60	62	60	58	57	56	55	54	53	52
40	29	28	27	27	26	26	25	25	25

6.4.3　过渡段照明亮度 B_{tr}

过渡段照明亮度段和长度段如图 6.5 所示,过渡段亮度(B_{tr})由三个照明段组成,即过渡 1 段、过渡 2 段、过渡 3 段的照明标准。与之对应的亮度按表 6.5 取值。

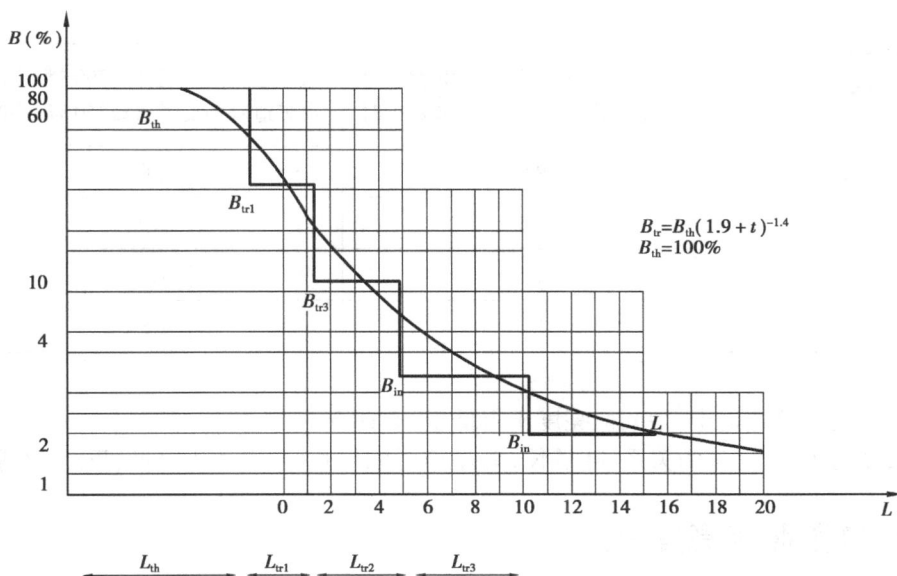

$$B_{tr}=B_{th}(1.9+t)^{-1.4}$$
$$B_{th}=100\%$$

图 6.5　过渡亮度段和相应亮度

表 6.5　过渡段亮度 B_{tr}

照明段	TR_1	TR_2	TR_3
亮　度	$B_{tr1} = 0.3B_{th}$	$B_{tr2} = 0.1B_{th}$	$B_{tr3} = 0.035B_{th}$

过渡段的长度主要取决于洞内外亮度之差,同时还与设计车速、洞外光亮度、洞内照明和洞壁材料等因素有关。过渡段的长度可按表 6.6 取值。

表 6.6　过渡段长度 L_{tr}

计算行车速度 v_t(km/h)	L_{tr1}(m)	L_{tr2}(m)	L_{tr3}(m)
100	106	111	167
80	72	89	133
60	44	67	100
40	26	44	67

6.4.4　中间段照明亮度 B_{in}

中间段的照明是为了保证停车距离,中间段的照明水平与通风条件、行车速度和交通流量等因素有关。在正常的通风条件下 B_{in} 可参考表 6.7 所列数值。

表 6.7　中间段亮度

计算行车速度 (km/h)	B_{in}(cd/m²)	
	双车道单向交通 $N>2\,400$ 辆/小时 双车道双向交通 $N>1\,300$ 辆/小时	双车道单向交通 $N\leqslant700$ 辆/小时 双车道双向交通 $N\leqslant360$ 辆/小时
100	9.0	4.0
80	4.5	2.0
60	2.5	1.5
40	1.5	1.5

人车混合通行的隧道中,中间段亮度不得低于2.5 cd/m²。

隧道长度与 B_{in} 有一定的关系,隧道长,B_{in} 适应时间也长,可以适当降低;反之,B_{in} 就高。

6.4.5　出口段照明亮度 B_{er}

隧道出口由于白天亮度很高,会使驾驶员形成强烈的眩光,因此在隧道出口也同入口部分一样设有出口段照明,加强垂直照亮,出口段长度一般取 60 m,亮度一般取中间段(基本段)亮度的 5 倍。如果隧道为双向交通的,那么出口与入口起同样的作用,此时可不必考虑出口照明。

6.4.6　夜间照明

夜间没有白天那样强烈的暗适应问题,交通量也不会很大,所以照明标准可以适当降低。其减少的程度以不会导致交通事故为限度,一般折减系数可以取0.5。隧道全长在夜间按同一标准照明。通行自行车和行人的隧道,在保证路面亮度的同时,还要保证侧墙有足够的亮度,避免因亮度不够造成行人和自行车在隧道中通行导致的危险。

6.4.7　路面亮度均匀度

在隧道照明中路面亮度均匀度分为路面亮度总均匀度 W_0 和亮度纵向均匀度 W_1，由式（6.8）、式（6.9）确定，应符合表 6.8 和表 6.9 的要求。

表 6.8　路面亮度总均匀度 W_0

设计交通量 N（辆/h）		W_0
双车道单向交通	双车道双向交通	
≥2 400	≥1 300	0.4
≤700	≤360	0.3

表 6.9　亮度纵向均匀度 W_1

设计交通量 N（辆/h）		W_1
双车道单向交通	双车道双向交通	
≥2 400	≥1 300	0.6~0.7
≤700	≤360	0.5

路面亮度总均匀度为：

$$W_0 = \frac{B_{\min}}{B_{av}} \tag{6.8}$$

式中　$B_{\min}$——计算区域内路面最小亮度，cd/m^2；

B_{av}——计算区域内路面平均亮度，cd/m^2；

W_0——路面亮度总均匀度。

路面中线亮度纵向均匀度为：

$$W_1 = \frac{B'_{\min}}{B'_{\max}} \tag{6.9}$$

式中　$B'_{\min}$——从车道中心线上测得的最小亮度，cd/m^2；

$B'_{\max}$——从车道中心线上测得的最大亮度，cd/m^2；

W_1——路面中线亮度纵向均匀度。

6.5　灯具的布置

隧道照明灯具的布置除考虑亮度分布与均匀度外，还应考虑以下几个方面：

6.5.1　眩光限制

光源亮度超过一定的亮度（$16×10^4$ cd/m²）是眼睛不能忍受的,眩光对视力危害极大,轻则使人产生不快感,重则会降低视力,产生眩晕,甚至造成事故为隧道照明不能允许。即使轻微眩光长时间照射也会使视力降低,所以限制眩光是衡量隧道照明质量的重要指标之一。

一个点光源直对眼睛会产生极强的眩光区(0°),随着视线从眩光源移开的角度加大,对视力的影响也相应降低,超过45°进入微弱眩光区。超过60°就进入无眩光区。面光源、线光源所产生的眩光要好于点光源。

6.5.2　闪烁效应

闪烁效应表现为:驾车经过亮度在空间上产生周期性变化的区域,如分别安装的灯具所产生的变化,会有闪烁的感觉。在特定情况下,闪烁会导致不舒服,有时甚至造成严重的后果。不舒服感的程度取决于:①闪烁频率,②总持续时间,③每个期间亮暗比和上升时间。①、②和③取决于车速和灯具间距。③还取决于光度特性和灯具间距。闪烁不舒服感的产生与特定的频率区间有关,频率低于2.5 Hz和高于15 Hz的闪烁效应可以忽略不计。频率为4~11 Hz,持续时间超过20 s时,如果不采取其他措施,则会产生不舒服之感。因此,持续时间超过20 s的安装路段,建议避免4 Hz和11 Hz的频率范围。

6.5.3　灯具维修方便

隧道维护很难在常规交通条件下或部分车道关闭的条件下实现,因为它可能造成严重的交通积压,并增加潜在的事故危险。维修照明系统和零部件更换的方便和快捷,在灯具设置时必须充分考虑。

表 6.10　灯具布置形式

	布置形式	图　示
1	中线布置	
2	交错布置	
3	对称布置	

总之,隧道照明灯具的布置形式主要有3种(表6.10):相对排列、交错排列和中央排列。两侧(包括对称布置的和交错布置的)作为入口及出口段的加强灯。为了避免灯具不连续直射光由侧面进入驾驶室造成"闪光"的不快感,应尽量不将灯具装在侧面,而装在隧道顶部两侧或中央,且安装高度在路面以上4 m为宜。照明灯具呈线形分布,在一般情况下路面亮度均匀度

不应小于0.35。灯具的防护等级应不低于 IP65(主要含义,防尘达到 6 级,无尘埃进入。防水达到 5 级,任何方向喷水无有害影响),并能调节其安装角度。

习　题

6.1 名词解释光通量、发光强度、照度、亮度、发光效率、显色指数。

6.2 隧道照明灯具的选择应考虑哪些因素?

6.3 隧道照明分为哪几个区段? 各有什么要求?

6.4 灯具布置应注意哪些问题?

参考文献

[1] 王毅才.隧道工程[M].北京:人民交通出版社,2006.

[2] 赖昌干,等.矿山电工学[M].北京:煤炭工业出版社,2006.

[3] 中华人民共和国交通部.《公路隧道通风照明设计规范》(JTJ 026.1—1999)[S].北京:人民交通出版社,2000.

[4] 中华人民共和国交通部.《公路隧道设计规范》(JTG D 70—2004)[S].北京:人民交通出版社,2004.

[5] 中华人民共和国交通部.《公路隧道交通工程设计规范》(JTG/T D 71—2004)[S].北京:人民交通出版社,2004.

[6] 陈元灯.LED 制造技术与应用[M].北京:电子工业出版社,2007.

[7] 崔佳民,蒋水秀,等.新型电光源无极灯驱动器的设计与研究[J].光学仪器,2010(6).

[8] 许景峰,胡英奎,何荧.国内外公路隧道照明标准中亮度水平对比研究[J].照明工程学报,2010(10).

[9] 任神河,高景山,韩凯旋.公路隧道 LED 照明的可行性研究[J].现代电子技术,2012(12).

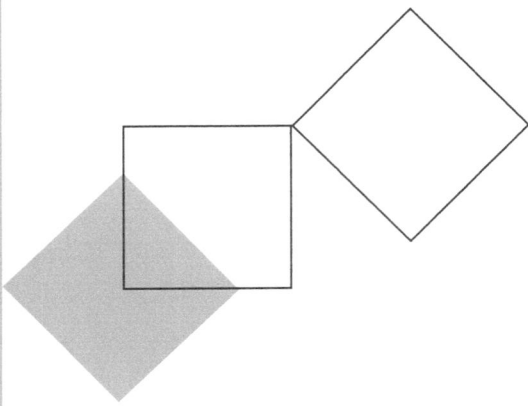

附 录

附录 1　各类巷道(隧道)摩擦阻力系数表

巷道种类与衬砌材料	$\alpha \times 10^4$		备　注
	(kg/m)	(kg f · s²/m⁴)	
锚喷支护巷道	78.5~118	8~12	
混凝土衬砌隧道	29.4~39.2	3~4	壁面光滑
	49.1~68.7	5~7	避免粗糙
料石衬砌隧道	39.2~58.7	4~6	光料石
	58.9~78.5	6~8	毛料石
裸体巷道(隧道)	58.9~147	6~15	
有简单装备的通风竖井	196	20	
有提升设备的通风竖井	343~392	35~40	

附录 2　光滑管道局部阻力系数

附表 1　入口与出口局部阻力系数

	$\xi = 0.6$						
	$\alpha(°)$	10	20	30	40	90	120	150
	ξ	0.14	0.07	0.04	0.05	0.11	0.20	0.30
	$\xi = 1$						

附表 2　拐弯处局部阻力系数

	$\xi = 0.57\left(\dfrac{\pi \cdot \theta}{180}\right)^{2}$	$\theta(°)$	60	90	120
		ξ	0.62	1.4	2.5
	$\xi = 0.008\dfrac{\alpha^{0.75}}{n^{0.6}}$ 式中, $n=R/D$	α ＼ °	D	$1.5D$	$2.0D$
		15	0.058	0.044	0.037
		30	0.11	0.081	0.069
		60	0.18	0.41	0.12
		90	0.23	0.18	0.15
		120	0.27	0.20	0. 17
		150	0.30	0.22	0.19

附表3 渐扩、渐缩管的局部阻力系数

A_1/A_0	$\alpha(°)$				
	10	15	20	25	30
1.25	0.02	0.03	0.05	0.06	0.07
1.50	0.03	0.06	0.10	0.12	0.13
1.75	0.05	0.09	0.14	0.17	0.19
2.00	0.06	0.13	0.20	0.23	0.26
2.25	0.08	0.16	0.26	0.285	0.33
2.50	0.09	0.19	0.30	0.36	0.39

当 $\alpha \leq 45°$，$\xi = 0.10$

附表4 突然扩大与突然缩小的局部阻力系数

$\xi = \left(1 - \dfrac{A_1}{A_2}\right)^2$	A_1/A_2	0.8	0.6	0.4	0.2
	ξ	0.04	0.16	0.64	0.64
$\xi = 0.5\left(1 - \dfrac{A_2}{A_1}\right)$	A_2/A_1	0.8	0.6	0.4	0.2
	ξ	0.10	0.20	0.30	0.40

附表 5　分岔处的局部阻力系数

	$V_1 = V_2 , \xi = 1.0$
	用 V_2 时, $\xi = 1.0$

附录 3　本书所用主要符号

第 1 章

H——卡它度。

Y——卡它计常数。

第 2 章

A——F 作用的面积，m^2。

A_m——汽车等效阻抗面积，m^2。

A_r——隧道净空断面积，m^2。

A_{cs}——小型车正面投影面积，m^2，可取 2.13 m^2，或参照规范取值。

A_{cl}——大型车正面投影面积，m^2，可取 5.37 m^2，或参照规范取值。

B——比例常数。

D——隧道的水力直径，m。

D_r——圆形风管直径，非圆形管用当量直径，m。

d——管道直径，m。

dS——断面上的微元面积，m^2。

G——物体的重力，N。

g——重力加速度，m/s^2。

F——气体垂直作用于容器壁上的力，N。

h——隧道内通风阻力，N/m^2。

h_f——隧道内沿程摩阻损失，N/m^2，$h_f = \lambda_r \cdot \dfrac{L}{D_r} \cdot \dfrac{\rho}{2} v_r^2$。

h_l——隧道内局部摩阻损失，N/m^2，$\sum h_l = \sum \xi_i \cdot \dfrac{\rho v_i^2}{2}$。

$h_{L1\text{-}2}$——1,2 断面间隧道的通风阻力，Pa。

$h_大$——风流的局部阻力，Pa。

h_f——摩擦阻力，Pa。

h_{vi}——风流中 i 点的动压，Pa。

i_d——1 kg 干空气的焓，也称空气的显热或感热。

i_v——1 kg 水蒸气的焓。

L——风道长度，m。

m——空气的质量，kg。

M——该气体的分子量。

$\overline{m}$——分子的平均质量。

n——单位体积内的空气分子数。

n_+——隧道内实测的与 v_r 同向的车辆数,辆/h, $n=\dfrac{NL}{3\ 600\times V_{t(+)}}$,其中 n_+ 为与 v_r 同向的高峰小时交通流量, L 为隧道长度,m。

n_-——隧道内实测的与 v_r 反向的车辆数,辆/h, $n=\dfrac{NL}{3\ 600\times V_{t(-)}}$,其中 n_- 为与 v_r 反向的高峰小时交通流量。

P_1——隧道进风洞口附近的大气压力,Pa。

P——气体的压力,Pa。

P_{sat}——温度 t 时饱和水蒸气的分压,Pa。

P_1,P_2——1,2 断面上的绝对静压,Pa。

P_{ti}——风流中 i 点的绝对全压,Pa。

P_i——风流中 i 点的绝对静压,Pa。

ΔP——通风阻力,Pa。

ΔP_t——交通通风力,当交通风与隧道内风流方向相同时取正号,反之取负号。

ΔP_n——自然通风力,当自然风与隧道内风流方向一致时取正号,反之取负号。

Q——通过流道横断面的风量,m^3/s。

R——风阻,$N\cdot s^2/m^8$。

r_1——大型车比例。

A——流道的横断面积,m^2。

A_1,A_2——1,2 断面面积,m^2。

t——空气的温度,℃。

t——摄氏温标表示的温度,℃。

T——绝对温标表示的温度,K。

U——隧道断面周长,m。

u——比内能。

$\bar{v}$——分子平均运动的均方根速度。

V——空气的体积,m^3。

v_o——流向隧道的气流在洞外的风速,m/s。

v_i——隧道内的自然风速,m/s。

v_1,v_2——1,2 断面上空气的平均流速,m/s。

v_1,v_2——风流在风道突然扩大前、后的风速,m/s。

v_r——断面平均风速,m/s。

v——隧道断面上的平均风速,m/s。

v_i——断面上一点的风速,m/s。

v_r——隧道设计风速,m/s,一般情况 $v_r=\dfrac{Q_{req}}{A_r}$ 。

$v_{t(+)}$——与 v_r 同向的各工况车速,m/s。

$v_{t(-)}$——与 v_r 反向的各工况车速,m/s。

Z——标高,m。

Z_1,Z_2——基准面至1,2断面的垂直高度,m。

ΔZ——两洞口的高差,m。

$\dfrac{1}{2}\overline{m}\,\overline{v}^2$——分子平移运动的平均动能。

φ——相对湿度。

γ——空气的运动黏性系数,通常取$15\times10^{-6}\,\mathrm{m^2/s}$。

ρ_1,ρ_2——1,2断面上空气的平均密度,$\mathrm{kg/m^3}$。

ρ——空气密度,$\mathrm{kg/m^3}$,一般取1.20。

ρ_d——1 $\mathrm{m^3}$ 空气中干空气的质量,kg。

ρ_v——1 $\mathrm{m^3}$ 空气中水蒸气的质量,kg。

ρ_s——同温度下空气的饱和湿度,$\mathrm{kg/m^3}$。

ρ_i——洞内空气的密度,$\mathrm{kg/m^3}$。

ρ_0——洞外空气的密度,$\mathrm{kg/m^3}$。

ρ_1,ρ_2——1,2断面上空气的平均密度,$\mathrm{kg/m^3}$。

ρ_{01},ρ_{02}——空气的平均密度,$\mathrm{kg/m^3}$。

τ——由38 ℃降到35 ℃所经过的时间,s。

λ_r——无因次系数,即摩擦阻力系数,通过实验求得。

λ——隧道沿程阻力系数,无因次系数。

ξ——隧道局部阻力系数,无因次系数。

$\xi_大$——突然扩大的局部阻力系数(无因次),对于光滑管道的突然扩大,可以按管道的大小断面计算出。

ξ_i——隧道局部摩阻损失系数,其中隧道入口取0.5,出口取1.0,隧道中部的分流与合流等按附录 A 取值。

ξ_{cs}——小型车空气阻力系数,可取0.5,或参照规范取值。

ξ_{cl}——大型车空气阻力系数,可取1.0,或参照规范取值。

第3章

L——长度,m。

ΔP_r——通风风阻力,$\mathrm{N/m^2}$。

ΔP_m——自然通风力,$\mathrm{N/m^2}$。

ΔP_t——交通通风力,$\mathrm{N/m^2}$。

P——压力,$\mathrm{N/m^2}$。

v——风速,m/s。

A——面积,$\mathrm{m^2}$。

Q——风量,$\mathrm{m^3/s}$。

第 4 章

c_a, c_b——反应物 a, b 的摩尔浓度。

c_v——定容比热，J/(kg·K)。

D_f——火源的直径，m。

D_i——气体的扩散系数，m^2/s。

E_a——反应的活化能。

F_{12}——表示火源与被辐射表面的角系数。

h——对流换热系数，(W/m^2·K)。

k——导热系数，W/(m·K)。

k_0——频率因子。

K_c——层流火焰高度修正系数。

K_L——隧道长度修正系数；特长隧道、双向交通长隧道，K_L 取 1.3；其余隧道，K_L 取 1.0。

K_m——灭火设施修正系数。未设置灭火系统的，K_m 取 1.0；设置消火栓系统或水成膜泡沫灭火装置的，K_m 取 0.7。

K_T——湍流火焰高度修正系数。

k_U——隧道灭火器的配置基准，m^2/B。

L——灭火器材箱的设置间距，m。

$\dot{m}$——可燃气体的质量流率，kg/s。

n——每个灭火器材箱内的灭火器数量。

n_c——燃料气在空气中发生化学当量比燃烧时的燃料/空气摩尔数之比。

P_f——火区的周长，m。

q——热流密度，W/m^2。

q_s——单位体积预混气的反应热。

q_v——燃料气的体积流量，m^3/s。

$\dot{Q}$——火灾时热释放速率，kW。

$\dot{Q}_c$——总热释放速率中由对流部分所占的量，kW。

$\dot{Q}_g$——单位体积预混气在单位时间内由化学反应放出的热量，简称放热速率。

$\dot{Q}_l$——单位体积预混气在单位时间向外界环境散发的热量，简称散热速度。

r——离开火源的距离，m。

R——喷口的当量半径，m。

R_g——理想的气体常数。

R_m——拟选用灭火器所对应的配置灭火级别，B。

T——温度，K。

T_0——环境空气温度，K。

T_{cp}——z 高度处羽流中心线气体绝对温度,K。

T_f——火羽流温度,K。

T_{max}——顶棚射流烟气最高温度,K。

T_p——z 高度处羽流气体的平均温度,K。

T_z——z 高度处空气的绝对温度,K。

u_m——顶棚射流烟气最高速度,m/s。

v——燃料气的平均流速,m/s。

$\dot{V}$——z 高度处的羽流体积流率,m^3/s。

W——单孔隧道横断面的建筑限界净宽,m。

W_s——预混气的化学反应速率。

x_r——辐射热份额。

Y——由地板到烟气层下表面的距离,m。

Z_0——火羽流虚点源位置,m。

Z_c——层流火焰高度。

z_f——火焰的平均高度,m。

Z_T——湍流火焰高度,m。

α——湍流结构系数。

ε——辐射率。

σ——Stefan-Boltzman 常数,其值为 $5.667\times10^{-8}W/(m^2K^4)$。

ρ_0——环境空气的密度,kg/m^3。

ρ_∞——可燃预混气的密度,kg/m^3。

ρ_p——z 高度处的羽流气体密度,kg/m^3。

第 5 章

A——隧道横断面积,m^2。

c_p——空气比热,$kJ/(kg \cdot K)$。

g——重力加速度,取 $9.8 \ m/s^2$。

h_m——隧道的高度,m。

i——隧道纵坡,%。

K_1——临界查德森系数的 1/3 次幂,取 0.61。

K_2——坡度修正系数,$K_2 = 1+0.0374i^{0.8}$。

M_k——火灾燃烧生成物的相对变化量,$M_k = T_1/T_0$。

$\dot{Q}$——火灾时热释放速率,kW。

T_0——环境空气温度,K。

v_1——火灾前风流的速度,m/s。

v_c——临界风速,m/s。

Z——隧道高度,m。

β——隧道的坡度角。

ρ_0——流向火灾区的空气密度，kg/m^3。

ρ_1——火灾前风流的密度，kg/m^3。

第 6 章

Φ——光通量，lm。

A——面积，m^2。

η——效率。

N——功率，W。

B——亮度，cd/m^2。

L——长度，m。

ΔZ——高度。

W——均匀度。